호기심
미술
책방

호기심 미술 책방

펴낸날 2026년 1월 10일 1판 1쇄

지은이 김유미
펴낸이 金永先
편집 이교숙
디자인 바이텍스트

펴낸곳 미디어숲
주소 경기도 고양시 덕양구 청초로 10 GL 메트로시티한강 A1-2002호
전화 (02) 323-7234
팩스 (02) 323-0253
출판등록번호 제 2-2767호

ISBN 979-11-5874-913-2 (03600)

미디어숲과 함께 새로운 문화를 선도할 참신한 원고를 기다립니다.
이메일 dhhard@naver.com (원고 투고)

삶의 시선을
넓혀주는
첫 미술 교양수업

호기심 미술 책방

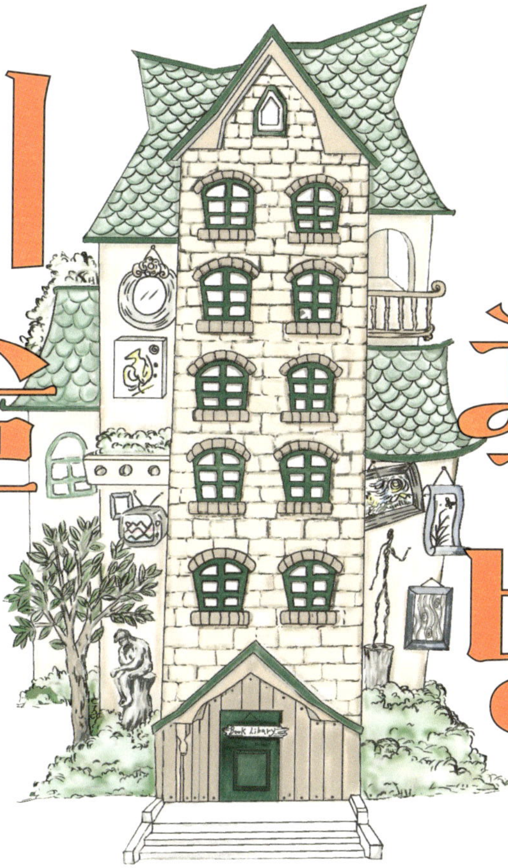

김유미 지음

미디어숲

추천사

『호기심 미술 책방』은 미술 곁에 잠시 앉아 쉬어 갈 수 있도록 이끄는 책입니다. 작품을 이해하라고 재촉하지 않고, 질문의 답이 자연스럽게 스며들도록 기다립니다. 책장을 넘기다 보면 미술은 어느새 전문 지식의 영역을 넘어 삶을 바라보는 하나의 언어가 됩니다. 이 책이 특별한 이유는 미술을 '잘 아는 사람의 영역'에서 '함께 탐색하는 배움의 공간'으로 옮겨 놓았기 때문입니다. 미술을 가르치려 하기보다 미술과 함께 생각하도록 이끕니다. 미술이 궁금한 날, 삶을 조금 다른 각도로 바라보고 싶은 날, 이 책방의 문을 조용히 열어 보시길 권합니다.

—『나는 나에게 다정한 사람』, 『선생님은 멘탈 업데이트 중』 저자 심효은

많은 사람에게 미술은 여전히 어렵게 느껴집니다. 이 책은 미술과 독자 사이에 놓인 거리를 차분히 좁혀가며, 호기심에서 출발해 미술사의 흐름과 현대 미술의 맥락까지 자연스럽게 안내합니다. 그림을 감상하는 방법과 미술관을 즐기는 법을 함께 제시함으로써 미술이 일부 재능 있는 이들의 전유물이 아님을 분명히 보여줍니다. 미술을 처음 접하는 이들에게 친절한 길잡이가 되어 줄 오늘날의 미술 교양서입니다.

—『한 권으로 끝내는 미술 수업 가이드 북』 저자, 미술 교사 최소라

호기심과 설렘은 삶을 움직이는 에너지입니다. 미술에 목마른 이들의 호기심을 채워 줄 알찬 책방이 문을 열었습니다. 일상 속에서 틈틈이 들러보신다면, 미술에 진심인 주인장의 친절한 안내와 함께 미술의 매력에 자연스럽게 빠져들게 될 것입니다. 호기심 어린 여러분의 발걸음을 응원합니다. 자, 이제 들어오시죠. 똑똑똑!

— <한국미술교육연구회> 회장 전병일

미술과 친해지고 싶지만 여전히 어렵게 느껴지는 사람들을 위한 교양서입니다. 오랜 시간 미술교육 현장에서 쌓아온 경험을 바탕으로 누구나 품어 왔던 미술에 대한 질문과 호기심을 쉽고 친절하게 풀어냅니다. 미술 작품 감상이 일상이 된 오늘날, 이 책은 미술의 기초 교양을 차분하게 짚어주며, 미술을 이해하는 첫걸음을 돕는 든든한 안내서가 되어줄 것입니다.

— 『2022 개정 미술 교과서』 미술 교사 이경애

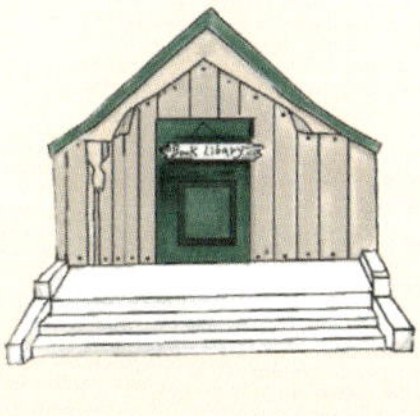

프롤로그

"미술은 삶을 바라보는 또 하나의 언어다"

'미술은 가깝고도 먼 사이다'라는 말, 곰곰이 떠올려 보면 참 공감되지 않나요? 어린 시절에는 스스로 그림을 그리고 만들며 놀았지만, 어느 순간 미술은 일상에서 멀어졌습니다. 초등학교 미술 시간쯤 되면 그림 잘 그리는 아이와 그렇지 않은 아이가 나뉘고, 미술은 금세 '나와는 상관없는 세계'가 되고 말죠. 청소년기가 되면 그 거리는 더 벌어집니다. 음악은 언제든 들을 수 있지만, 미술은 마음먹고 시간을 내어 미술관까지 가야 하니까요. 바쁜 일상 속에서 미술은 자연스럽게 뒤로 밀려나곤 합니다.

하지만 저는 압니다. 미술을 조금만 들여다보면 얼마나 흥미롭고, 우리의 삶을 풍요롭게 만드는지를. 그래서 자신 있게 말할 수 있습니다. 미술은 분명 들여다볼 가치가 있는 세계라는 것을요.

첫째, 인류의 역사는 결국 인간의 상상력이 만들어낸 이야기입니다. 그리고 그 상상력이 가장 생생하게 드러나는 영역이 바로 '미술'입니다. 우리는 눈앞의 사물만으로 문명을 세운 것이 아니라 개념, 상징, 세계관 같은 보이지 않는 '추상적 세계'를 바탕으로 발전해 왔습니다. 유발 하라리의 『호모 사피엔스』에서도 이 점이 강조됩니다. 하라리는 인간이 다른 종을 넘어설 수 있었던 이유를 '언어'와 '상상력'이 만들어낸 '인지 혁명'에서 찾았죠. 다시 말해, 인간은 상상하는 능력으로 세계를 구축해 왔고, 그 흔적이 가장 오래 축적된 장이 바로 미술입니다.

인간은 혼자서는 살아갈 수 없는 존재입니다. 그래서 누군가와 협력하고, 삶의 질서를 만들며 살아왔지요. 그런데 흥미로운 사실은 우리가 만든 거의 모든 체제가 자세히 들여다보면 '허구', 즉 언어와 상상력이 엮어낸 이야기 위에 세워졌다는 점입니다. 유발 하라리는 이것을 인간만의 특별한 능력이라고 말합니다. 상상력과 언어로 만들어진 그 이야기들은 예술을 통해 형태를 얻고, 미술을 통해 눈앞의 세계로 펼쳐졌습니다. 그래서 미술 문화를 알아간다는 것은 단순히 작품을 감상하는 일이 아니라, 인류가 어떤 존재인지 들여다보고 '나는 누구인가'라는 질문에 한 걸음 가까워지는 과정입니다.

미술은 사랑, 행복, 죽음, 기쁨처럼 보이지 않는 감정들을 눈앞에 드러나게 합니다. 말로 설명하기 어려운 것들의 의미를 비추어주는 오래된 도구, 그것이 바로 미술의 힘이니까요.

둘째, 기술이 발전할수록 인간의 사고와 감성이 오히려 더 중요해지기 때문입니다. 챗GPT 같은 생성형 AI가 우리의 일상에 깊숙이 들어왔지만, 기술만으로는 완전해질 수 없습니다. 이유는 간단합니다. 상상력과 감성은 인간만이 지닌 고유한 능력이기 때문입니다.

기술은 누구나 사용할 수 있지만, 그 기술을 어떤 마음과 생각으로 다루느냐는 전적으로 인간의 선택에 달려 있습니다. 같은 도구라도 어떤 상상력으로 접근하느냐에 따라 전혀 다른 결과가 만들어지죠. 특히 '꿈꾸는 능력', 즉 상상력은 기술이 정교해질수록 더 귀해지는 가치입니다. 어떤 일을 하든 여러분이 지닌 상상력과 감성은 인공지능이 따라올 수 없는 영역입니다. 그리고 그 능력은 의외로 가까운 곳, 미술을 이해하고 경험하는 일에서 자연스럽게 자라기 시작합니다.

셋째, 아름다움은 우리에게 단순한 '보기 좋은 그림' 이상의 즐거움을 선사합니다. 따뜻한 봄날 흩날리는 벚꽃, 노을 진 바닷가, 파도와 사막처럼 눈앞의 풍경은 이미지가 아니라 마음을 흔드는 힘이지요. 미술도 그렇습니다. 눈에 보이는 것을 그리는 데서 끝나지 않고, 보이지 않는 감정과 생각까지 화면 속에 숨겨놓습니다. 어떤 작품 앞에서는 인간의 손끝이 만든 정교함에 절로 감탄이 나오기도 하죠.

그래서 미술을 알아간다는 건 삶에 또 하나의 즐거움을 더해 주는 일입니다. 문제는 바쁜 일상 속에서 미술관 문을 여는 일이 그리 쉽지 않다는 점입니다. 용기 내어 들어가도 막상 어디서부터 봐야 할지 막막해지기 일쑤고요. 그러다 자연스레 '미술책이라도 읽어볼까?'라는 마음이 들지만, 서점에 가면 가벼운 책은 허전하고, 깊이 있는 책은 첫 장부터 부담스럽게 느껴지곤 하죠.

미술이 주는 즐거움은 분명한데, 어디서 어떻게 시작해야 할지 막막한 지점, 그게 바로 많은 사람이 느끼는 '미술의 거리감'일지도 모릅니다.

필자는 미술에 대한 꿈 하나로 미대에 진학했고, 이후 20년 넘게 미술 교육 현장에서 수많은 사람과 그림을 함께 보며 경험을 쌓아왔습니다. 그 여정 속에서 느낀 것들을 토대로 더 많은 이가 미술에 편하게 다가갈 수 있도록 이 책을 만들었습니다.

이 책은 책방의 계단을 오르듯 다섯 개의 층을 지나며 호기심 → 이해 → 실전으로 이어지는 여정을 안내하는 책입니다.

1층에서는 일상 속에서 자연스럽게 만날 수 있는 미술을 통해 호기심을 깨우고, 2층에서는 타임머신을 타듯 미술사의 흐름을 한눈에 훑어봅니다. 3층에서는 현대 미술의 낯선 세계를 통해 시각을 넓히고, 4층에서는 철학·사회·기술과 예술이 어떻게 연결되는지 살펴보며 생각의 깊이를 더합니다. 마지막 5층에서는 그림 감상법과 미술관 가는 길, 그리고 마음을 돌보는 '미술 처방전'까지 실전적인 안내를 담았습니다.

이 책을 덮을 때쯤이면 미술 작품 앞에서 느껴졌던 막막함 대신 작은 친근함이 먼저 다가올 것입니다. 저 역시 미술을 알아가는 과정에서 느꼈던 설렘과 깨달음들을 독자 여러분과 나누고 싶은 마음으로 이 책을 썼습니다.

마지막으로 이 책이 나오기까지 변함없이 응원과 지지를 보내준 재욱이와 해인이, 그리고 신랑에게 고마움을 전합니다.

저자 김유미

차례

3층 현대 미술의 방

낯섦과 사유의 미학

4층 융합의 방

미술로 세상을 읽는 법

5층 감상의 방

보는 법을 넘어 느끼는 법

"똑똑, 혹시 여기가 호기심 미술 책방인가요?"

"네, 맞아요. 미술이 조금 궁금해서 찾아오신 거죠? 잘 오셨습니다."

이곳은 호기심 미술 책방의 첫 번째 공간, 안내데스크입니다.
이 책은 미술에 대한 어려운 지식을 알려주기보다는 그림을 통해
세상을 조금 다르게 바라보는 방법을 나누고자 만들어졌습니다.

눈앞의 한 점의 그림이 어느 날은 마음을 비추는 거울이 되고,
아주 오래전의 작품이 오늘의 우리를 은근히 비춰주기도 하니까요.
이 책방은 그런 사유의 여행을 떠나기 위한 작은 출발점입니다.

층층이 쌓인 다섯 개의 방에는
미술을 처음 만나는 설렘부터
예술이 우리 삶과 닿아 있는 깊은 생각의 결까지
차근차근 걸어갈 여정이 담겨 있습니다.

이제 천천히 계단을 올라, 각 층을 둘러볼까요?
층마다 펼쳐지는 서로 다른 풍경이,
여러분 마음속에 숨어 있던 작은 물음표들을 하나씩 깨워줄 것입니다.

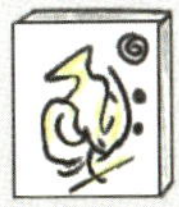

안내데스크

미술로 들어가는 첫 문, 마음의 물음표를 여는 곳.

1층 호기심의 방

먼저 1층, 호기심의 방입니다. 누구나 인생의 어느 순간, 어떤 계기로 세상을 다르게 바라보게 되는 때가 있습니다. 어제와 똑같은 풍경인데도 색이 유난히 선명해 보이거나, 무심히 지나쳤던 사물이 문득 아름답게 느껴질 때 말이지요. 미술에 대한 관심도 그와 다르지 않습니다.

우연히 TV나 미디어에서 흥미로운 미술 콘텐츠를 보았거나, 친구를 따라간 미술관에서 마음에 드는 그림 한 점을 마주했을 때 '이 그림, 왠지 궁금한데?'라는 생각이 스치듯 떠올랐을지도 모릅니다. 그렇다면 지금 여러분은 '호기심의 방'에 아주 잘 오셨습니다. 이곳은 여러분의 호기심을 자극하고, 흥미롭고 매력적인 미술 이야기로 가득한 공간이니까요.

2층 아트 타임머신의 방

호기심 미술 책방의 2층은 아트 타임머신의 방입니다. 1층 호기심의 방에서 미술의 매력을 조금 맛보셨다면, 이제는 자연스럽게 더 알고 싶다는 마음이 생기셨을 겁니다. 인류의 이야기가 고스란히 담긴 미술사를 따라가 보는 일은 그 자체로 의미 있는 여정입니다. 어쩌면 여러분은 2층에 머무는 동안 진짜 타임머신을 타고 그 시대를 여행하는 듯한 기분을 느끼게 될지도 모릅니다.

3층 현대 미술의 방

호기심 미술 책방의 3층은 현대 미술의 방입니다. 미술에 대해 이제 조금 알 것 같다고 느낄 즈음, 미술은 언제나 저만큼 앞서가 버립니다. 끊임없이 새로운 예술이 등장하고, '현대 미술'이라는 이름 아래 때로는 이해하기 어려운 작품들과 마주하게 되지요. 하지만 바로 그 낯섦 속에 우리 삶을 더 창의적으로 바라보게 하는 힘이 숨어 있습니다.

현대 미술을 만나는 일은 새로운 시선과 아이디어, 그리고 생각의 확장을 선물합니다. 세상에서 가장 흥미롭고 예측 불가능한 예술의 세계가 바로 이곳입니다.

4층 융합의 방

호기심 미술 책방의 4층은 융합의 방입니다. 이제는 한 단계 더 올라설 차례입니다. 미술 작품을 보는 눈이 조금 트이고, 작품에 대한 생각을 다른 사람과 나누며 비평과 소통을 즐기기 시작했다면, 자연스럽게 더 깊은 지식이 궁금해지는 시점이 찾아옵니다. 이곳에서는 미술의 배경과 이론, 그리고 미술이 사회·철학·기술과 어떻게 맞닿아 있는지를 함께 살펴볼 것입니다.

5층 감상의 방

호기심 미술 책방의 5층은 미술 감상의 방입니다. 요즘 미술관을 찾는 사람들이 부쩍 늘고 있지요. 이제 미술관 나들이는 더 이상 특별한 누군가의 취미가 아니라, 데이트 코스이자 가족과 함께 즐기는 일상의 공간으로 자리 잡아 가고 있는 듯합니다. 하지만 막상 미술관에 가면, 어디서부터 어떻게 봐야 할지 몰라 조금은 위축되는 분들도 많지요. 그래서 이 방에서는 그림을 좀 더 즐겁게 감상하는 법과 미술관을 탐험하듯 둘러보는 방법을 차근차근 정리해 드릴 것입니다.

미술관은 언제 찾아도 좋은, 일상 속 작은 여행지입니다. 이곳에서 마음이 쉬어가는 또 다른 여행을 만나게 될지도 모릅니다.

호기심의 방

일상 속에서 미술을 발견하다

1층

“모든 어린이는 예술가이다.
문제는 어떻게 하면 이들이 커서도
예술가로 남을 수 있게 하느냐이다.”

— 파블로 피카소

어린 시절, 우리는 누구나 자연스럽게 그리고 만들며 놀았습니다.
그런데 언제부터일까요?
미술이 어렵고, 왠지 나와 거리가 있는 세계처럼
느껴지기 시작한 것은….

이 책은 그 잃어버린 호기심을 다시 찾아가는 작은 여행입니다.
어릴 때의 그 자유롭고 설레는 감각을
천천히 되살리는 여정을 함께 떠나볼까요?

알고 보면 꽤 쓸 만한 인생 미술 수업

미술 교사로서 첫 수업을 시작할 때면 설렘과 고민이 함께 찾아옵니다. '이번에는 어떤 이야기로 미술의 문을 열어볼까?' 규칙이나 안내도 중요하지만, 그보다 먼저 전하고 싶은 말이 하나 있습니다. 바로 '미술은 배울 만한 가치가 있다'는 사실입니다.

많은 학생이 미술을 '그림 잘 그리는 기술' 정도로 생각하지만, 미술은 그보다 훨씬 넓은 세계를 우리에게 열어줍니다. 아름다움을 발견하는 눈을 길러주고, 세상을 새롭게 바라보는 시각을 만들며, 감정을 색과 형태로 표현하는 힘을 키워주지요. 이 힘은 살아가는 동안 예상치 못한 순간에 우리를 단단히 지탱해 줍니다.

학교에서 아이들을 가르치다 보면, 미술에 흥미를 느끼는 학생이 의외로 적다는 사실을 새삼 깨닫게 됩니다. 대부분은 어렵다고 느끼거나 의무적으로 수업에 참여합니다. 그래서 저는 늘 첫 시간을 이렇게 시작합니다.

"미술, 생각보다 꽤 재미있어요!"

작은 호기심 하나만 피어나도, 그다음은 자연스럽게 따라오니까요.

우리 인생에서 미술은 정말 꼭 필요한 걸까?

먼저 '미술'이라는 단어는 사전적으로 '아름다움을 시각적·조형적으로 표현하는 예술'로 정의됩니다. 그렇다면 자연스레 또 하나의 질문이 떠오릅니다.

"아름다움이란 무엇일까?"

하지만 이 질문은 너무 근원적이고 철학적이라서 누구도 선뜻 답을 내리기 어렵습니다.

"얘들아, 살아오면서 가장 아름답다고 생각한 것은 무엇이니?"

이 질문에는 정답이 없습니다. 아이들의 대답은 언제나 제각각이지요. 엄마의 얼굴, 아기의 미소, 노을이 내려앉은 바다, 봄 길에 피어난 꽃…. 각자의 마음속에 떠오르는 '아름다움'은 모두 다릅니다. 그런데 그 다양한 대답 속에서도 한 가지 공통점이 있습니다. 우리가 '아름답다'고 느끼는 대상에는 언제나 '마음을 움직이는 힘'이 있다는 것입니다.

그 대상이 자연일 수도 있고, 겉으로 보기엔 그다지 아름다워 보이지 않을 수도 있습니다. 어떤 것은 투박하거나 조금 낯설게 느껴지기도 하지요. 그럼에도 그런 것들이 우리 마음을 조용히 두드리는 순간이 있습니다. 바로 그 신비한 힘이 우리가 '아름다움'이라고 부르는 감정의 근원입니다. 사실 아름다운 것들은 세상에 처음부터 존재해 왔습니다.

푸른 바다, 길가에 핀 꽃, 아이들의 미소….

이 모든 것은 우리가 태어나기 훨씬 전부터 세상 어딘가에 있었고, 늘 우리 곁에 머물러 있었습니다. 누군가는 어느 날 문득, 아주 짧은 찰나에 그 아름다움의 존재를 알아차리고, 또 누군가는 예상하지 못한 순간에 마치 선물처럼 그것을 발견하기도 하지요. 그리고 그 순간 마음속에서는 잔잔한 파문이 일듯 감정이 흔들립니다.

왜 그럴까요? 그 대상이 지닌 본질이 마음 깊은 곳을 울려 말로 설명하기 어려운 감동을 불러오기 때문입니다. 하지만 이러한 아름다움이 누구에게나 보이는 것은 아닙니다. 어떤 사람에게는 선명하게 다가오지만, 또 어떤 사람에게는 전혀 보이지 않기도 하지요. 세상 곳곳에 아름다움이 가득해도, 그것을 발견하는 일은 결국 각자의 몫입니다.

아름다움을 발견하려면 먼저 관심과 애정을 담아 세상을 바라보는 태도가 필요합니다. 그때 꼭 필요한 것이 바로 '제대로 보기'입니다.

제대로 바라보기

'제대로 세상을 본다'는 건 무엇일까요? 바로 '차이'를 발견하는 일입니다. 비 오기 전 하늘과 비 온 뒤 하늘의 미묘한 변화, 겨울의 마른 가지와 봄의 연초록 잎 사이에서 느껴지는 색의 차이…. 이런 차이를 알아차리는 능력을 우리는 '심미안', 즉 아름다움을 보는 눈이라고 부릅니다.

미술관에서도 마찬가지입니다. 어떤 친구는 "볼 게 하나도 없네." 라며 10분 만에 나가 로비에서 휴대전화를 보기도 합니다. 반면, 어떤 친구는 한참을 그림 앞에 멈춰 서서 색감이나 분위기, 주제를 차근히 느끼며 감상하지요. 그러다 보면 두 그림 사이의 미묘한 차이를 알아차리기도 합니다.

이처럼 '차이'를 발견한다는 건 단순히 보는 데서 끝나는 일이 아니라, 그 대상의 본질을 이해하고 있다는 뜻입니다. 그리고 이런 능력은 우리가 어떤 일을 하든, 그 일이나 대상을 '1% 다르게' 바라볼 수 있게 해 줍니다.

인생 미술 사용법

사진작가이자 '아트 워커'인 윤광준은 『심미안 수업』에서 이런 능력을 '심미안'이라고 부릅니다. 쉽게 말해 '보는 눈이 있다', '안목이 있다'라는 표현이 바로 그것이지요. 얼핏 사소해 보이지만, 이 능력은 삶에서 1%의 차이를 만들어내는 힘입니다.

애플의 아이폰이 처음 등장했을 때를 떠올려 보세요. 기술적으로 더 뛰어난 제품들도 있었지만, 아이폰이 압도적인 성공을 거둘 수 있었던 이유는 기술에 '보기 좋음'이라는 미묘한 1%가 더해졌기 때문입니다.

사람들로 북적이는 카페와 손님이 거의 없는 카페의 차이도 결국 1%에서 비롯됩니다. 공간의 분위기와 조명, 음악, 향기 같은 작은 요소들이 사람들의 발걸음을 멈추게 하지요. 회사에서도 마찬가지입니다. 계약에 성공한 김 대리와 실패한 이 대리의 PPT가 달랐던 점 역시 단 1%, 바로 '보는 눈'에서 비롯된 차이일 겁니다.

이 1%의 차이가 바로 '심미안'에서 비롯됩니다. 자신만의 안목을 갖고, 유행이나 권위에 휘둘리지 않는 자기 주체적인 감성, 그 태도가 심미안을 기르는 출발점입니다. 결국 심미안이란 세상을 바라보는 나만의 기준을 세우는 힘이며, 남들이 보지 못한 아름다움을 알아보는 능력이기도 하지요.

우리는 미술을 통해 이 '심미안의 눈'을 가장 자연스럽고 쉽게 기를 수 있습니다. 이 눈은 세상을 조금 다르게 바라보도록 이끌고, 우리의 삶을 한층 더 풍요롭게 해 줍니다. 그리고 무엇보다 일상 속에 숨어 있는 소중한 가치들을 더 빨리, 더 깊이 발견하도록 도와줍니다.

미술은 단지 '그림을 잘 그리는 과목'이 아닙니다. 인류의 역사 속 수많은 예술 작품과 유적, 건축물들은 저마다의 언어로 우리에게 말을 걸어옵니다. 그 속에는 인간이 만들어온 문명과 감정, 그리고 상상력의 흔적이 고스란히 담겨 있지요. 우리는 이러한 작품들을 통해 인류가 가진 놀라운 잠재력을 발견하게 되고, 세상을 다르게 바라보게 하는 숨겨진 '1%의 차이'를 찾아낼 수 있는 작은 비밀의 열쇠도 만나게 됩니다.

더 나아가 미술은 우리를 인생의 본질에 한 걸음 더 가까이 이끕니다. 대상과 대상의 차이를 발견한다는 것은 그 대상을 진정으로 이해하기 시작했다는 뜻이기 때문입니다. 진정한 이해가 이루어질 때 우리는 비로소 그 대상의 본질에 다가설 수 있습니다.

'관심을 가지고 자세히 바라보는 것.' 이것은 단순히 눈으로 보는 행위를 넘어 그 속에서 자신과 대상의 본질을 발견해 가는 과정이기도 합니다.

시각장애인들은 미술을 어떻게 감상할까?

시각장애인 화가 존 브램블릿

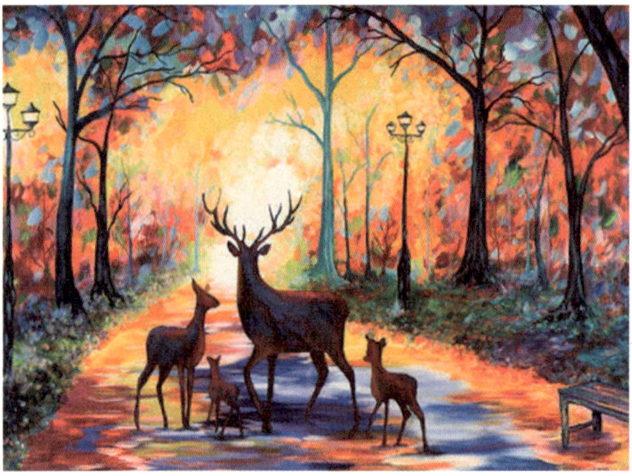

존 브램블릿, <도시의 나무 아래>, 2015년.

위 그림을 보면 어떤 느낌이 드시나요? 아무도 없는 공원에서 사슴 가족이 어딘가를 바라보고 있는 평화로운 장면, 아름다운 색감과 빛을 개성 있는 붓 터치로 담아낸 멋진 작품입니다. 그런데 놀랍게도 이 그림을 그린 화가는 시각장애인입니다.

1971년 미국 텍사스에서 태어난 존 브램블릿은 후천적 시각장애 화가입니다. 대학 졸업 직후 간질과 라임병 합병증으로 시력을 완전히 잃고, 하루아침에 세상이 어둠으로 가라앉으면서 깊은 절망 속으로 빠져들었지요. 하지만 1년쯤 지난 어느 날, 그는 설명하기 어려운 마음의 울림에 이끌려 다시 붓을 잡았습니다. 보이지 않는 세계를 손끝으로 더듬으며 실패를 거듭했지만, 점차 촉각으로 세상의 형태를 찾아가기 시작했죠. 그러던 밤, 창문으로 한 마리 새가 날아들었고, 존은 그 순간 가슴 깊은 곳에서 다시 살아 움직이는 듯한 희망을 느꼈다고 합니다. 그 새가 그의 어둠 속 첫 번째 빛이 되어주었습니다.

그날 이후 그는 죽음 대신 미술을 선택했습니다. 손가락으로 물감의 질감을 구분하며 색을 배우고, 캔버스 위의 튀어나온 선을 촉각으로 확인하며 형태를 만들어갔습니다. 말 그대로 손끝으로 '세상을 보는 법'을 익힌 것이지요. 심지어 태어나서 한 번도 본 적이 없는 아들의 모습을 그렸는데, 놀라울 만큼 실제 모습과 닮아 있었다고 합니다.

시각장애인들은 어떻게 미술을 감상할까?

미술은 눈으로만 즐기는 것일까요? 꼭 그렇지만은 않습니다. 요즘은 시각장애인도 미술을 '느끼고', '상상하고', '표현할 수 있는' 다양한 프로그램들이 마련되고 있습니다. 작품 속에 등장하는 대상을 입체적으로 만들어 시각장애인이 직접 손으로 만지고 촉감을 통해 예술을 경험할 수 있도록 돕는 방식입니다.

스페인 마드리드의 프라도 미술관은 시각장애인을 위해 <프라도를 만지다> 전시를 선보였습니다. 3D 프린팅 기술로 그림에 미세한 굴곡과 질감을 입혀 눈 대신 손끝으로 작품을 느낄 수 있도록 만든 전시였습니다. 이러한 방식은 과학적으로도 효과가 있다고 합니다. 2010년 《신경과학저널》의 연구*에 따르면, 선천적 시각장애인은 일

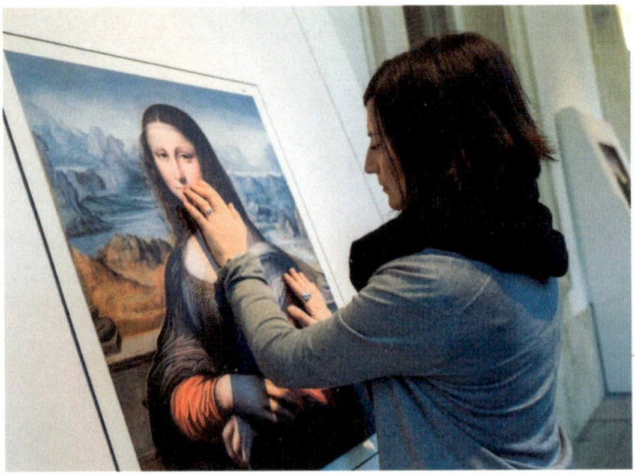

프라도 국립미술관,
<프라도를 만지다>
전시 프로그램

반인보다 촉각 정보를 더 빠르고 정교하게 감지한다고 합니다. 부족한 감각을 다른 감각이 보완하는 인간의 놀라운 적응력 덕분이지요.

저도 이 점을 학생들과 함께 체험해 보고 싶어 첫 시간에 '시각장애인 체험'을 진행한 적이 있습니다. 눈을 가린 채 걷고, 만지고, 소리를 듣는 활동이었죠. 끝난 뒤 학생들에게 촉각·후각·청각의 감각과, 그 감각을 바탕으로 떠오른 생각을 적어보게 했습니다.

"손바닥에 눈송이가 닿는 느낌이 소름 돋을 만큼 생생했어요."

"친구들 말소리와 바람 소리가 너무 또렷하게 들렸어요."

처음엔 낯설어하던 학생들도 감각을 열고 상상력을 더하자 오히려 재미있고 뜻깊었다고 말했습니다. 이렇듯 예술은 꼭 '눈으로 보는 것'에만 머물지 않습니다. 마음과 감각으로 느끼는 것도 충분히 훌륭한 감상이죠. 누구든, 어떤 방식으로든 예술을 즐길 수 있다는 사실이 얼마나 멋진 일인가요?

• Patrice Voss, 「시각 장애인의 뛰어난 촉각 능력: 실명이 필요한가?」 《Journal of Neuroscience》, 2011. 8. 17, 31(33): 11745-11747, DOI: 10.1523/JNEUROSCI.2624-11.2011.

전맹 미술 감상가 사라토리 겐지

앞서 이야기했듯이 시각장애인은 촉각이나 다른 감각을 통해서도 미술을 충분히 감상할 수 있습니다. 그런데 여기 미술을 즐길 수 있는 또 하나의 따뜻하고 특별한 방법이 있습니다. 바로 '다른 사람과 함께 이야기를 나누며 감상하는 것'입니다.

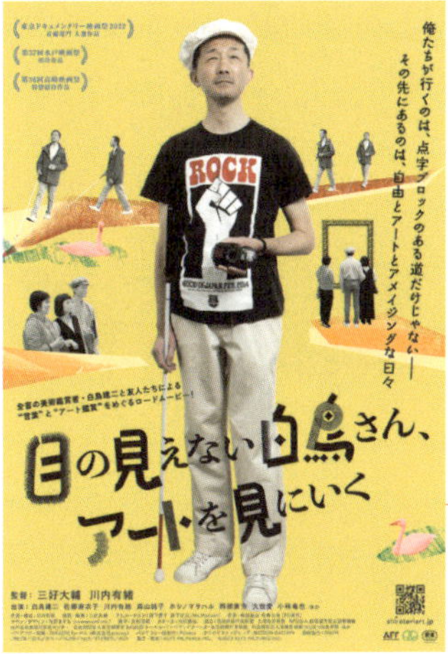

사라토리 겐지,
다큐멘터리 포스터,
국립현대미술관

『눈이 보이지 않는 친구와 예술을 보러 가다』의 저자인 가와우치 아리오에 따르면, 시각장애인 사라토리 겐지는 눈이 보이는 동행자와 함께 전시를 감상합니다. 동행자의 팔꿈치에 살짝 손을 올리고 반 걸음 뒤에서 걸으며 작품 앞에 다가가고, 멈춰 서면 두 사람은 대화를 시작합니다. 미술 감상은 이때 '혼자 바라보는 행위'가 아니라 서로의 감각과 언어가 만나 하나의 그림을 함께 만들어가는 시간이 됩니다.

동행자가 "빨간 스웨터를 입은 여성이 강아지를 안고 있어요."라고 말해 주면, 겐지는 그것을 그대로 '보는' 것이 아닙니다. 그는 말의 흐름을 따라 상상하고, 마음속에서 장면을 그려나갑니다. 그래서 중요한 것은 그림을 섬세하게 묘사해 주는 동행자의 말과, 그 말에 담긴 감정과 온기입니다. 흥미로운 점은 이 과정에서 동행자 역시 그림을 새롭게 본다는 것입니다. 누군가는 인물의 표정을 슬프게 느끼고, 또 다른 누군가는 같은 배경을 전혀 다른 장소처럼 받아들입니다. 한 작품 앞에서도 감상이 이렇게 다양하다는 사실이 새삼 놀랍습니다.

"겐지와 전시를 보면, 안 보이던 것들이 보이고 익숙한 공간이 새롭게 느껴져요."

겐지는 동행자의 목소리를 따라 머릿속에서 그림을 펼쳐냅니다. 그리고 그 과정에서 누구보다 깊고 풍부하게 예술을 느끼지요. 보이지 않아도 마음으로 본다는 말이 무엇인지, 그의 감상이 그대로 알려줍니다.

자극 - 감각 - 지각

우리가 '본다'라고 할 때, 그것은 단순히 눈으로 대상을 인식하는 행위가 아닙니다. 눈에 들어온 정보가 뇌에서 해석되고 의미를 부여받는 과정을 모두 포함하죠. 결국 세상을 진짜로 '보는' 것은 눈이 아니라 우리의 '마음'과 '생각'입니다.

또한 세상의 모든 '시각'이 같은 것도 아닙니다. 독수리는 먼 곳을 선명하게 보고, 고양이는 어둠 속에서도 또렷이 구분하며, 파리는 여러 방향을 동시에 볼 수 있습니다. 이런 점만 보면 인간의 눈은 특별할 것이 없어 보이지만, 인간에게는 다른 생명체와 구별되는 능력이 있습니다. 바로 단순히 '보는 것'을 넘어, 바라본 세계에 스스로 의미를 부여하는 '지각'의 힘입니다.

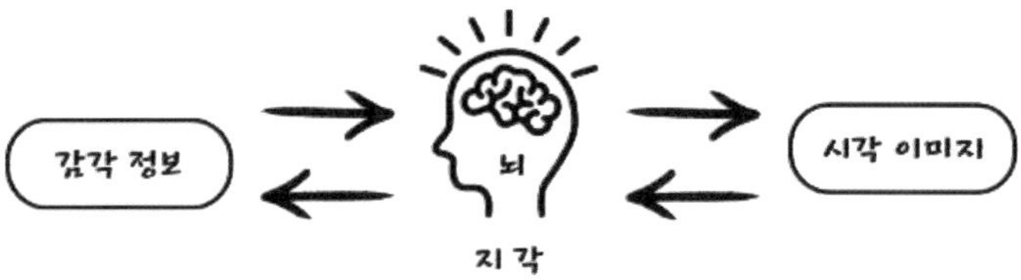

감각 기관을 통해 들어온 정보는 뇌에 전달되는 데서 끝나지 않습니다. 그 정보가 과거의 경험과 기억, 상상력과 결합해 새롭게 해석되기 때문에 같은 그림이나 음악도 사람마다 전혀 다르게 받아들이지요. 결국 '본다'는 것은 단순한 감각이 아니라 마음과 경험으로 세상을 읽어내는 과정입니다.

또한 들어온 정보는 머릿속에서 '시각적 상상력'을 통해 하나의 이미지로 완성됩니다. 이 능력 덕분에 눈이 보이지 않는 사람도 촉각·청각·후각 등 다른 감각을 바탕으로 장면을 떠올릴 수 있습니다. 그래서 '본다'는 건 눈의 기능이 아니라 여러 감각이 함께 만들어내는 지각의 과정이기도 합니다.

시각적 상상력으로 탄생한 미술 작품들

시각 예술에서도 우리의 인지 방식은 그대로 드러납니다. 미켈란젤로가 시스티나 성당에 그린 〈최후의 심판〉을 떠올려 볼까요?

성당 벽 전체를 채운 이 작품에는 무려 400명이 넘는 인물이 등장합니다. 하지만 이 수많은 장면은 단순한 재현이 아니라 그가 머릿속에서 빚어낸 상상력이 시각적 형태로 펼쳐진 결과입니다. 그의 붓끝에서 천국과 지옥, 인간과 신화가 한 화면에 되살아나며, 마치 눈앞에서 움직일 것 같은 생생함을 만들어냈지요.

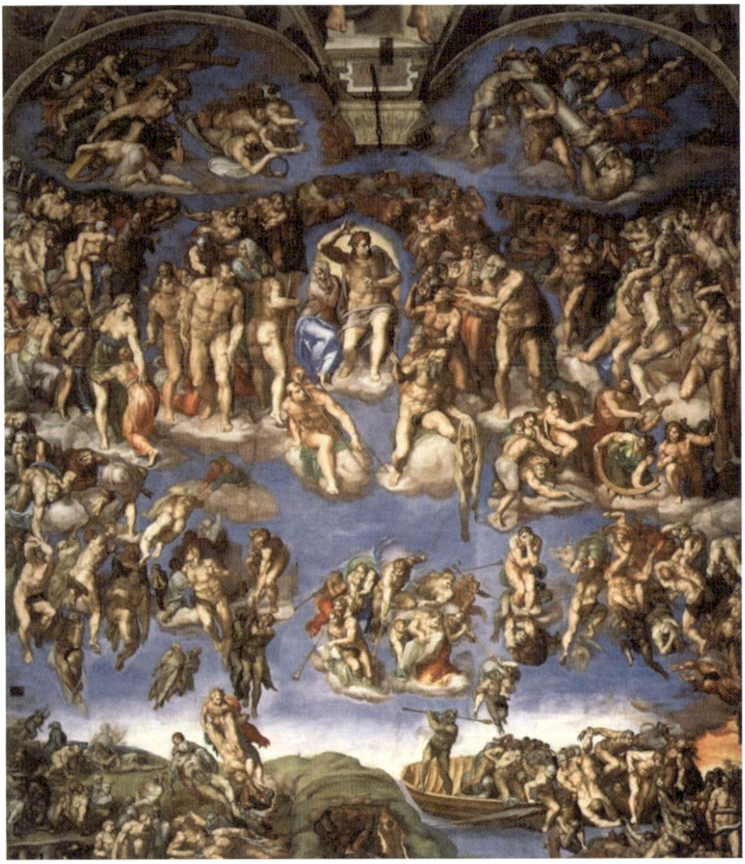

미켈란젤로, 〈최후의 심판〉, 1536~1541년. 바티칸 시스티나 성당

성경에는 하나님이나 예수님의 모습이 어떻게 생겼는지 구체적인 묘사가 없습니다. 그럼에도 미켈란젤로는 글로만 전해지던 이야기를 자신의 상상력으로 눈앞의 장면처럼 그려냈지요. 보이지 않는 세계를 현실처럼 펼쳐놓은 그의 그림을 보고 있으면, 상상이 살아 움직이는 듯한 느낌이 듭니다.

이처럼 텍스트로만 존재하던 이야기가 인간의 상상력을 거쳐 시각 이미지로 다시 태어나는 과정은 언제 봐도 놀랍습니다. 그 중심에는 언제나 인간만이 가진 '상상력'과 '지각'이라는 특별한 능력이 자리하고 있지요.

How Much? How Famous? -그림값의 비밀

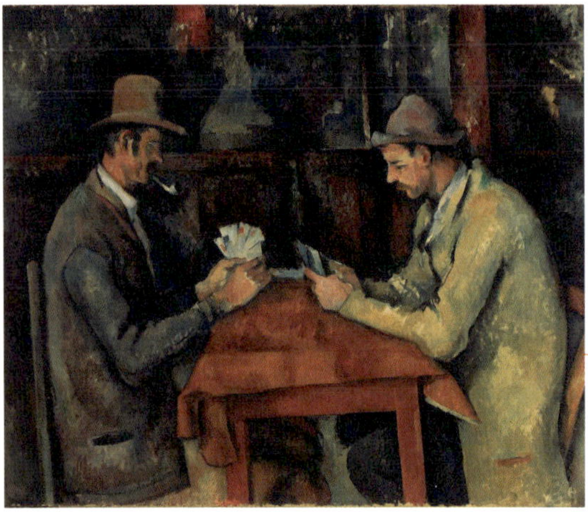

폴 세잔,
〈카드놀이 하는 사람들〉,
1892~1893년경. 유채,
오르세 미술관 소장

이 그림은 19세기 후기 인상주의 화가 폴 세잔의 〈카드놀이 하는 사람들〉입니다. 그런데 이 작품의 가격을 들으면 누구나 눈이 동그래질 거예요. 2011년 기준, 전 세계에서 가장 비싸게 거래된 그림 중 하나로 무려 2억 5천만 달러, 우리 돈 약 2,600억 원에 팔렸습니다. 그야말로 '억' 소리가 나는 금액이지요.

그렇다면 그림은 왜 이렇게 비쌀까요? 비싼 명품일수록 더 불티나게 팔리는 것처럼, 미술도 가격이 높다는 사실만으로 사람들의 시선이 다시 돌아옵니다. '내가 놓친 특별한 뭔가가 있는 걸까?' 하고 말이죠. 하지만 이 작품을 처음 보면 사실 그럴싸한 '압도감'은 없습니다. 극적인 색채도, 화려한 묘사도 없고, 그냥 마주 앉아 카드놀이를 하는 두 남자가 전부인 것처럼 보입니다.

그런데도 이 그림은 세계 최고가를 기록했습니다. 그 비밀을 풀려면, 세잔이 평생 붙잡았던 대상, '사과'를 떠올리면 됩니다.

세계 4대 사과를 아시나요?

세잔의 그림을 이야기할 때 빠지지 않고 등장하는 소재가 있습니다. 바로 사과입니다. 세상에는 흔히 '4대 사과'로 불리는 사과들이 있지요. 원래는 세 가지였지만, 최근 한 가지가 새롭게 더해지면서 네 가지로 널리 알려지게 되었습니다.

1대 사과, 성경 속 이브가 따먹은 금단의 사과

2대 사과, 뉴턴이 만유인력을 깨닫게 한 사과

3대 사과, 세잔의 그림 속에 반복적으로 등장하는 사과

그리고 마지막, 네 번째 사과는 바로 우리가 너무나 잘 아는 애플Apple의 로고 속 사과입니다. 기술 혁신을 상징하는 이 사과는 현대 사회의 아이콘으로 떠오르며 '4대 사과'의 반열에 올랐습니다.

현대 미술을 탄생시킨 세잔의 사과 정물화

"사과 하나로 파리를 놀라게 해 주겠다."

무슨 뜻일까요? 사과와 세잔이 무슨 특별한 인연이라도 있는 걸까요? 혹시 세잔이 사과 농장을 운영했거나, 사과를 남달리 좋아해서일까요? 그런데 진짜 이유는 그와는 전혀 다릅니다.

세잔은 단순히 사과의 예쁜 모양에 끌린 게 아니었습니다. 그는 끊임없이 변하는 자연 속에도 변하지 않는 '본질'이 존재한다고 믿었고, 그 본질을 탐구하기 위한 매개체로 사과를 선택했습니다. 세잔은 사과 하나를 끝없이 관찰했습니다. 눈을 깜빡이거나 고개를 돌릴 때마다 사과의 모습은 달라 보이지만, 사과 자체는 변하지 않습니다.

결국 다르게 보이는 것은 사과가 아니라 우리가 인식하는 순간순간의 정보일 뿐입니다. 세잔은 이렇게 끊임없이 변하는 감각의 인상보다 대상이 가진 본질, 즉 변하지 않는 구조와 질서를 포착하려 했습니다. 그의 정물화, 특히 사과를 그린 작품들은 바로 그 철학의 결정체입니다.

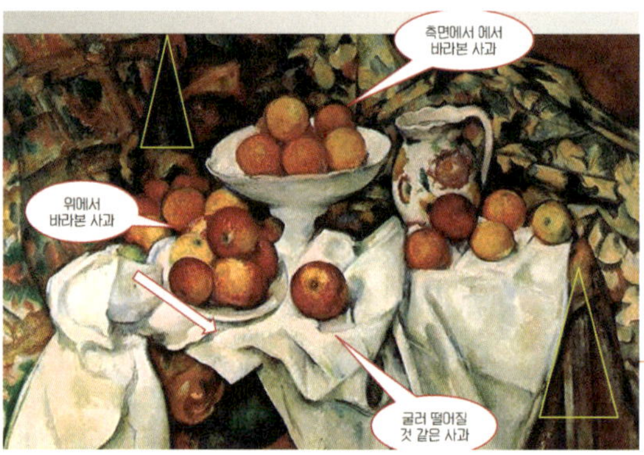

폴 세잔, 〈사과와 오렌지〉, 1899년경.

그가 60세에 그린 <사과와 오렌지>는 세잔 말년의 화풍을 대표하는 작품으로, 그가 남긴 사과 정물화 중에서도 가장 널리 알려진 그림입니다. 이 작품은 전통적인 원근법의 틀에서 벗어난 독특한 구성을 보여줍니다. 전통적인 회화에서는 고정된 시점을 기준으로 모든 대상이 투시 원근법에 따라 하나의 화면 안에 정교하게 배치되어야 합니다. 그러나 세잔의 정물화를 자세히 보면, 사과들이 마치 서로 다른 눈높이와 시점에서 그려진 듯한 인상을 줍니다. 한눈에 보기엔 어딘가 어긋나 있는 듯하지만, 바로 그 '불균형의 조화'가 세잔의 시각적 실험을 가장 잘 보여주는 부분입니다.

높게 솟은 과일 그릇, 금세라도 기울어질 듯한 왼쪽의 접시, 그리고 구겨진 흰 천 위에 불안하게 놓인 사과들까지, 세잔의 화면 속 사물들은 모두 서로 다른 각도와 시선으로 그려져 있습니다. 마치 여러 시점을 동시에 담아낸 듯한 이 구성이 바로 '다시점multiviewpoint'입니다. 이러한 세잔의 시도는 훗날 피카소와 브라크에게 큰 영감을 주었고, 결국 '입체파'의 탄생으로 이어졌습니다.

이브의 사과가 인류의 역사를 바꿨고, 뉴턴의 사과가 과학의 혁명을 이끌었으며, 세잔의 사과는 예술의 새로운 시대를 열었다고 할 수 있습니다.

〈카드놀이 하는 사람들〉이 세계 최고가 작품 중 하나로 거래된 이유는 세잔의 작품이 '변화를 넘어선 본질'을 붙잡으려는 집요한 실험이었고, 그 실험이 결국 미술의 판도를 새롭게 바꿔놓았기 때문입니다. 다시 말해, 이 작품의 가치는 시장의 욕망만으로는 설명될 수 없습니다. 예술의 본질을 새롭게 정의한 세잔의 시선과 철학이 작품의 의미를 더욱 깊게 만들어준 것이지요. 작은 사과 하나에서 출발한 그의 탐구가 천문학적 가치를 만들어낸 셈입니다.

미술품 가격은 어떻게 형성될까요?

세잔의 작품을 떠올려 보면, '유명세'와 '가격'이 어쩐지 비례하는 듯 보입니다. 하지만 예술은 본래 상업보다는 순수함에, 물질보다는 정신적인 세계에 가까운 영역이지요. 그런데도 미술 작품에는 왜 가격이 매겨지고, 시장에서 사고 팔리는 걸까요?

19세기 이전의 화가들은 대부분 왕실이나 귀족, 혹은 교회의 주문을 받아 작품을 만들고 그 대가로 생계를 꾸렸습니다. 기술자보다는 대우가 좋았지만, 문인이나 학자에 비하면 여전히 낮은 수준이었지요. 심지어 레오나르도 다 빈치처럼 시대를 바꾼 예술가조차 약속된 보수를 제때 받지 못했다며 후원자에게 불평을 남겼을 정도입니다.

그러다 15세기 말, 로마 교황청이 피렌체의 부유한 세속 후원자들과 경쟁을 벌이기 시작하면서 미술가들의 몸값이 점점 오르게 됩니다. 미켈란젤로는 시스티나 예배당 벽화를 그린 대가로 3,000두카트•를 받았습니다. 당시 피렌체에서는 300두카트만 있어도 1년 동안 귀족처럼 호화롭게 살 수 있었다고 합니다. 그렇다면 3,000두카트는 지금으로 치면 상상을 초월하는 금액이었겠지요.

미술품의 가격이 천문학적으로 오르는 데에는 여러 이유가 있지만, 그중 하나는 인간이 가진 '과시 욕망' 때문입니다. 특히 현대 미술 시장에서는 컬렉터의 영향력이 막강하지요. 누가 그 그림을 가지고 있었는지, 또 누가 새로 사는지에 따라 작품의 최종 가격이 크게 달라지기도 합니다. 예를 들어, 같은 작가의 작품이라도 이름 있는 컬렉터가 소장했다면, 그 사실만으로도 일종의 '가치 인증서'가 되는 셈입니다.

이 점을 가장 잘 보여주는 사례가 바로 2011년 약 2억 5천만 달러

• 두카트는 13세기 베네치아에서 처음 주조된 금화로, 국제 무역에서 널리 쓰이며 신뢰받는 통화이다. 르네상스와 바로크 시대 예술가들이 작품 대가를 두카트로 받은 기록이 많다. 이 금화는 후원자와 화가 사이의 거래 단위였으며, 예술의 경제적 가치를 보여주는 지표가 되었다.

(약 2,622억 원)에 거래된 세잔의 〈카드놀이 하는 사람들〉입니다. 이 작품은 당시 세계에서 가장 비싸게 팔린 미술품으로 기록되었지요. 세잔의 작품이 지닌 예술적 가치뿐 아니라, '누가 그 그림을 소유했는가'라는 사회적 상징이 더해지면서 가격은 상상을 초월하는 수준까지 치솟았습니다.

세잔은 〈카드놀이 하는 사람들〉을 여러 점 그렸지만, 완전한 형태로 남아 있는 작품은 단 5점뿐입니다. 이 가운데 4점은 뉴욕 메트로폴리탄 미술관, 파리 오르세 미술관, 런던 코톨드 미술관, 그리고 필라델피아의 반스 재단 미술관 등 세계적인 미술관에 소장되어 있습니다.

미술관에 들어간 작품은 시장에 나올 가능성이 거의 없습니다. 그래서 당시 실제로 거래될 수 있었던 유일한 작품은 그리스의 선박왕 게오르게 엠비리코스가 개인 소장하고 있던 단 한 점뿐이었습니다. 그런데 엠비리코스가 사망하기 직전인 2011년 말, 이 유일한 작품이 시장에 나오게 됩니다. 이 기회를 놓치지 않고 카타르 왕족이 세잔의 작품을 구입했지요. 〈카드놀이 하는 사람들〉 한 점을 소유한다는 것은 단순히 미술품을 사는 행위를 넘어 오르세나 메트로폴리탄 같은 세계적인 미술관과 어깨를 나란히 한다는 의미를 지닙니다. 부자들에게 이런 기회는 곧 '권력과 지위의 상징'을 얻는 일이기도 합니다. 그래서 천문학적인 금액을 지급하고서라도 작품을 가지려 한 것이지요.

이처럼 미술품의 가격은 단순한 경제 논리만으로 설명되지 않습니다. 미술사적 가치와 희소성, 그리고 인간의 소유 욕망이 복합적으로 작용한 결과물이라고 할 수 있습니다.

예술의 가치, 그 보이지 않는 손

19세기 이후에 들어서면서 비로소 미술은 왕이나 귀족, 교회 같은 권력자의 주문이 아닌, 개인의 순수한 창작물로 자리 잡기 시작했습니다. 예술가들은 더 이상 특정 계층의 의뢰에 묶이지 않고, 자신이 표현하고 싶은 세계를 자유롭게 그릴 수 있게 되었지요.

이렇게 개인의 창작 의지로 탄생한 작품들은 독자적인 예술적 가치를 인정받기 시작했습니다. 그리고 20세기에 들어서면서 미술은 자본과 제도의 세계로 본격적으로 편입됩니다. 거대 갤러리, 컬렉터, 미술 시장이 하나의 생태계를 이루면서 작품의 가치는 단순한 예술적 완성도를 넘어 '시장에서의 희소성과 브랜드 가치'로 결정되기 시작했죠. 그 결과 미술 작품의 가격은 천정부지로 치솟았고, 예술은 더 이상 '그림'이 아니라 '투자 자산'으로 불리게 되었습니다.

미술은 자본이 되었습니다. 그리고 그 출발점은 바로 '미술품 경매'에서 비롯됩니다. 자본주의 사회에서 상품의 가격은 시장의 수요와 공급의 법칙에 의해 결정됩니다. 속된 말로 '팔리면 작품, 안 팔리면 쓰레기'라는 말이 있듯이 아무리 근사한 그림이라도 시장에서 거래가 되어야 비로소 '작품'으로 인정받습니다. 하지만 예술 작품의 가격은 이러한 단순한 시장 논리만으로는 설명되지 않습니다. 예술품만이 지닌 독특한 속성과 가치가 따로 존재하기 때문이지요. 그렇다면 예술품의 가치는 과연 어떻게 형성되는 걸까요?

경제 논리에서 벗어난 명작의 가치

우리가 '명작'이라고 부르는 작품에는 여러 차원의 가치가 담겨 있습니다. 이런 가치는 수백 년의 시간 속에서 형성된 것으로 결코 단

기간에 주관적으로 만들어질 수 있는 것이 아닙니다.

명작은 작품 자체의 아름다움과 완성도에서 비롯된 '미학적 가치', 작품이 탄생한 시대의 사상과 사회적 맥락을 반영한 '사회적 가치', 그리고 새로운 형식과 개념을 제시한 '미술사적 가치' 이 세 가지를 모두 갖춘 작품이어야 합니다. 이러한 가치는 단순히 경제 논리로 설명될 수 없는 영역이며, 시간을 초월한 생명력을 지닌 작품일수록 그 가치는 상상을 넘어설 만큼 높아집니다.

지구가 멸망한다면, 당신은 어떤 그림을 챙기겠는가

만약 세상이 멸망해 인류가 지구를 떠나야 하는 상황이 온다면, 그 마지막 순간에 누군가는 '후세에 전해야 할 단 하나의 문화유산'을 선택해야 할지도 모릅니다. 그때 인류의 예술과 문명을 대표할 한 작품을 고르라면, 아마 많은 사람은 주저 없이 레오나르도 다 빈치의 〈모나리자〉를 떠올릴 것입니다.

인류의 대표작으로는 왜 〈모나리자〉가 선택될까요? 그 이유는 단순한 가격이 아니라 그 작품이 지닌 예술적·문화적 상징성에 있습니다. 〈모나리자〉는 공식적인 경매 기록조차 존재하지 않습니다.

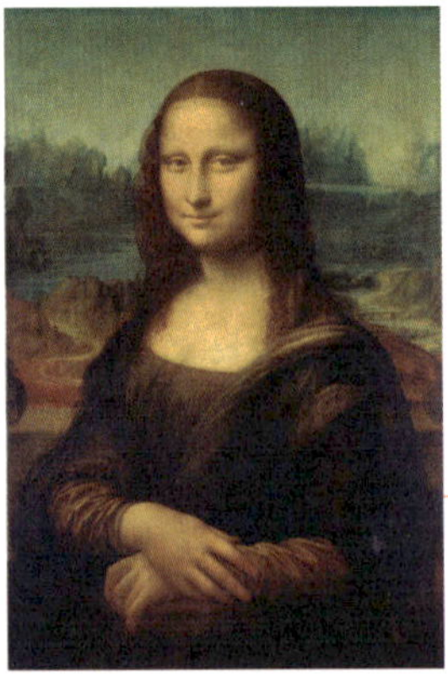

레오나르도 다 빈치,
〈모나리자〉, 1503년.
프랑스 루브르 박물관

프랑스 정부는 〈모나리자〉의 가치를 약 40조 원으로 추정한 바 있으며, 전문가들이 산정한 순수한 작품 가치만 해도 8억 7,000만 달러(약 1조 원)를 넘는다고 합니다. 루브르 박물관을 찾는 연간 약 천만 명의 방문객 대부분이 이 한 점의 그림을 보기 위해 몰려든다는 사실만으로도 그 가치는 금액으로 환산하기 어려운 차원에 있음을 짐작할 수 있지요. 하지만 아무리 많은 돈을 가지고 있다 하더라도 〈모나리자〉를 살 수는 없습니다. 이 작품은 프랑스 정부와 루브르 박물관의 소유로, 말 그대로 '황금알을 낳는 거위'와 같은 존재이기 때문입니다. 그들은 결코 〈모나리자〉를 시장에 내놓을 리 없으며, 아마 앞으로도 인류의 문화유산으로서 영원히 그 자리를 지킬 것입니다.

<모나리자> 가치의 비밀을 밝혀라!

<모나리자> 가치의 비밀 1 - 스푸마토 기법

〈모나리자〉의 가치가 높은 이유에는 여러 가지가 있지만, 그중 첫 번째는 바로 그 '신비스러운 표현 방식'에 있습니다. 레오나르도 다 빈치는 당시 르네상스 화가들이 즐겨 사용했던 선적인 원근법을 벗어나 '공기 원근법', 즉 '스푸마토Sfumato'라 불리는 독창적인 기법을 활용했습니다. 스푸마토는 이탈리아어로 '흐릿한' 또는 '자욱한'을 뜻하며, 밝은 톤에서 어두운 톤으로 부드럽게 이어지도록 만들어 색과 색 사이의 경계를 지우는 특별한 명암 기법입니다.

〈모나리자〉의 유명한 신비로운 미소는 바로 이 스푸마토 기법을 통해 탄생했습니다. 눈과 입 주변의 경계를 섬세하게 하면서도 흐리게 처리함으로써 보는 이의 시선과 감정에 따라 표정이 달라 보이게 하는 것이지요. 그야말로 과학과 예술이 정교하게 결합해 만들어낸 르네상스의 걸작이라 할 수 있습니다.

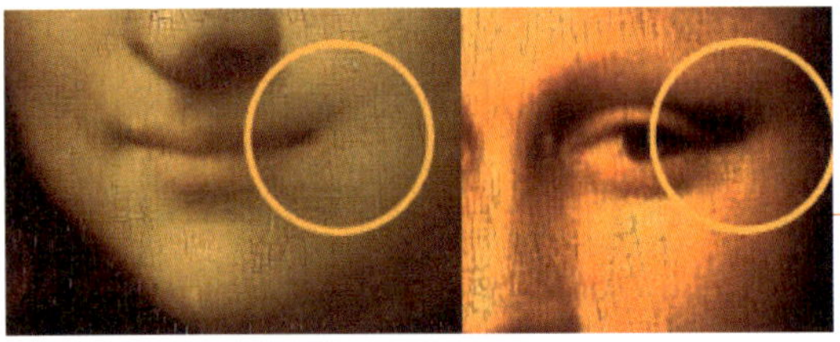

스푸마토 기법이 만들어낸 모나리자의 신비로운 표정

<모나리자> 가치의 비밀 2 - 그림 속 여인의 정체

두 번째 이유는 바로 그림 속 모델의 정체 때문입니다. 과연 이 신비로운 미소의 주인공은 누구일까요? 1550년 조르조 바사리의 저서 『가장 뛰어난 화가·조각가·건축가들의 생애』•에는 〈모나리자〉의 모델이 프란체스코 델 조콘도의 젊은 부인인 리자 델 조콘도를 그렸다는 내용이 언급되어 있습니다. 어떤 사람들은 만투아의 지배자였던 이자벨라 데스테라고 주장하기도 하지요.

하지만 1992년, 미국의 컴퓨터 전문가 릴리안 슈워츠는 놀라운 주장을 내놓습니다. 컴퓨터 기술로 다 빈치의 자화상과 〈모나리자〉를 합성해 보니 두 얼굴이 완벽하게 일치했다는 것입니다. 그녀는 다 빈치가 처음에는 실제 여인을 모델로 삼았지만, 작업을 이어가며 결국 자신의 얼굴을 투영했을 가능성이 높다고 결론지었습니다. 이런 분석은 〈모나리자〉가 지닌 양성적이고 중성적인 분위기와도 맞닿아 있습니다. 일부 연구자들은 이것이 다 빈치의 성향과 예술적 자의식

• 『가장 뛰어난 화가·조각가·건축가들의 생애』는 이탈리아의 화가이자 건축가 조르조 바사리의 저서로, 고대부터 르네상스까지 예술가들의 삶과 작품을 기록한 최초의 체계적 미술사.

이 반영된 결과라고 보기도 하지요.

결국 〈모나리자〉의 정체는 지금까지도 명확히 규명되지 않은 채, 여전히 하나의 미스터리로 남아 있습니다. 하지만 어쩌면 그 '완전히 드러나지 않은 비밀'이야말로 수백 년이 지나도 사람들이 〈모나리자〉 앞에서 시선을 거두지 못하는 진짜 이유인지도 모르겠습니다.

<모나리자> 가치의 비밀 3 - 세기의 모나리자 스캔들

세 번째 이유는 바로 세상을 뒤흔든 도난 사건 때문입니다. 1911년 8월 20일, 루브르 박물관에서 믿기 어려운 사건이 벌어졌습니다. 이탈리아 출신 유리공 기술자 빈첸초 페루지아와 란첼로티 형제가 〈모나리자〉를 훔쳐 간 것입니다. 페루지아는 작품 보호용 유리 케이스 제작에 참여했던 인물이었고, 형제 역시 그의 소개로 박물관에서 일하고 있어 내부 구조와 직원 동선을 속속들이 알고 있었습니다. 특히 월요일이 휴관일이라는 점을 노린 범행이었지요.

이 '사상 초유의 도난 사건'은 세계 언론의 헤드라인을 뒤흔들며 〈모나리자〉를 단숨에 전 세계인이 아는 이름으로 만들었습니다. 범인들은 휴관일 전날인 일요일 밤 보관 창고에 숨어 있다가 허술한 보안을 틈타 작품을 떼어내 유유히 사라졌고, 루브르 박물관은 〈모나리자〉가 사라진 사실을 무려 27시간이나 지나서야 알아차렸습니다.

1911년 8월 22일, 〈모나리자〉 도난 소식이 유럽 전역에 퍼지자 모두가 충격과 분노에 휩싸였습니다. 그러나 수사는 진척이 없었고, 파리 시민들은 결국 작품이 영원히 사라졌다고 믿게 되었지요. 1년 넘게 비어 있던 자리에는 라파엘로의 초상화가 대신 걸렸습니다.

이 사건의 배후에는 남미의 고위 관리였던 에두아르도 드 발피애르노가 있었습니다. 그는 도난 훨씬 전부터 복제 화가에게 〈모나리자〉 복제품 여섯 점을 제작해 두었고, 이를 '진품'이라 속여 막대한 이익을 챙겼지요. 사람들의 시선이 복제품으로 쏠려 있는 동안, 정작 진짜 〈모나리자〉는 범인 빈첸초 페루지아가 루브르 박물관 바로 옆 자신의 허름한 방 안에 이중 바닥 트렁크 속에 넣은 채 무려 2년 동안 숨겨 두고 있었습니다.

그러다 1913년 12월, 발피애르노의 연락을 기다리다 지친 페루지아는 결국 모나리자를 들고 이탈리아로 향합니다. 그는 '도둑맞은 국가의 보물을 고국에 돌려주고 싶다'는 편지를 피렌체의 골동품상에게 보내며 사건의 전모를 드러냈고, 곧바로 체포되어 징역 18개월을 선고받았습니다. 이탈리아는 다 빈치의 걸작이 돌아왔다며 환호했고, 작품은 우피치 미술관 특별전에서 3만 명이 넘는 관람객을 끌어모았습니다. 그리고 1914년 1월 4일, 〈모나리자〉는 마침내 루브르의 자리로 복귀했으며, 단 이틀 만에 10만 명이 넘는 방문객이 몰려들었습니다.

이 사건은 〈모나리자〉를 하나의 신화적 존재로 끌어올리며, 그녀를 '세상에서 가장 유명한 그림'으로 자리매김하게 만든 결정적 계기가 되었습니다.

〈모나리자〉는 단순한 초상화가 아닙니다. 신비로운 기법과 끝없는 논란, 여기에 극적인 사건까지 더해지며, 이제는 하나의 예술 작품을 넘어 인류의 '문화적 신화'로 자리매김했지요. 그래서 '지구가 멸망한다면 인류가 꼭 남겨야 할 그림'으로 〈모나리자〉가 꼽히는 이

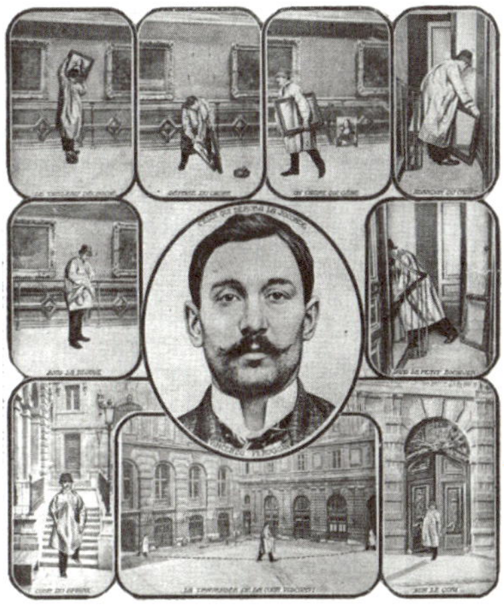

1911년 루브르 박물관에서
빈첸초 페루자가 〈모나리자〉를 훔쳐낸
사건을 묘사한 삽화

유 역시 분명합니다. 그것은 단순한 명성이나 경제적 가치 때문이 아니라, 인류가 축적해 온 '예술적 상상력과 문화적 기억을 상징하는 아이콘'이기 때문입니다.

"지구가 멸망하는 순간, 여러분이라면 어떤 그림을 꼭 챙겨가고 싶나요?"

미디어 속,
미술 보물찾기

TV, 만화, 영화 같은 대중매체는 우리에게 즐거움과 흥미, 그리고 몰입의 기쁨을 선물합니다. 어린 시절 애정을 쏟으며 보았던 만화, 매력적인 주인공 때문에 밤을 새워가며 시청했던 드라마, 사랑하는 사람과 함께 본 영화의 장면들은 지금도 우리 마음속 어딘가에 따뜻하게 자리하고 있지요. 힘들 때마다 꺼내 먹는 달콤한 사탕처럼, 이런 기억들은 우리의 삶을 조금 더 다정하게 만들어줍니다.

그런데 만약 이런 대중매체 속에서 미술 작품을 우연히 만나게 된다면 어떨까요? 박물관이나 갤러리에서 볼 때보다 훨씬 친근하게 다가오며, '이건 어떤 그림일까?' 하고 궁금해지는 마음이 절로 생깁니다. 마치 보물찾기에서 예상치 못한 보물을 발견했을 때의 반짝이는 설렘처럼요.

렘브란트를 사랑한 소년, 〈플란다스의 개〉 네로

어릴 적 우리 집은 가게가 딸린 방 두 칸짜리 작은 집이었습니다. 부모님은 한 칸을 쓰셨고, 나머지 한 칸에는 삼 남매가 다닥다닥 붙어 잠들곤 했죠. 일요일 아침이면 엄마 이불 속에 파고들어 작은 텔레비전으로 만화를 봤습니다. 〈캔디〉, 〈은하철도 999〉도 좋았지만, 제 마음을 가장 사로잡았던 건 단연 〈플란다스의 개〉였습니다.

가난한 소년 네로는 버려진 개 파트라슈, 그리고 할아버지와 함께 우유를 배달하며 어렵게 살아갑니다. 그의 마음속에는 단 하나의 꿈, 화가가 되는 것과 안트워프 대성당에 걸린 루벤스의 성화를 직접 보는 소망이 있었지요. 하지만 그 그림을 보기 위해서는 금화 한 냥이 필요했습니다. 유일한 친구는 부잣집 딸 아로아였지만, 그녀의 아버지는 가난한 네로를 달가워하지 않았습니다. 설상가상으로 네로는 우유 배달 일을 잃고, 화재 사건의 누명까지 쓰게 됩니다. 크리스마스를 앞두고 할아버지마저 세상을 떠나자 그는 집에서까지 쫓겨나고 말지요.

모든 것을 잃은 네로는 마지막 희망을 좇아 대성당으로 향합니다. 텅 빈 성당에 달빛이 스며들어 루벤스의 성화를 비추는 순간, 그는 처음이자 마지막으로 자신의 꿈과 마주하지요. 그때 파트라슈가 성당 문을 밀고 들어오고, 크리스마스 아침, 차가운 성당 안에서 둘은 서로를 꼭 껴안은 채 눈을 감습니다.

네로가 마지막 순간 마주한 그림은 루벤스의 〈십자가에서 내려지는 그리스도〉입니다. 실제로 이 작품은 벨기에 안트베르펜 대성당에 걸려 있는 루벤스의 대표작이지요. 바로크 시대의 거장답게 그는 빛과 색채, 인간의 감정을 극적으로 표현해 마치 화면이 살아 움직이는 듯한 힘을 지닌 화가였습니다.

피터 파울 루벤스 <십자가에서 내려지는 그리스도>

루벤스의 〈십자가에서 내려지는 그리스도〉는 1612년부터 1614년 사이에 제작된 바로크 시대의 대표 걸작이다. 이 작품은 벨기에 안트베르펜의 성모 마리아 대성당을 위해 아르케부지에르 길드의 의뢰로 그려졌다. 세 폭으로 구성된 제단화(트립티크)로 예수의 탄생과 죽음을 서로 대비시키며 작품 전체에 깊은 신학적 의미를 담고 있다.

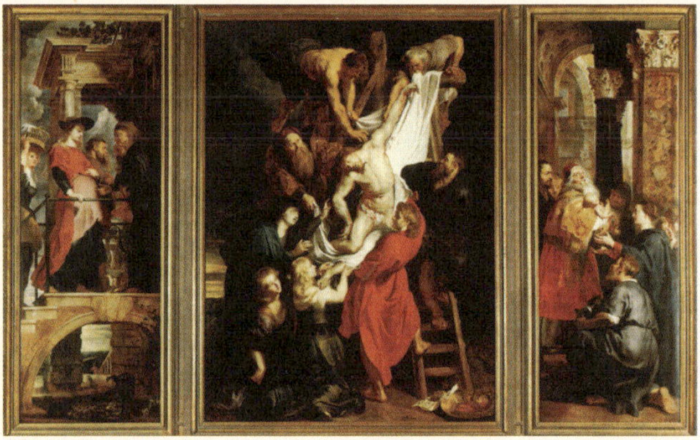

피터 파울 루벤스,〈십자가에서 내려지는 그리스도〉

왼쪽 패널	중앙 패널	오른쪽 패널
성모 마리아가 엘리사벳을 방문하는 장면을 그린 '성모 방문'이다. 예수의 생애 초기, 즉 탄생 이전의 순간을 상징한다.	요한, 니고데모, 아리마대 요셉 등 여러 인물이 협력하여 예수의 시신을 조심스럽게 내리고 있다. 이 장면은 깊은 슬픔과 경건함을 담고 있다.	시메온이 아기 예수를 성전에 봉헌하는 '성전 봉헌' 장면으로 예수의 생애 초기를 나타낸다.

이 작품에서 루벤스는 이탈리아에서 익힌 예술적 기법을 유려하게 펼쳐 보였다. 중앙 패널의 인물들은 대각선 구도를 이루며 예수의 시신을 중심으로 역동적인 움직임과 깊은 비애를 드러낸다. 루벤스는 색채와 빛을 섬세하게 조율해 인물들의 감정을 극대화하고, 화면 전체에 조화로운 균형을 부여했다.

* 참고: '아르케부지에르 길드(Arquebusiers Guild)'는 15~17세기 유럽에서 화승총(아르케부스)을 다루던 용병과 사수들의 군사·친목 조합을 뜻함.

성당 앞에는 지금도 네로와 파트라슈의 동상이 자리하고 있습니다. 대리석 위에 나란히 누워 평온한 표정을 짓고 있는 두 친구의 모습은 애니메이션 속 마지막 장면을 떠올리게 하며 누구든 발걸음을 멈추게 만드는 잔잔한 울림을 남깁니다.

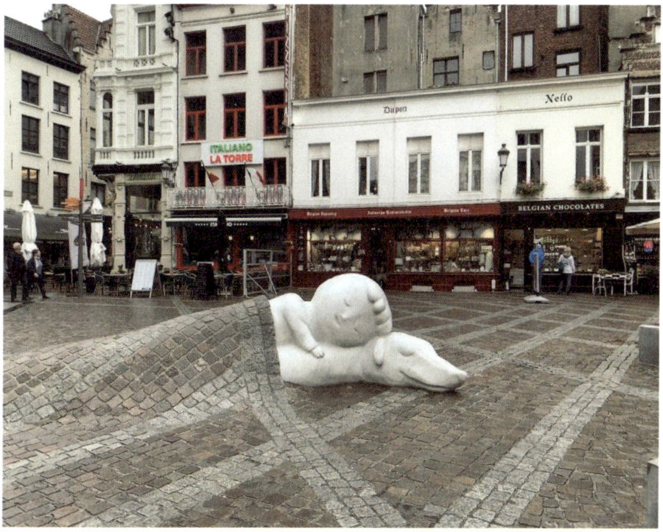

앤트워프 성당 앞 <플란다스의 개> 동상

광고 속에 등장한 미술 작품_아트 마케팅

우리가 하루 중 가장 많이 마주치는 콘텐츠는 사실 광고입니다. 무심코 스쳐 지나가지만, 요즘 광고는 한 가지 흥미로운 변화를 겪고 있지요. 바로 예술을 마케팅에 끌어들이는 것, 즉 '아트 마케팅Art Marketing' 혹은 '아트버타이징Artvertising'입니다. 예술art과 광고advertising가 만난 이 방식은 브랜드에 감성과 미학을 입혀 단숨에 시선을 사로잡고, 광고 자체를 하나의 작은 전시처럼 느끼게 만들죠.

명화나 유명 작품을 활용하면 광고는 훨씬 고급스러운 분위기를 띠게 되고, 작품이 지닌 상징성은 브랜드 메시지에 깊이를 더해 줍니다. 그래서 어떤 광고를 보면 제품 설명보다 '그림이 주는 감정'이 먼저 마음에 남기도 하죠.

아트버타이징의 대표적인 방식은 예술가와의 협업입니다. 브랜드는 예술가의 창의성을 빌려 새로운 이미지를 얻고, 예술가는 기업의 후원을 받아 더 넓은 세계와 만날 기회를 얻습니다. 마치 르네상스 시대 메디치 가문이 예술가를 후원하던 전통이 현대적으로 변주된 셈이지요. 패션 하우스 루이○○이 쿠사마 야요이나 제프 쿤스와 꾸준히 협업해 예술과 패션의 경계를 허무는 것도 같은 맥락입니다.

또 다른 형태는 기업이 직접 예술적 경험을 제공하는 방식입니다. 자동차 브랜드의 창작지원 프로젝트, 전자책 플랫폼의 아트 실험, 백화점의 전시 공간 운영처럼 물건을 파는 데서 한 걸음 더 나아가 브랜드의 감성과 철학을 예술을 통해 보여주는 것이지요.

일상 속에서 마주치는 작은 예술

광고뿐 아니라 미술은 생각보다 우리 일상 가까이에 있습니다. 사람들이 가장 자주 찾는 마트나 편의점에서도 미술의 흔적을 발견할 수 있지요. 예를 들어, 한 라면 브랜드는 출시 30주년을 맞아 스페인의 화가 호안 미로의 작품에서 영감을 얻은 한정판 스페셜 패키지를 선보였습니다. 패키지 디자인에는 미로 특유의 자유로운 상상력과 유쾌한 색감이 담겨 있어 소비자들에게 일상의 작은 예술적 즐거움을 선사했습니다.

호기심 책방 주인장

인간의 무의식을 그린 초현실주의 화가 '호안 미로'

호안 미로

호안 미로(1893~1983)는 스페인 바르셀로나 출신으로 20세기 초현실주의를 대표하는 예술가 중 한 사람이다. 그는 초기에는 사실적인 풍경화와 정물화를 그렸으나, 점차 선과 색을 단순화하며 어린아이의 낙서처럼 자유롭고 상징적인 표현으로 나아갔다. 그의 작품은 강렬한 원색, 단순한 기하학적 형태, 그리고 별·달·새 같은 상징적인 이미지로 잘 알려져 있다. 그는 현실을 그대로 재현하기보다 꿈과 무의식, 상상력을 시각화하는 데 집중했으며, 회화뿐 아니라 조각·판화·벽화 등 다양한 예술 분야에서도 활약하며 세계적인 명성을 얻었다.

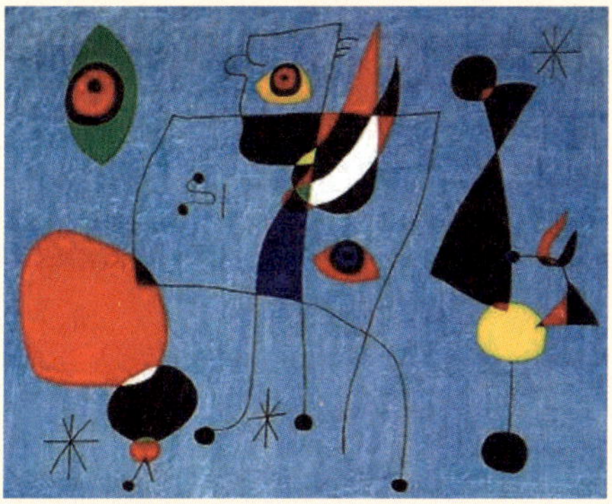

호안 미로,〈5월 5일 1947〉, 1947년. 캔버스에 유채

호안 미로의 〈5월 5일 1947〉은 전쟁이 끝난 후 그려진 작품으로 혼란스러운 시대 속에서도 인간의 꿈과 상상을 회복하려는 메시지를 담고 있다. 화면에는 단순한 선과 기호, 점과 색이 자유롭게 흩어져 있으며, 빨강·파랑·노랑 같은 원색이 강렬하게 어우러져 밝고 경쾌한 에너지를 전한다. 현실의 무게보다는 상상의 자유를, 절망보다는 유희와 생명력을 보여주는 작품이다.

이 작품은 구체적인 이야기를 전달하기보다는 색과 형태가 만들어내는 리듬을 통해 관람객이 스스로 상상의 세계를 펼치도록 이끈다. 미로는 현실의 어둠을 넘어 인간이 가진 상상력과 희망의 힘을 밝고 유쾌한 색채로 표현하고자 했다.

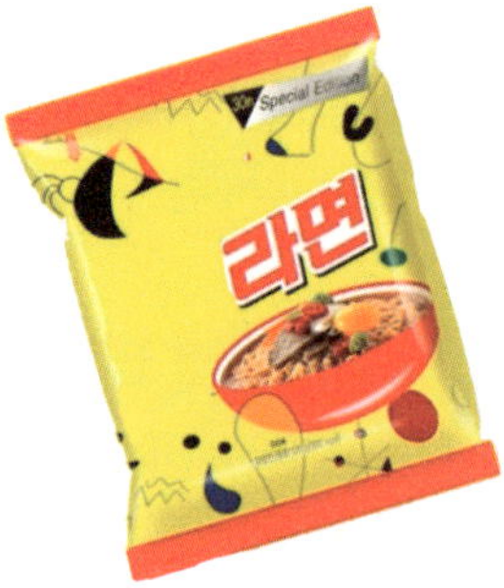

아트 마케팅 라면 패키지

미로의 작품은 원색적이면서도 단순하고 활기찬 구성이 특징으로 '라면' 패키지와도 놀라울 만큼 잘 어울립니다. 이 밖에도 음료나 우유 패키지에 아름다운 명화를 활용한 사례는 정말 많지요. 오늘 마트나 편의점에 가신다면, 한번 찾아보는 것도 재미있을 거예요.

홈쇼핑에서도 미술을 발견할 때가 있습니다. 어느 날, TV 홈쇼핑을 보는데 평범한 티셔츠를 소개하던 쇼호스트의 입에서 낯익은 이

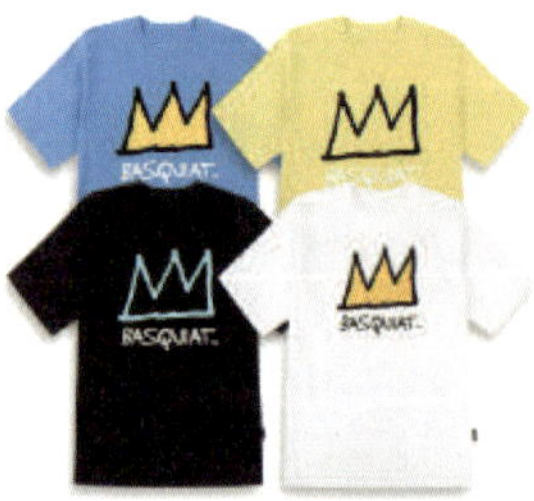

바스키아 작품,
프린팅 티셔츠

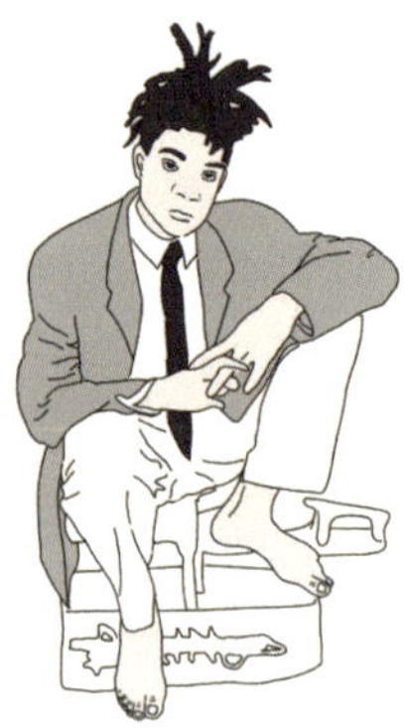

현대 미술의 아이콘이 된,
장 미셸 바스키아

름이 들려왔습니다. 바로 국내 브랜드에서 미국의 신표현주의 화가 장 미셸 바스키아의 그림을 프린트한 티셔츠를 한정 판매한다는 것이었죠.

바스키아는 1980년대 뉴욕 예술계에 혜성처럼 등장한 스타로 그래피티graffiti와 스트리트 아트street art, 흑인 문화, 사회적 메시지를 결합한 독창적인 스타일로 주목받았습니다. 낙서 같은 단어와 기호를 회화에 끌어와 거리의 언어를 예술로 확장한 인물로 평가받지요.

그의 그림은 얼핏 보면 아이가 거칠게 낙서한 듯 보이지만, 그 안에는 강렬한 상징과 사회적 메시지가 숨겨져 있습니다. 해골, 해부학적 인체, 문자, 숫자, 그리고 왕관 같은 모티프는 단순한 장식이 아니라 흑인 정체성과 사회적 저항, 예술가로서의 자의식을 드러내는 상징적 언어입니다. 특히 자주 등장하는 '왕관'은 그가 흑인의 존엄성과 존재 가치를 시각적으로 선언하기 위해 사용한 상징이기도 합니다.

다소 반항아 이미지의 작품이 어느 날 홈쇼핑 티셔츠 프린트로 등장했을 때, 그 장면은 묘하게 다가왔습니다. 반가움도 있었지만 한때 거침없던 거리의 예술이 주부들이 즐겨보는 홈쇼핑 화면 한가운데 놓여 있다는 사실은 어딘가 낯설었습니다.

사실 미술관 기념품숍에서 판매되는 유명 작가의 티셔츠는 상당히 높은 가격대를 자랑합니다. 그런데 이렇게 합리적인 가격에 그것도 바스키아의 작품을 프린트한 티셔츠를 네 가지 스타일로 만나게 되다니 놀라울 따름이었죠. 어쩌면 이런 기발한 아트 마케팅을 기획한 이들에게 감사해야 할지도 모릅니다. 예술을 미술관 바깥으로 끌어내 우리의 일상적인 옷차림에 자연스럽게 스며들게 해 주었으니까요.

호기심 책방 주인장

장 미셸 바스키아 〈No. 4 (Versus Medici)〉
- 낙서인가, 예술인가

장 미셸 바스키아(1960~1988)는 뉴욕에서 아이티 출신의 아버지와 푸에르토리코계 어머니 사이에서 태어났다. 인종차별과 가정불화 속에서 불우한 어린 시절을 보낸 그는 청소년기에 거리로 나와 방황하던 중 스프레이 락카를 이용한 그래피티 작업에 빠져들었다. 친구들과 함께 도시의 벽에 장난스러운 문구와 이미지를 남겼고, 작품에는 '늘 똑같은 헛소리the same old crap'의 약자인 'SAMO©'라는 서명을 붙였다. 이 거리의 낙서들은 점차 주목을 받기 시작했고, 결국 당시 예술계의 슈퍼스타 앤디 워홀의 눈에 띄게 된다. 이 만남을 계기로 바스키아의 인생은 극적으로 바뀌었고, 거리의 청년에서 세계 미술 시장의 아이콘으로 떠오르게 되었다.

장 미셸 바스키아의 〈No. 4 (Versus Medici)〉(1982)는 르네상스의 전통과 흑인 정체성이 충돌하는 장면을 그린 작품이다. 1982년은 바스키아가 국제 미술계의 중심에 서며 가장 왕성한 창작 에너지를 발휘하던 시기로, 그는 작품 제목에 르네상스 예술의 상징이자 권력의 후원자였던 메디치 가문을 직접 등장시켰다. 이는 서구 미술사의 오랜 권위에 대한 젊은 흑인 예술가의 도전이자, 예술을 통한 정체성의 선언이었다.

바스키아의 상징인 왕관이 등장하는 이 작품은 거칠고 원초적인 선, 강렬한 원색, 단어와 기호들이 뒤섞이며 즉흥적이고 폭발적인 에너지를 드러낸다. 제목의 'Versus'는 르네상스의 전통과 흑인 예술가의 새로운 정체성이 정면으로 맞선다는 의미로 쓰였다.
그는 흑인 문화에서 자부심과 주권을 상징하는 왕관을 통해 자신이 주류 미술사와 동등한 위치에 서 있음을 선언하며, 낙서 같은 자유로운 표현으로 기존 미술의 규율을 거부했다. 결국 이 작품은 "누가 예술의 주인인가?"라는 질문을 던지며, 서구 미술사에서 배제되어 온 흑인 예술가의 목소리를 되찾으려는 바스키아의 강렬한 선언으로 읽힌다.
또한 다양한 일상 재료에 크레용·스프레이·아크릴 등을 혼합한 그의 실험적 방식은 추상 표현주의의 거친 붓질을 연상시키면서도 거리 문화와 순수 미술을 잇는 독창적 언어로 확장되었다.

〈No. 4 (Versus Medici)〉

만화 속에 등장한 미술 작품

『갤러리 페이크』- 깊이 있는 내용의 미술 만화

어린 시절 만화방은 마법의 공간이었습니다. 하교 후 친구들과 달려가 만화 속 세계에 푹 빠져들었던 그 시간은 아직도 생생하게 떠오릅니다. 당시에는 만화방에 드나들면 '불량 학생'이라는 낙인이 찍히곤 했지만, 이제는 만화가 훌륭한 교육 도구로 인정받는 시대가 되었지요.

그렇다면 이런 재미있는 만화로 미술을 배운다면 어떨까요? 마치 보물찾기 게임을 하듯 즐기면서 어느새 미술 전문가 못지않은 안목을 키울 수 있다면 말입니다.

오늘 소개할 작품은 바로 호소노 후지히코의 『갤러리 페이크』입니다. 여러분의 미술 감각을 한층 높여줄 흥미로운 만화이자 예술을 색다르게 바라보게 만드는 작품입니다.

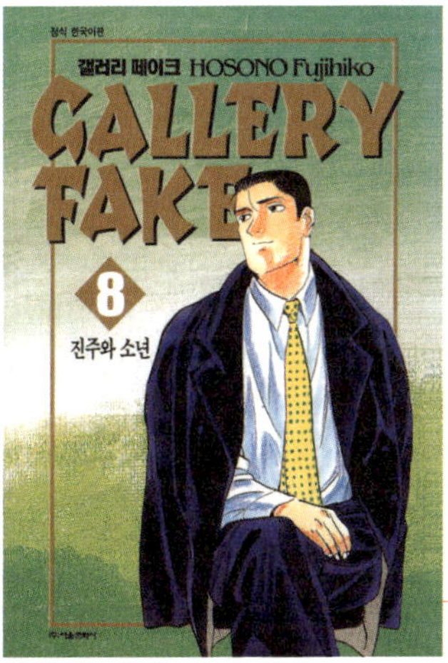

만화 『갤러리 페이크』는 호소노 후지히코 작가가 1992년부터 2005년까지 연재한 작품으로 미술품의 진위와 가짜의 경계를 넘나드는 흥미로운 이야기로 많은 사랑을 받았다.
미술의 세계를 배경으로 하지만 단순히 작품을 감상하는 데 그치지 않고 인간의 욕망과 예술의 가치, 그리고 진짜와 가짜를 구분하는 눈에 대해 깊이 성찰하게 만드는 작품이기도 하다.

『갤러리 페이크』 표지

이 작품은 1996년 제41회 소학관 만화상을 수상하며 그 가치를 인정받았고, 2005년에는 37부작 애니메이션으로도 제작되었습니다.

주인공 후지타 레이지는 바닷가 창고를 개조해 위조 미술품 전시장으로 위장한 '갤러리 페이크'를 운영하는 인물로 탁월한 미술품 감식력과 복원 능력을 지니고 있습니다. 그의 곁에는 중동 왕족의 영애이자 조수인 사라가 함께하며, 두 사람은 미술품을 둘러싼 음모와 비밀을 파헤치며 다양한 사건에 휘말립니다.

『갤러리 페이크』는 위작 스캔들, 미술품 복원, 미술 시장의 뒷이야기 등 일반인이 접하기 어려운 미술의 세계를 흥미롭게 풀어낸 작품으로 재미와 교양을 동시에 느낄 수 있는 만화입니다.

사라진 베르메르의 그림 - 〈합주〉 도난 사건

여러 에피소드 중에서도 특히 제 흥미를 끌었던 이야기는 미술사에서 가장 유명한 도난 사건의 희생양이 된 요하네스 베르메르의 〈합주〉와 관련된 사건이었습니다.

1990년 3월, 미국 보스턴의 이자벨라 스튜어트 가드너 미술관에서는 믿기 어려운 일이 벌어졌습니다. 새벽녘, 경찰 제복을 입은 두 남자가 '신고가 접수됐다'며 문을 두드렸고, 경비원은 별 의심 없이 문을 열어주었지요. 하지만 그것은 악몽의 시작이었습니다. 두 사람은 경비원을 결박한 뒤 미술관 곳곳에서 명작들을 떼어 갔고, 그날 밤 사라진 작품은 총 13점에 달했습니다. 그중에는 베르메르의 희귀한 작품 〈합주〉도 포함되어 있었습니다. 피해 규모는 당시 가치로만 5억 달러, 지금 기준으로는 1조 원을 훌쩍 넘는 어마어마한 금액이었지요. FBI와 국제 수사기관이 수십 년간 추적했지만 범인은 끝내 잡히지 않았고, 사라진 작품들의 행방도 지금까지 미스터리로 남아 있습니다.

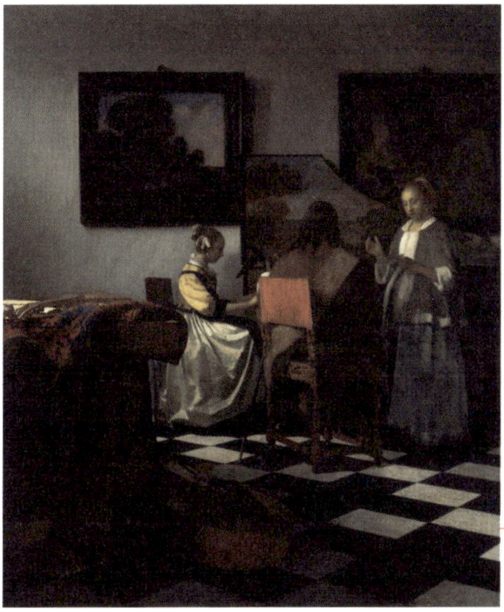

요하네스 베르메르가 그린 이 작품은 한 남성과 두 여성이 실내에서 음악을 연주하는 모습을 정교하게 담아낸 장면이다. 베르메르 특유의 부드러운 자연광과 차분한 색조, 섬세한 질감 표현은 당시 네덜란드 중산층 가정의 문화적 삶을 고스란히 보여준다.

요하네스 베르메르, 〈합주〉, 1660년경, 캔버스에 유채

만화 속에서는 이 실화를 바탕으로 한 흥미로운 이야기가 전개됩니다. 런던 경시청 미술 도난 전담팀에 베르메르의 〈합주〉가 비밀리에 거래될 예정이라는 의문의 메일이 도착하면서 사건이 시작되지요. 이 소식을 들은 주인공 후지타가 거래 현장으로 향하며 진품과 위작, 욕망과 정의가 뒤얽힌 미술 미스터리가 펼쳐집니다.

그리고 〈합주〉를 마주한 순간, 후지타는 이 작품이 위작일 가능성을 제기합니다. 그 배경에는 베르메르의 이름과 늘 함께 언급되었던 '위작의 천재' 한 판 메헤렌이 있었기 때문입니다. 그는 20세기 초, 유명 화가들의 화풍을 완벽히 재현하거나 존재하지 않는 '잃어버린 명작'을 창조해 미술 시장을 속여왔지요. 그 시대의 물감·캔버스·안료

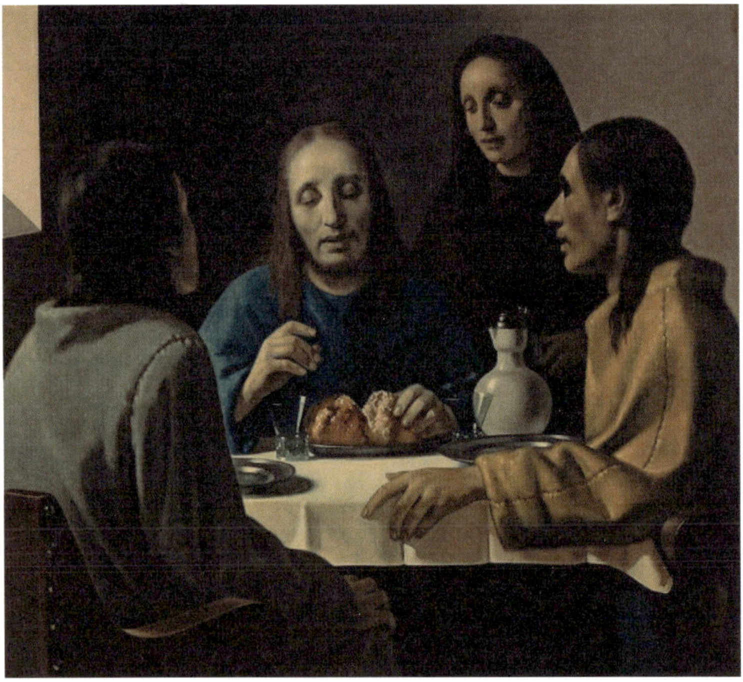

한 판 메헤렌, 〈엠마오에서의 저녁 식사〉, 1937년. 캔버스에 유채

까지 사용해 과학적 감정을 피할 만큼 치밀했지만, 결국 한 작품에서 그 시대에는 없던 안료 '티타늄 화이트'가 발견되며 정체가 드러났고, 위작의 거장은 감옥에서 그의 사기극의 막을 내리게 됩니다.

메헤렌은 특히 베르메르의 화풍을 완벽히 재현한 위작을 만들어 '잃어버린 종교화'라 속이며 막대한 돈을 벌어들였습니다. 생전에 큰 주목을 받지 못했고 남긴 작품이 약 35점에 불과했던 베르메르의 희소성을 교묘히 이용한 것이지요.

제2차 세계대전 중 그는 자신의 '베르메르 위작'을 나치 지도자 헤르만 괴링에게 판매했습니다. 전쟁 후에는 '국보를 팔아넘긴 매국노'라는 혐의로 재판에 넘겨졌지만, 사형 위기에 몰리자 그 그림이 진품이 아니라 자신이 그린 위작이었다는 사실을 밝혔습니다. 메헤렌은 법정에서 직접 위작을 그려 보이며 이를 증명했고, 결국 무죄 판결을 받았습니다. 이후 네덜란드 국민들은 그를 '나치를 속인 천재 화가'라 부르며 영웅처럼 추켜세웠습니다. 사기꾼이 영웅으로 변모한 미술사에서 가장 아이러니한 순간이었지요.

이런 비하인드 스토리 덕분에 후지타는 베르메르의 〈합주〉가 진품인지 위작인지 의심하며 사건에 뛰어듭니다. 이야기는 점차 흥미로운 방향으로 전개되고, 결국 작품은 진품으로 판명되지요. 이후 후지타는 손상된 부분을 복원하는 조건으로 수사관과 협력하며 사건을 마무리합니다. 예술과 진실, 그리고 인간의 욕망이 교차하는 한 편의 미스터리를 보는 듯한 순간입니다.

미술에 관심은 있지만 어디서부터 시작해야 할지 막막하다면, 딱딱한 미술사 책보다 『갤러리 페이크』 같은 교양 만화를 먼저 펼쳐 보세요. 후지타와 사라의 모험을 따라가다 보면 자연스럽게 미술의 기초 지식을 익힐 수 있고, 실제 미술관이나 전시에서 작품을 만날 때도 새로운 시선으로 감상할 수 있을 겁니다.

만화처럼 친근한 매체를 통해 미술의 세계로 첫발을 내디뎌보는 건 어떨까요? 어렵고 멀게만 느껴졌던 미술이 훨씬 가까워지고, 예술이 일상 속으로 스며드는 즐거움을 경험하게 될 것입니다.

종합 미술 세트
'영화 속의 미술'

현대인의 가장 흔한 취미는 단연 '영상 시청'입니다. 영화나 드라마의 짧은 영상 속 이야기에 몰입하며 잠시 현실을 벗어나는 시간이죠. 사실 인간은 오래전부터 이야기를 통해 살아온 존재였습니다. 고대의 『일리아드』와 『오디세이아』, 그리고 '단군신화'처럼 서사는 오랫동안 사회의 가치와 도덕, 문화를 이어주는 통로였지요.

예전에는 글로만 접하던 이야기들이 이제는 영화·드라마·애니메이션·웹툰 등 다양한 미디어로 일상 속에 자연스럽게 스며들었습니다. 각박한 현실에서 이런 이야기들은 잠시 숨을 고르게 해 주는 '쉼표' 같은 존재입니다. 현실에서 이루기 어려운 꿈이나 욕망을 이야기 속에서 대신 경험하며, 우리는 카타르시스를 통해 감정이 씻겨내려가는 듯한 해방감을 느끼기도 하죠. 그래서 가상 세계에서의 성취가 마치 내 일처럼 통쾌하게 다가오는 것입니다.

영상 콘텐츠 중에서도 가장 높은 완성도를 인정받는 장르는 단연 '영화'입니다. 문학·미술·음악·연극이 한데 모인 종합예술이기에 '제7의 예술'이라는 별칭도 붙지요. 그림을 볼 때 배경과 상징을 읽어내듯이 영화도 감독의 의도와 장면에 담긴 상징성, 조명, 미장센을 이해하면 훨씬 더 깊게 즐길 수 있습니다. 인기 영화의 해석 영상이 화제가 되는 이유도 바로 여기에 있지요.

감독들은 종종 특정 미술 작품을 영화 속 장치로 활용하거나, 화가에게서 영감을 받아 장면을 연출하기도 합니다. 우리가 즐겨 보는 영화 속에서 미술의 흔적을 쉽게 발견할 수 있는 이유입니다.

또한 고흐, 잭슨 폴록, 앤디 워홀처럼 삶 전체가 예술이었던 화가들은 극적인 생애와 독창적인 세계관 덕분에 영화 속에서도 강렬한 울림을 남깁니다. 시각적 아름다움을 넘어 인간적인 감정의 깊이까지 전해 주는 것입니다.

예술이 된 삶, 삶이 된 예술

예술가들 중에는 삶 자체가 예술이었던 이들이 있습니다. 그들은 그림을 그리는 데 그치지 않고, 자신의 삶 전체를 하나의 작품처럼 살아냈지요. 그들의 인생은 마치 한 편의 영화처럼 극적이었고, 그 안에는 예술을 향한 열정과 고뇌가 고스란히 담겨 있습니다.

첫 번째로 소개할 영화는 화가 폴 고갱의 삶을 다룬 다큐멘터리 영화 〈타히티의 고갱-잃어버린 낙원〉입니다. 이 작품은 문명 세계를 떠나 남태평양의 섬 타히티에서 자신만의 예술 세계를 찾아 나섰던 고갱의 내면과 여정을 담고 있습니다.

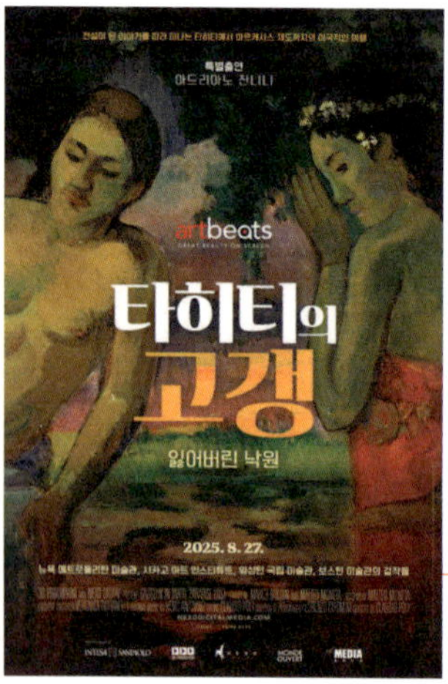

빈센트 반 고흐가 자신의 귀를 자른 뒤 그린 자화상은 일반인에게도 널리 알려진 작품이다. 그런데 그 충격적인 사건의 이면에는 바로 또 한 명의 화가, 폴 고갱이 있었다. 두 사람은 아를에서 함께 작업하며 큰 기대를 품었지만, 성격과 예술관의 차이로 갈등이 깊어지면서 관계가 급격히 악화된 것이다.
고갱의 인생 또한 결코 평범하지 않았다. 오히려 고흐 못지않게 격정적이고 드라마틱한 삶을 살았던 화가였다.

다큐멘터리 영화
<타히티의 고갱-잃어버린 낙원> 포스터

2025년 개봉한 다큐멘터리 영화 〈타히티의 고갱-잃어버린 낙원〉은 화가 폴 고갱의 삶과 예술을 따라가는 여정입니다. 타히티와 마르키즈 제도의 풍경 속을 걷듯이 뉴욕·시카고·워싱턴·보스턴의 주요 미술관에 소장된 작품을 함께 비추며 그의 색채와 구도를 되짚습니다.

고갱의 아버지는 방랑벽이 심한 인물이었고, 그 기질은 고갱에게도 고스란히 이어졌습니다. 그는 열일곱 살에 도선사가 되어 세계 여러 바다를 오갔지만, 결국 프랑스로 돌아와 주식 중개인으로 일하며 가정을 꾸렸지요. 그러나 마음속 깊은 곳의 예술혼은 잠들지 않았습니다. 1880년 인상파 전시에 참여하며 본격적으로 화가의 길로 들어섭니다. 이후 파리의 삶에 염증을 느낀 그는 브르타뉴의 퐁타방으로 향했고, 강렬한 색면과 단순한 형태가 특징인 '클루아조니즘cloisonnism' 화풍을 펼쳐 보입니다. 문명보다 원시의 순수를 동경했던 고갱은 결국 타히티로 떠나 독창적인 색채와 신화적 상징을 담은 작품들을 남깁니다. 그의 예술은 논란과 그림자를 안고 있지만, 야수파·표현주의·피카소 등 이후 세대에 지대한 영향을 준 것만은 분명합니다.

고갱의 격정적인 삶은 서머싯 몸의 소설 『달과 6펜스』의 모티프가 되기도 했습니다. 가족과 안락함을 뒤로한 채, 예술을 향해 끝없이 떠났던 그는 자유롭고 고독했으며, 그 어떤 틀에도 갇히지 않았던 예술가였습니다. 만약 반 고흐가 MBTI로 내향형[I]이라면, 고갱은 아마 외향형[E]의 극단에 가까웠을 것입니다. 그는 자신감이 넘쳤고, 때로는 세상을 향해 도전적으로 나아갔으며, 자신의 욕망과 예술적 열정을 주저 없이 삶의 중심에 두는 사람이었으니까요. 그 당당함은 매혹적이면서도 한편으로는 오만하게 느껴질 만큼 강렬했습니다.

고갱의 대표작 〈우리는 어디에서 왔는가? 우리는 무엇인가? 우리는 어디로 가는가?〉는 미술사에서도 손꼽히는 철학적 제목의 작품이자, 그의 인생과 예술을 통틀어 가장 중요한 걸작 중 하나입니다.

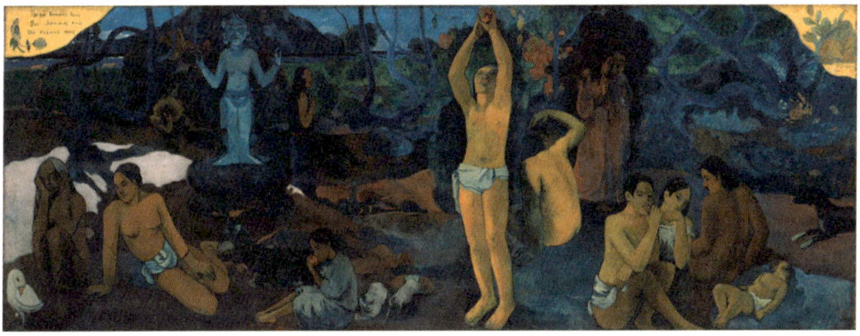

폴 고갱, 〈우리는 어디에서 왔는가? 우리는 무엇인가? 우리는 어디로 가는가?〉, 1897~1898년. 캔버스에 유채, 보스턴 미술관

이 작품은 고갱이 인생의 가장 어두운 시기를 통과하던 때에 그려졌습니다. 건강은 악화되고, 생활은 빈곤했으며, 사랑하는 딸의 죽음까지 겪은 그는 절망 속에서 한때 스스로 생을 마감하려 했습니다. 그런 고갱이 단 한 달 남짓한 시간 동안 혼신을 다해 완성한 작품이

바로 〈우리는 어디에서 왔는가? 우리는 무엇인가? 우리는 어디로 가는가?〉입니다.

살아가다 보면 인생의 본질이 고통이라는 사실을, 그리고 그 여정이 결코 단순하지 않다는 것을 깨닫게 됩니다. 고갱 역시 삶의 끝자락에서 '산다는 것은 무엇인가?'라는 물음을 품었고, 그 답을 이 그림 속에 남기고 싶었던 것인지도 모릅니다. 그는 이 작품을 자신의 유서로 여겼고, 실제로 '내 마지막 걸작'이라 불렀습니다.

그림은 오른쪽에서 왼쪽으로 인간의 생애를 따라 흐릅니다. 오른쪽에는 탄생을 상징하는 아기와 젊은 여인이, 중앙에는 삶을 살아가는 여러 인물이 그리고 왼쪽에는 죽음을 앞둔 노파가 자리하고 있습니다. 인생의 시작과 절정, 그리고 끝이 한 화면 안에 담겨 있습니다.

강렬한 색채, 단순한 형태, 그리고 신비로운 상징들로 가득한 이 작품은 단순한 인물화가 아닙니다. '인간은 어디에서 와서, 어디로 가는가'라는 영원한 질문을 던지는 한 예술가의 고백이자 오늘날까지 예술과 철학을 잇는 가장 깊은 작품으로 남아 있습니다.

두 번째로 소개할 영화는 팝아트의 아이콘 앤디 워홀이 등장하는 작품, 〈팩토리 걸〉입니다. 이 영화는 예술과 명성, 그리고 그 이면의 공허함을 가장 극적으로 보여주는 영화 중 하나로 1960년대 뉴욕의 자유분방한 예술 세계를 배경으로 펼쳐집니다.

팝아트의 선구자 앤디 워홀은 대중문화와 자본주의 사회를 냉철하게 분석하며, 신비로운 콘셉트로 자신을 예술계의 아이콘으로 만들어낸 인물입니다. 그는 단지 작품을 만드는 데 그치지 않고, 자신의 일상과 존재 자체를 예술로 승화시켰죠. 오늘날로 치면 자신을 하나의 브랜드로 구축한 인플루언서의 원조라 할 만한 인물입니다.

워홀이 뉴욕에 세운 작업실 팩토리는 단순한 화실이 아니라 예술과 음악, 영화, 패션이 자유롭게 뒤섞인 창조의 실험실이었습니다. 이곳은 뉴욕의 인싸들이 모여드는 사교의 장이자 매일 파티가 열리는 창작의 무대였지요. 워홀은 그곳의 인물들을 '슈퍼스타'라 부르며 자신의 영화와 작품 속에 등장시켰습니다. 그중에서도 에디 세드윅은 팩토리의 아이콘이자 당대 청춘의 상징으로 자리 잡았습니다. 영화 〈팩토리 걸〉은 바로 그녀의 시선에서 본 앤디 워홀의 세계를 그립니다. 예술, 욕망, 명성이 교차하는 그 시대의 빛과 그림자를 보여주는 작품이죠.

앤디 워홀은 선천적인 동성애자였으며, 외모에 대한 열등감과 타인과의 신체적 접촉을 꺼리는 성향을 지녔습니다. 겉으로는 화려한 예술계의 중심에 있었지만, 그 내면에는 언제나 차가운 고독이 자리하고 있었죠. 그에게도 단 한 번 사랑에 빠졌던 여인이 있었습니다. 바로 '팩토리'의 아이콘, 에디 세드윅이었습니다. 스타를 꿈꾸던 그녀는 워홀이 만든 여러 영화에 출연하며 단숨에 주목받는 존재가 되었고, 독특한 스타일과 자유로운 태도로 1960년대 청춘들의 우상이 되었습니다.

그러나 화려한 스포트라이트 뒤에는 어린 시절의 상처와 불안, 그리고 약물 중독이 자리하고 있었습니다. 워홀과 점점 멀어진 뒤 그녀는 마약에 의존하게 되었고, 안타깝게도 28세의 젊은 나이에 생을 마감했습니다. 짧은 시간이었지만 그녀는 누구보다 강렬하게 빛났습니다.

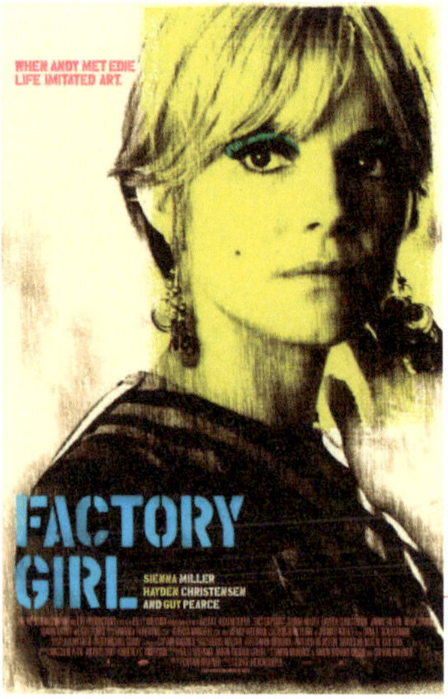

1960년대 뉴욕 팩토리 시대의 분위기를 담은
〈팩토리 걸〉 영화 포스터

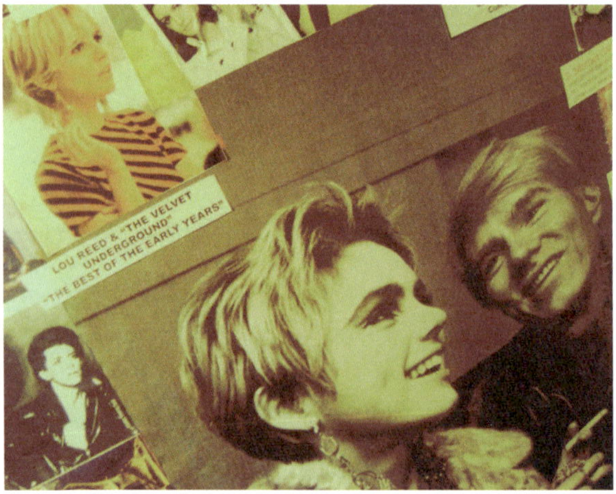

앤디 워홀의 뮤즈, 에디 세드윅

호기심 책방 주인장

앤디 워홀 〈캠벨 수프〉

앤디 워홀(1928~1987)은 펜실베이니아의 슬로바키아 이민 가정에서 태어나 광고 일러스트레이터로 활동하며 상업미술 감각을 익혔다. 1960년대에 접어들면서는 캠벨 수프, 코카콜라, 마릴린 먼로처럼 누구나 아는 대중 이미지를 예술의 영역으로 끌어들이며 팝아트의 상징적 인물이 되었다. 뉴욕의 '팩토리(Factory)'에서는 예술가·음악가·지식인들과 협업하며 실험적 프로젝트를 펼쳤고, 1968년 총격 사건 이후에도 영화·사진·실크스크린 등 다양한 매체를 넘나들며 활동을 이어갔다. 1987년 세상을 떠나기까지 워홀은 대중문화와 순수미술의 경계를 허물며 현대 미술의 흐름을 근본적으로 변화시킨 작가로 평가된다.

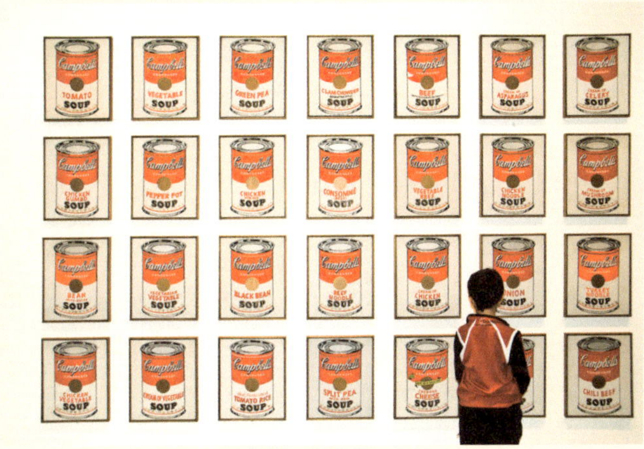

앤디 워홀, 〈캠벨 수프〉

그의 대표작인 〈캠벨 수프〉 시리즈(1962)는 일상의 소비재를 예술의 중심으로 끌어올린 팝아트의 결정적 장면이다. 워홀은 누구나 알고 있지만, 누구도 예술로 보지 않았던 통조림 수프 이미지를 반복해 그려, 대량생산과 소비문화가 지배하는 시대의 감각을 시각화했다. 동일한 형식을 기계적으로 반복하는 방식은 예술가의 '손맛'을 의도적으로 지우며, 산업 생산의 논리를 예술로 전환하려는 그의 태도를 보여준다. 이 작품은 '무엇이 예술인가'라는 근본적 질문을 던지며 고급문화와 대중문화의 경계를 무너뜨렸고, 워홀을 팝아트의 아이콘으로 자리매김하게 만든 전환점으로 평가된다.

예술 오디션 시대, 미술이 스타가 되는 법

요즘 TV와 여러 플랫폼에서 오디션 프로그램이 큰 인기를 얻고 있습니다. 음악, 요리, 댄스 등 다양한 장르에서 펼쳐지는 경쟁은 시청자의 눈과 귀를 단숨에 사로잡지요. 〈K팝 스타〉, 〈프로듀스 101〉, 〈미스터 트롯〉, 〈흑백 요리사〉, 〈월드 오브 스트릿 우먼 파이터〉 등 오디션 무대는 점점 더 넓어지고 있습니다. 그중에서도 제게 가장 인상 깊었던 프로그램은 〈스테이지 파이터〉였습니다. 발레, 현대무용, 한국무용 같은 순수 예술 중심의 오디션이 대중에게 얼마나 통할까 궁금했지만, 결과는 예상보다 훨씬 뜨거웠습니다. 방송 직후 큰 화제를 모았고 시청률도 놀라울 만큼 높았으니까요.

무엇보다 압도적이었던 건 남성 무용수들이 펼친 예술적인 춤의 향연입니다. 탄탄한 신체와 아름다운 라인, 그리고 감정이 깃든 움직임은 시청자를 한순간에 사로잡았습니다. 기존 댄스 서바이벌 프로그램과는 전혀 다른 결의 세계였고, 높은 예술성과 완성도로 시청자들의 갈증까지 채워주는 무대였죠.

그런데 여러 예술 분야에서 오디션 프로그램이 쏟아지는 요즘, 유독 '미술'을 소재로 한 오디션은 거의 없습니다. 왜 그럴까요? 춤·음악·연극 같은 분야는 기본적으로 기술과 테크닉이 중심입니다. 무대 위의 단 한 순간을 위해 오랜 연습이 필요하고, 그 기술 위에 감성과 해석이 얹힐 때 관객은 깊은 감동을 느끼지요.

하지만 미술은 조금 다릅니다. 현대 미술은 뛰어난 묘사력보다 독창적인 아이디어와 메시지, 작가만의 시각을 더 중요하게 여깁니다. SNS에는 그림 실력이 뛰어난 사람들이 많지만, 그들의 모든 작품이 '예술'로 인정받는 건 아니지요. 잘 그린 그림이 미술의 전부가 아니기 때문입니다. 미술은 형태보다 생각을, 기술보다 태도를 담는 예술이니까요.

이런 이유로 미술은 예능 오디션으로 만들기엔 다소 복잡한 면이 있습니다. 하지만 새로운 시각과 기획이 더해진다면 충분히 매력적인 형태로 탄생할 수도 있을 것입니다. 한 작품이 완성되기까지의 과정, 작가의 고민과 감정만 보여줘도 사람들은 예술의 숨결을 생생하게 느낄 수 있으니까요.

미술 오디션 프로그램의 탄생

해외에서는 이미 미술 오디션 프로그램이 여러 차례 시도되었습니다. 미국의 〈아트 스타〉와 〈워크 오브 아트〉, 영국의 〈스쿨 오브 사치〉가 대표적이죠. 한국에서도 2014년 CJ E&M이 〈아트 스타 코리아〉를 제작해 현대 미술을 대중에게 소개한 바 있습니다. 음악·댄스 중심의 서바이벌과 달리 미술의 다양성과 창작 과정을 보여주려는 새로운 시도가 돋보였죠.

흥미로운 점은 이런 프로그램들이 대부분 '현대 미술'을 중심으로 기획된다는 것입니다. 미술 이론가 메리 앤 스타니스제프스키는 『이

것은 미술이 아니다』에서 우리가 알고 있는 '현대 미술'이라는 개념이 사실 오래된 것이 아니라고 말합니다. 그녀에 따르면 사진기 발명 이전의 그림은 지금처럼 예술로만 소비된 작품이 아니라, 시대의 요구에 따라 만들어진 실용적 이미지에 더 가까웠습니다. 결정적인 변화는 바로 사진기의 등장입니다. 세상을 사실적으로 재현하는 기능을 사진이 가져가자 회화는 새로운 길을 찾아야 했습니다. 그제야 화가들은 색채와 형태, 구조와 아이디어 같은 '표현의 본질'에 눈을 돌렸고, 이것이 오늘날 현대 미술의 문을 여는 결정적 계기가 되었지요.

근대 이후 미술은 더 이상 왕이나 교회의 전유물이 아니라 예술가 개인의 창작 욕구와 표현 욕망에서 태어나는 작품으로 바뀌었습니다. 이런 작품들은 화랑, 박물관, 출판, 비평 같은 '미술 제도' 안에서 순환하며 사회적 가치를 인정받게 되었지요.

이런 흐름 속에서 현대 미술 기반의 오디션 프로그램이 단순한 기술 대결로 보이지 않는 이유도 자연스럽게 이해됩니다. 단순히 '잘 그리는 사람'을 뽑는 것이 아니라 작가가 무엇을 보고 어떻게 해석하며 어떤 방식으로 표현하는지, 즉 아이디어와 문제의식 자체가 중요한 평가 기준이 되기 때문입니다.

결국 이런 프로그램은 미술이 단순한 시각적 기술이 아니라 시대의 감각, 개인의 서사, 사고의 깊이를 함께 보여주는 예술임을 일깨우는 장치입니다. 동시에 우리가 미술을 대할 때 떠올리는 허세, 트렌드, 시장과 비평의 시선을 다시 돌아보게 만들고, "예술이 경쟁이 될 수 있을까?"라는 근본적인 질문까지 던지게 하죠.

〈아트 스타 코리아〉의 에피소드 주제를 살펴보면 현대 미술의 특징과 문제의식을 그대로 드러냅니다.

'예술에 대한 고정관념 깨기', '예술을 하는 이유 보여주기', '금기 다루기', 'DMZ에 설치할 공공예술', '저가 소재로 작품 만들기', '대중문화 아이콘에서 영감 얻기', '현대 미술계를 비판하라' 등 매 회차 주제는 그 자체로 현대 미술이 고민해 온 질문을 품고 있습니다.

이 프로그램은 종종 어렵고 난해하다고 여겨지는 현대 미술을 서바이벌 포맷과 영상 연출로 대중에게 친숙하게 전달하려는 시도를 했습니다. 하지만 방송이라는 구조상 회차마다 새로운 주제에 맞춰 '보여주기식' 작품을 만들어야 했기 때문에 작가 고유의 스타일이나 세계관이 온전히 드러나기 어렵다는 비판도 뒤따랐습니다. 또한 제한된 시간 안에서 작품을 만들고, 이를 심사로 평가하는 방식이 과연 예술의 진정성을 담아낼 수 있는지, 예술을 공정하게 평가할 기준이 존재할 수 있는지에 대한 논란도 일었지요.

그럼에도 〈아트 스타 코리아〉는 "예술은 경쟁이 될 수 있는가?", "예술은 어떻게 대중과 만날 수 있는가?"라는 흥미로운 질문을 던지며, 예술의 본질과 시장성, 그리고 대중성과의 관계를 새롭게 조명한 의미 있는 실험이었습니다.

"진정한 예술이란 무엇인가?", "예술가는 어떤 존재여야 하는가?"

〈아트 스타 코리아〉는 명확한 해답을 주지는 못했지만, 적어도 그 질문을 던질 수 있는 장을 열었습니다. 미술계에도 대중이 주목할 스타가 필요하고, 그런 인물이 등장해 더 많은 사람이 미술에 관심을 갖게 된다면 그 자체로 의미 있는 변화이기도 합니다.

무엇보다 예술은 결코 거창하거나 멀리 있는 세계가 아닙니다. 우리의 삶 속에서 끊임없이 실험하고 새로움을 만들어가는 과정이지요. 그런 점에서 〈아트 스타 코리아〉는 예술이 현실과 어떻게 만날 수 있는지를 보여준 실험장이자 예술의 본질을 다시 생각하게 만든 프로그램이었습니다.

아트 타임머신의 방

인류의 역사 속으로 들어간 예술

2층

"예술은 시대의 아이이며,
동시에 그 시대를 낳는 어머니이다."

- 바실리 칸딘스키

1층에서 미술에 대한 호기심의 씨앗이 싹텄다면,
이제는 그 씨앗이 조금 자라 미술의 세계로
한 걸음 더 들어가고 싶은 마음이 생겼을 거예요.
미술은 인류가 어떻게 살아왔고,
무엇을 꿈꾸며 고민했는지를
가장 생생하게 들려주는 시간의 증언자입니다.

이제 2층, '아트 타임머신' 방으로 올라가 볼까요?
이곳에서는 역사 속 미술을 따라
인류의 발자취를 여행하는 특별한 시간이 시작됩니다.

'아트 타임머신' 방의 문을 똑똑 두드려 보세요.
두 손으로 살짝만 밀면,
옛 시대의 미술이 우리를 맞이할 거예요.

아트 타임머신 여행 코스

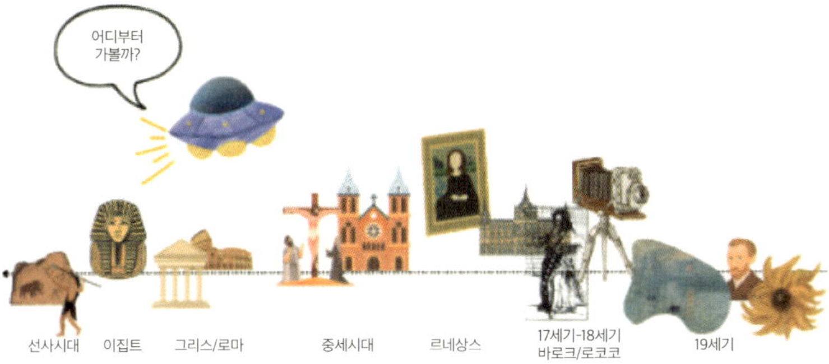

첫 번째 항로: 인류 최초의 예술을 찾아서

선사시대 동굴벽화 → 고대 이집트 → 그리스 미술

동굴벽화에서 시작된 인류 최초의 예술 정신을 만나보세요.

사막을 건너 이집트에 도착하면 거대한 피라미드와 신비로운 벽화들이 기다리고 있고, 그리스에서는 완벽한 비율로 조각된 신들의 형상이 여러분을 맞이할 거예요. 그림이 언어가 되고, 조각이 신앙이 되던 시절, 그 오래된 예술의 숨결 속으로 여행을 떠나봅시다.

두 번째 항로: 천 년을 지배한 신의 시대, 중세 미술

시간의 바다를 건너면 '신의 시대'라 불렸던 중세로 들어섭니다. 예수님이 태어난 마구간에서 출발해 기독교가 유럽 전역을 뒤덮던 시대로 향하지요. 하늘 높이 솟은 성당의 첨탑 아래, 스테인드글라스에 스며든 빛은 신앙과 예술이 하나였던 시대의 숨결을 전해 줍니다. 찬란한 금빛 모자이크와 정교한 장식들 속에서 인간이 신을 향해 품었던 경외와 믿음을 느껴보세요.

세 번째 항로: 결국 주인공은 인간이었다

르네상스 - 인간 중심의 고전 문화의 부활

이제 '인간의 재발견'이라 불리는 르네상스 시대로 여행을 떠납니다. 레오나르도 다 빈치, 미켈란젤로, 라파엘로 이 세 천재가 만들어 낸 예술의 르네상스를 감상해 보세요.

이탈리아의 햇살 아래, 파스타 한 접시와 함께 인간의 아름다움과 가능성을 노래했던 시대의 열정을 느낄 수 있을 거예요.

네 번째 항로: 화려함의 극치

바로크와 로코코 시대

유럽의 거리로 나서면 찬란한 황금빛이 눈부신 바로크와 로코코의 세계가 펼쳐집니다. 왕과 귀족의 권력을 과시하듯 웅장하고 정교한 조각, 휘황한 색채, 빛과 그림자가 어우러진 화려한 회화들이 도시를 물들입니다. 바로크가 장엄함과 극적인 감정을 담았다면, 로코코는 한층 더 우아하고 향기로운 섬세함으로 관능적인 아름다움을 표현했습니다. 절대왕정 시대의 화려함 속에서 예술은 권력의 언어이자 인간의 욕망을 가장 화려하게 드러내는 무대가 되었습니다.

긴급상황 발생! 역사의 격변기를 목격하다

타임머신에 갑작스러운 이상이 생겼습니다. 도착한 곳은 프랑스 혁명과 산업 혁명이 뒤섞인 거대한 격변의 한가운데입니다. 세상이 요동치며 새로운 질서가 태동하던 바로 그 순간이죠.

하지만 걱정하지 마세요. 이 혼란의 시기는 오히려 미술사에서 가장 흥미로운 전환점이 되었으니까요. 왕과 신의 시대가 서서히 저물고, 인간과 현실이 예술의 중심으로 올라옵니다. 예술가들은 더 이상 신의 세계를 그리는 데 머물지 않고, 자신이 살아가는 시대와 사람들의 삶을 새로운 시선으로 바라보기 시작했습니다.

혼란 속에서 피어난 그 새로운 눈빛, 그것이 바로 근대 미술의 출발점이었습니다.

마지막 항로: 새로운 미술의 탄생

19세기 유럽, 다양한 미술 사조의 등장 - '주의'를 주의하라

19세기 유럽은 변화의 물결로 가득했습니다. 산업 혁명으로 세상이 급속히 변하던 그 무렵, 화가들은 현실의 눈부신 속도를 따라가기 위해 새로운 시선을 찾아 나섰습니다. 인상주의, 후기 인상주의, 상징주의…. 서로 다른 화실에서, 서로 다른 방식으로 '새로운 미술'을 꿈꾸던 예술가들의 숨결이 느껴집니다.

그 시대는 마치 미술의 실험실 같았습니다. 화가들은 빛과 색, 감정과 사유를 캔버스 위에 펼치며, 자신만의 '주의ism'를 만들어냈죠. 그렇게 근대 미술이 태어났고, 오늘날의 현대 미술로 이어졌습니다.

자, 이제 여러분도 아트 타임머신에 탑승해 보세요. 미술이 걸어온 길 위에서 인류의 상상력과 예술의 진화를 함께 체험할 시간입니다.

첫 번째 항로
인류 최초의 미술과 고대의 흔적

선사 시대 미술의 시작 - 생존 필수키트 미술

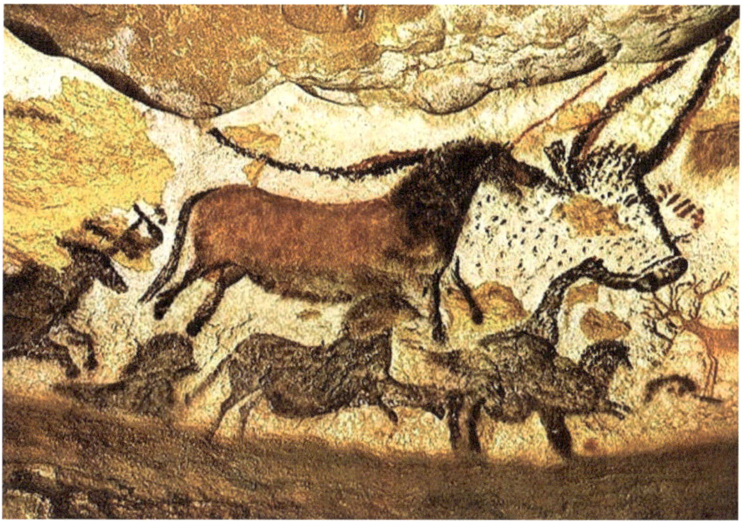

프랑스 라스코 동굴벽화 〈들소 무리들〉, 약 기원전 17,000년경

프랑스 남서부 라스코에서 1940년 우연히 발견된 이 동굴에는 약 17,000년 전 구석기 시대 사람들이 그린 600여 점의 동물 그림이 남아 있다. 사슴, 들소, 말 등이 생생하게 그려진 이 벽화는 현재까지 발견된 인류 최초의 회화 작품이다. 흥미롭게도 이들이 그린 것은 주변의 풍경이나 식물이 아니라 오직 동물이었다. 더욱 놀라운 점은 한 번 그린 그림 위에 또 다른 동물을 겹쳐 그린 흔적이 있다는 것이다.

도대체 왜 이들은 어둡고 깊은 동굴 속에서 동물 그림만을 반복해 그렸던 걸까?

1) 심심해서
2) 동굴을 멋지게 장식하고 싶어서
3) 후세에 기록을 남기기 위해서
4) 더 많은 사냥감을 잡고 싶어서

정답은 4번입니다. 선사시대 사람들에게 사냥은 실패하면 곧 가족이 굶는 일이었습니다. 손에 든 무기라고 해 봐야 돌로 만든 도구뿐이니 거대한 들소나 매머드를 상대하는 일은 늘 생사를 건 도전이었죠. 그래서 그들은 동굴 벽에 동물들을 그려 넣으며 사냥의 성공을 기원했습니다. 단순한 낙서가 아니라 '그림을 그리면 실제로 사냥이 이루어진다'고 믿었던 진심 어린 의식이었습니다. 그림은 생존을 위한 염원이자 당시 인간이 가진 가장 강력한 주문이었습니다.

이러한 믿음은 현대에도 남아 있습니다. 누군가의 사진을 함부로 훼손하기 망설여지는 마음, 인형에 바늘을 꽂는 부두교 주술 같은 사례가 그렇지요. 심리학자 칼 융은 이를 인류가 오래도록 공유해 온 '집단 무의식'의 흔적으로 설명했습니다.

최초의 인간에게 미술은 여가도 장식도 아니었습니다. 더 오래 살아남기 위해 필요한 언어였고, 생존을 위한 본능적 행위였죠. 그들에게 그림은 단순한 그림이 아니라 삶을 지탱하기 위한 간절한 도구였습니다.

이집트 미술 - 죽은 자를 위한 미술

18세기 후반까지 미술은 예술가의 창의성보다 왕과 귀족, 종교가 요구하는 '공식'을 따르는 일이 더 많았습니다. 이러한 미술의 시작점이 바로 이집트 미술이었죠. 이집트 장인들은 피라미드와 벽화를 만들 때 국가가 정한 규칙을 철저히 지켜야 했고, 작품의 목적은 파라오의 절대 권력과 내세를 증명하는 데 있었습니다. 예술가의 창작 의도보다는 '법칙과 의무'가 우선이었던 셈입니다.

하지만 그 단단한 규범 속에서도 인간이 품은 '영원에 대한 열망'이 있었기에 이집트 미술은 지금도 신비로움을 잃지 않습니다. 파라오는 죽음 너머에 다시 돌아오는 삶을 믿었고, 영혼이 찾아올 수 있도록 영원히 변하지 않는 모습을 남기려 했습니다. 바로 그 욕망이 이집트 미술의 엄격한 규칙을 탄생시킨 이유였습니다.

이집트 미술의 두 가지 법칙

이집트 미술의 법칙을 알면 이집트 미술 문화를 훨씬 쉽게 이해할 수 있습니다. 아래 그림은 이집트 벽화에 그려진 인물상인데 자세히 보면 다소 이상한 점이 느껴지지 않나요? 인체의 각 부분이 서로 다른 방향을 향한 듯 어딘가 어색해 보일 거예요. 바로 이 어색함 속에 이집트 미술만의 독특한 법칙이 숨어 있습니다.

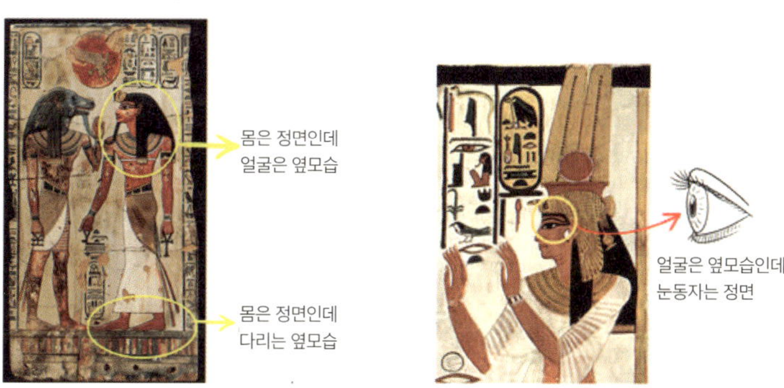

이집트 벽화

1. 정면성의 법칙

벽화에 그려진 사람들의 모습이 어딘가 어색하게 느껴지는 이유는 얼굴과 다리는 옆모습인데 눈과 어깨는 정면으로 표현되어 있기 때문입니다. 처음에는 화가의 미숙한 솜씨 때문이라고 생각할 수도 있지만, 대부분의 인물이 같은 방식으로 그려져 있는 것을 보면 단순한 실수가 아니라 나름의 '사람을 그리는 규칙'이 있었음을 알 수 있습니다. 그렇다면 왜 이렇게 표현했을까요?

그 이유는 죽은 이의 영혼이 인물을 쉽게 알아볼 수 있도록 하기 위해서입니다. 즉, 얼굴은 옆모습이지만 눈은 정면, 어깨도 정면으로 그려서 인체의 모습이 가장 잘 보이는 특징적인 각도를 조합한 모습을 보여주려 했던 것이죠. 만약 그림마다 인물을 모두 다른 방식으로 표현한다면, 이집트 미술이 중요하게 여긴 '영원성과 불변성'의 원칙에 어긋나게 됩니다. 그래서 이런 형식적인 표현이 오랫동안 지켜졌던 것입니다.

2. 종합성의 법칙

그림 속 정원의 주인인 네바문은 고대 이집트에서 서기관이자 제사장, 그리고 재무를 맡았던 상류층 관리였습니다. 이 벽화는 그가 사후에도 누릴 수 있는 이상적인 정원의 모습을 그린 것이지요. 죽은 네바문의 영혼이 이 정원을 영원히 향유하려면, 그 안에 있는 모든 것들이 변하지 않고 완전한 형태로 재현되어 있어야 했습니다. 예를 들어, 나무가 서로 겹치거나 연못의 형태가 흐릿하게 보이면 각각의 사물이 분명하게 드러나지 않겠지요. 그래서 이집트 화가들은 한 가지 시점에 머물지 않고, 여러 시점에서 본 모습을 조합해 그려 넣었

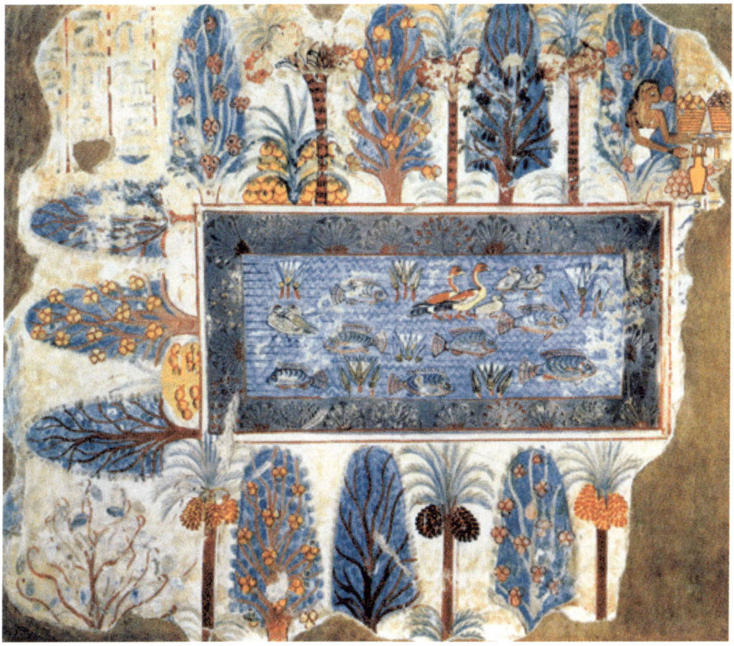

작자미상, 〈네바문의 연못이 있는 정원〉, 기원전 1420~1375년.
영국 런던 대영박물관

습니다. 연못은 위에서 내려다본 형태로 나무는 옆모습으로, 새와 물고기 역시 가장 특징이 잘 드러나는 방향에서 묘사한 것입니다. 이렇게 서로 다른 시점을 하나로 합쳐 표현하는 방식을 '종합성의 법칙'이라고 부릅니다. 이 방식 덕분에 정원 안의 모든 사물은 또렷하게 구별되며, 죽은 이의 영혼 또한 정원의 모습을 정확히 알아볼 수 있다고 여겼습니다.

이 벽화는 그저 아름다운 풍경을 그린 그림이 아니라 저승에서도 네바문이 풍요롭고 편안한 삶을 누리기를 바라는 마음을 담은 상징적 이미지였지요. 죽은 자를 위한 특별한 목적이 있었기에 이집트 미술만의 독특한 규칙에 따라 그려졌던 것입니다.

결국 인류 최초의 동굴벽화에서 이집트의 장엄한 벽화에 이르기까지 미술은 단순한 장식을 넘어 '살아남고, 기억되며, 영원히 존재하고자 하는 인간의 간절한 염원'을 품어온 기록이었습니다.

그리스 미술의 이상적 아름다움

그리스 조각의 특별함

여기 기원전 5~4세기, 그리스 고전기의 아름다운 조각상들이 있습니다. 지금으로부터 무려 2,400년 전에 만들어진 작품들이 어떻게 이토록 완벽하고 조화로운 형태를 지닐 수 있었을까요?

미술에 관심이 크지 않은 사람들도 그 앞에서는 저절로 발걸음을 멈추게 됩니다. 그리스 조각이 지닌 절묘한 균형과 이상적 아름다움은 같은 시대의 다른 문명과 비교했을 때도 단연 독보적이라 할 만큼 특별합니다.

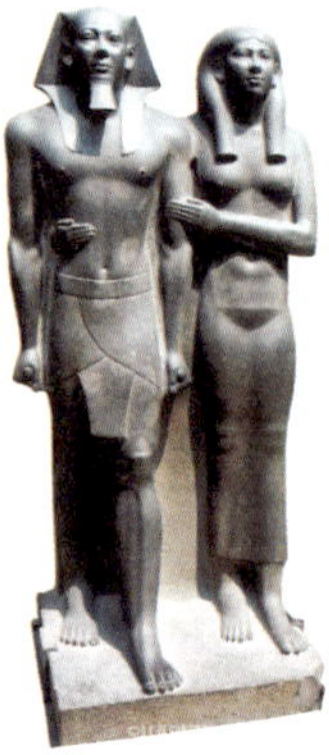

작자미상, 〈파라오 멘카우라와 그의 왕비〉, 기원전 2,490~2,472년경 석회암에 채색, 보스턴 미술관

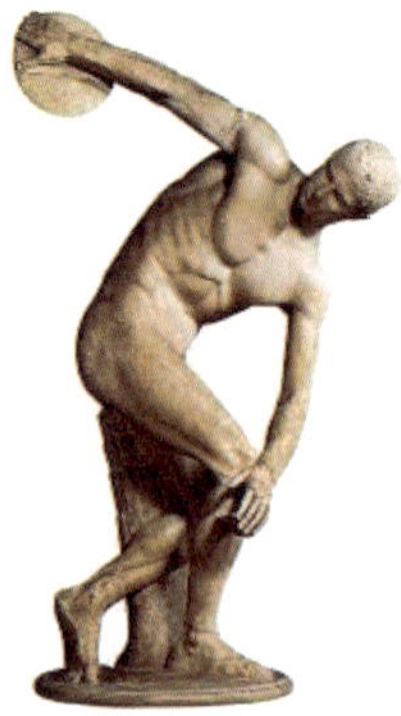

미론, 〈원반 던지는 사람〉, 기원전 460~450년경. 청동 원작(현존 대리석 로마 복제품), 로마 국립박물관

가장 가까운 이웃인 이집트의 조각상과 비교해 보면 그 차이는 더욱 뚜렷해집니다. 이집트 조각상들은 정면을 바라보는 고정된 자세에 좌우 대칭을 이루고 있어 움직임이 거의 없고, 옷 주름이나 인체의 표현도 다소 경직되어 보입니다.

반면, 그리스 조각상은 어떨까요? 자연스러운 자세와 생동감 있는 움직임, 그리고 완벽하게 균형 잡힌 비례 속에 역동성이 살아 숨 쉽니다. 그렇다면 어떻게 아주 오랜 옛날에 이토록 이상적이고 조화로운 아름다움을 지닌 조각상이 탄생할 수 있었던 걸까요?

비밀의 열쇠 ① 아크로폴리스에 꽃핀 민주주의

그리스 미술이 눈부시게 발전할 수 있었던 데에는 여러 요인이 복합적으로 작용했습니다. 그중에서도 중요한 비밀의 열쇠로 꼽히는 것이 바로 그리스의 '민주주의'입니다. '조각 이야기인데 왜 정치가 나오지?' 싶지만, 사실 기원전 4세기 아테네에는 이미 민주주의의 원형이 존재했습니다. 당시 대부분의 나라가 강력한 왕이 지배하는 계급 사회였던 것과는 완전히 다른 모습이었습니다. 아테네 시민들은 아고라(고대 그리스의 공공 광장)에서 직접 정치에 참여하며 의견을 나누었고, 이런 문화는 자연스럽게 한 사람의 가치와 인간의 존엄성을 중시하는 분위기를 만들었습니다. 이 정신적 배경 덕분에 예술가들은 이집트처럼 국가 규범에 얽매이지 않고, 자신의 재능과 창의성을 마음껏 드러낼 수 있었죠. 그리스 미술의 이상적 아름다움은 이렇게 민주주의와 맞닿은 토양 위에서 피어난 것이었습니다.

비밀의 열쇠 ② 완벽한 비례의 비밀, 카논

이런 뛰어난 작품들의 바탕에는 폴리클레이토스가 정립한 '카논 Canon'이라는 이론이 있습니다. 카논은 이상적인 인체 비례를 뜻하는 말로 인간의 몸이 지닌 가장 아름다운 균형과 조화를 수학적으로 계산해 정리한 개념입니다.

다 빈치의 〈비트루비우스적 인간〉보다 무려 2,000년 앞서 폴리클레이토스는 이미 인체의 이상적 표현을 탐구했던 선배였습니다. 그는 인체가 전체와 부분, 그리고 각 부분끼리 서로 유기적으로 연결되어 있다고 보았고, 이 관계 속에 분명한 비례의 법칙이 존재한다고 설명했습니다. 그의 이론에 따르면, 얼굴은 신장의 1/10, 손바닥의 길이 역시 신장의 1/10, 머리의 세로 길이는 1/8, 발바닥 길이는 1/6, 어깨 너비는 1/4과 같은 비례를 이룹니다. 이처럼 조화로운 균형을 숫자로 정리해 냄으로써 그는 '완벽한 아름다움'을 향한 하나의 공식을 제시한 셈입니다.

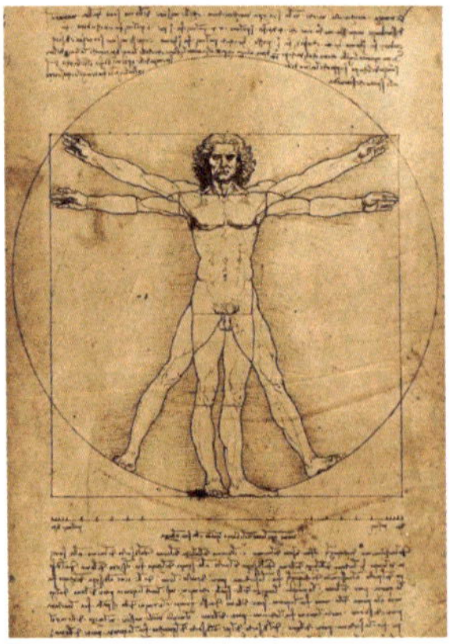
레오나르도 다 빈치, 〈비트루비우스적 인간〉, 1490년. 종이에 펜과 잉크

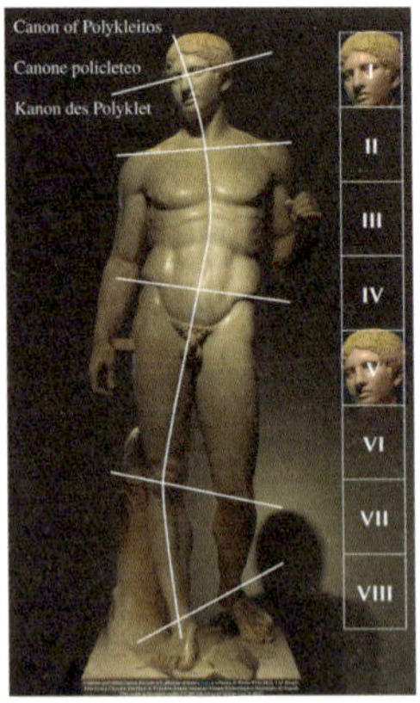

폴리클레이토스, 〈카논〉, 기원전 5세기 중반. 청동 조각

비밀의 열쇠 ③ 콘트라포스트, 최초의 S라인 포즈

그리스 예술가들은 콘트라포스트를 통해 인간이 일상에서 자연스럽게 서 있을 때의 균형과 움직임을 그대로 조각 속에 담아내며 작품에 생동감과 미묘한 흐름을 부여했습니다.

콘트라포스트 포즈는 인체의 곡선미를 더욱 돋보이게 하고, 무게중심의 자연스러운 이동을 통해 생동감 있는 자세를 만들어냅니다. 이러한 표현 방식은 그리스 조각에서 처음 본격적으로 등장했습니다.

'콘트라포스토contrapposto'는 이탈리아어로 '반대의 배치'를 뜻합니다. 이집트 조각을 떠올려 보면 대부분 정면을 향해 차렷하듯 서 있는 단단하고 정적인 모습이지만, 그리스 조각은 한쪽 다리에 체중을 싣고, 다른 쪽 다리를 자연스럽게 풀어 인간의 몸이 지닌 균형과 유연성을 사실적으로 포착해 냈습니다.

오늘날 우리가 미술관에서 고대 그리스 조각을 마주하고 "정말 살아 있는 것 같다!"라고 감탄하게 되는 이유도 바로 여기에 있습니다.

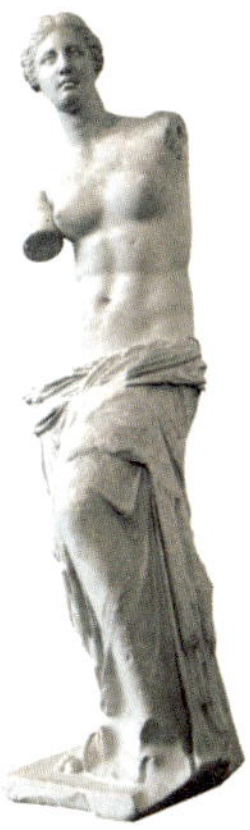

밀로의 비너스는 기원전 2세기경에 제작된 그리스 헬레니즘 시대의 조각으로, 사랑과 아름다움의 여신 아프로디테를 형상화한 작품이다. 양팔이 사라진 파손된 상태이지만, 이상적인 비례와 섬세하게 흘러내리는 옷 주름은 여전히 그 아름다움을 강렬하게 드러낸다. 1820년 그리스 멜로스 섬에서 발견되었으며, 현재는 루브르 박물관에 소장되어 있다.

작자 미상(알렉산드로스 추정), 〈밀로의 비너스〉, 기원전 약 130~100년경. 대리석, 프랑스 파리 루브르 박물관

인간적인 자연스러움과 현실의 움직임을 한 점의 조각 안에 불어넣은 것, 이것이야말로 고대 그리스 조각이 수천 년이 지난 지금도 우리의 마음을 흔드는 비밀 중 하나입니다.

고대 문명 그리스에서 이토록 완벽한 예술 작품들이 탄생할 수 있었던 이유는 단순한 기술적 발전 때문만은 아니었습니다. 민주주의라는 정치 제도가 만들어낸 자유로운 분위기, 개인의 창의성을 존중하는 문화, 그리고 완전한 아름다움을 추구했던 철학적 기반이 서로 어우러지며, 인류 역사에서 가장 빛나는 예술을 탄생시킨 것입니다.

훌륭한 예술가가 되고자 했던 인간의 순수한 열망은 결국 새로운 예술 형식을 낳았고, 이는 오늘날 서양 미술사의 기준점으로 자리 잡은 하나의 '모태 신앙'이 되었습니다.

지금 우리가 박물관에서 그리스 조각을 마주하며 느끼는 감동 역시 그런 흐름의 연장선에 있습니다. 2,400년 전 그리스인들이 꿈꾸었던 이상적 아름다움이 시공간을 건너와 조용히 우리 앞에 모습을 드러내는 순간인지도 모릅니다.

두 번째 항로
신의 시대를 거닐다, 중세 미술

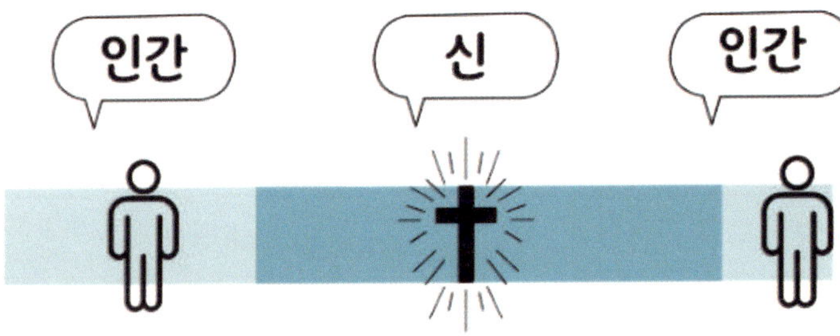

문명을 꽃피운 고대 미술의 시대를 지나면 서양사는 중세로 접어듭니다. ‘중세’라는 말은 말 그대로 ‘중간에 놓인 시대’를 뜻합니다. 3세기 콘스탄티누스 황제가 기독교 공인을 내린 이후부터 14세기 르네상스가 다시 인간의 시선을 깨우기까지 무려 천 년에 가까운 시간이 이 이름 아래 이어졌습니다.

하지만 서양 문명을 그렇게 길게 지배했던 시대가 어쩌다 ‘중간에 낀 세대’처럼 들리게 되었을까요? 이 물음 속에는 시대를 바라보는 시선의 편견과, 그 편견을 만들어낸 역사적 맥락이 숨어 있습니다.

중세 미술의 정점, 교회 건축

유럽의 거리가 유난히 아름답게 느껴지는 이유는 교회와 성당 같은 종교 건축물들이 오랜 세월을 견디며 그 모습을 지켜왔기 때문입니다. 그 가운데에서도 성당은 가장 강렬한 인상을 남깁니다.

유럽의 교회 건축은 단순히 '건축물'이라 부르기엔 부족할 만큼 예술의 경지에 다다른 모습을 보여줍니다. 장엄한 구조와 섬세한 조각, 스테인드글라스가 투명한 빛으로 공간을 물들이는 내부 풍경까지, 하나의 교회를 완성하기 위해 막대한 자본과 인력, 그리고 수많은 장인의 기술이 총동원되었습니다. 이 모든 것이 가능했던 배경에는 당시 사회 전반을 압도적으로 지배했던 기독교의 절대적 영향력이 자리하고 있었습니다. 교회는 단순한 예배당을 넘어 중세인의 정신세계와 공동체의 중심이자 가장 중요한 예술의 무대였습니다.

중세의 시작 - 기독교의 탄생

초기 기독교인들이 로마 제국에서 겪은 시련은 매우 혹독했습니다. 특히 네로 황제는 로마 대화재의 책임을 기독교인들에게 전가하며 잔인한 박해를 시작했지요. 기독교인이라는 사실을 고백했다는 이유만으로 화형을 당하거나 콜로세움의 맹수들 앞에 내던져지는 일이 벌어졌습니다. 이 시기 기독교 신자들은 카타콤catacomb이라 불리는 지하 묘지로 숨어들어 몰래 예배를 드려야 했습니다. 그리고 자신들의 신앙이 외부에 드러나지 않도록, 물고기나 양처럼 은유적이고 상징적인 이미지를 사용했지요. 이것이 바로 초기 기독교 미술의 중요한 특징입니다.

그러나 313년, 모든 흐름이 단번에 뒤바뀝니다. 콘스탄티누스 황제가 기독교를 공인하면서 박해받던 소수 종교는 하루아침에 제국의 중심 종교로 떠오르게 됩니다. 이후부터 기독교 미술은 더 이상 숨어서 존재할 필요가 없었고, 오히려 당시 예술의 가장 큰 무대와 후원을 얻게 되었지요.

313년, 밀라노 칙령을 통해 기독교가 합법적 지위를 얻게 되면서 미술사는 하나의 거대한 전환점을 맞이합니다. 더는 숨어 지낼 필요가 없어진 기독교는 제국 곳곳에 교회를 세우기 시작했고, 신앙을 드러내는 다양한 예술 활동이 활기를 띠었습니다.

콘스탄티누스 황제는 수도를 로마에서 동쪽의 비잔티온으로 옮기고, 도시의 이름을 '콘스탄티노폴리스'로 바꾸며 새로운 시대의 중심을 스스로 선언합니다. 이후 서로마와 동로마가 분리되고, 서로마가 게르만족의 침입으로 무너진 뒤에도 동로마, 즉 비잔틴 제국은 수 세기 동안 찬란한 기독교 문화를 꽃피웠습니다.

이 시기부터 미술의 중심에는 성서 이야기와 교회의 권위를 드러내는 주제가 자리합니다. 그리고 이 변화는 13세기까지 이어지는 긴 '기독교 미술의 시대'의 문을 여는 신호탄이 되었습니다. 숨죽이며 지하 예배당에서 상징적 이미지만 사용하던 초기의 신앙은 이제 제국의 중심에서 거대한 돔과 황금빛 모자이크로 자신을 드러내기 시작한 것이죠.

중세 미술의 특징 - 오직 신의 권능을 위해서

그리스, 중세, 르네상스 시대의 인체 표현을 나란히 비교해 보면, 중세 미술이 어떤 미적 기준을 따랐는지 선명하게 드러납니다.

그리스 시대
인체의 아름다움을
사실적으로 표현

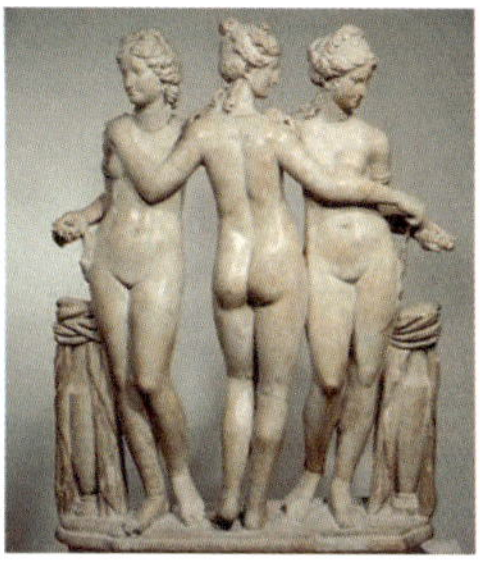

작자 미상, 〈삼미신〉
기원전 27년경. 대리석

중세 시대
인체를 나무토막처럼
딱딱하게 표현

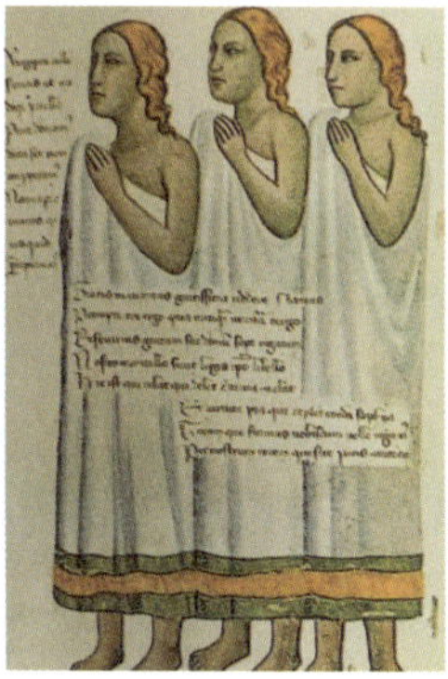

작자 미상, 〈삼미신〉, 14세기.
토스카나 지역 사본의
채색 삽화, 종이에 안료

르네상스 시대
다시 사실적이고
아름다운 인체 표현

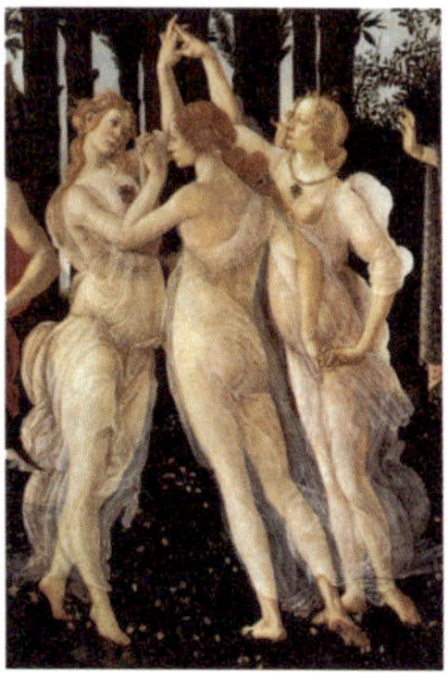

산드로 보티첼리, 〈봄〉(부분),
1477~1482년. 템페라, 목판

중세 미술에서 인체가 사실적이거나 아름답게 표현되지 않은 이유는 당시를 지배했던 기독교적 세계관과 깊이 연결되어 있습니다. 그 시대의 예술은 인간의 관능적이고 육체적인 아름다움을 드러내는 일을 경계했습니다. 지나친 사실성이나 관능미는 세속적 욕망, 더 나아가 죄의 가능성을 불러일으킨다고 여겼기 때문입니다. 그래서 인체는 이상화된 비율이나 생생한 묘사 대신 평면적이고 단순화된 모습으로 표현되었습니다. 현실의 아름다움보다 신성함과 초월성을 강조하는 것이 더욱 중요한 과제였지요. 마치 인간의 감각적 요소를 한 겹씩 걷어낸 듯 인체는 딱딱한 나무토막 같은 형태로 변주되곤 했습니다.

이러한 표현 방식은 미술이 개별 작가의 미적 성취를 위한 장르가 아니라 하나님의 교리를 전하고 신앙심을 일깨우는 도구로서의 역할을 했다는 사실을 보여줍니다. 즉, 아름다움을 향한 시선이 아니라

신을 향한 시선이 중세 미술의 중심에 있었던 것입니다.

중세 시대에는 예술뿐 아니라 문학·과학 등 여러 분야가 마치 멈춰 선 듯 더디게 흘러갔습니다. 하지만 예외가 하나 있었습니다. 시간이 흐를수록 더 발전하고 정교해진 분야, 바로 교회 건축이었습니다.

웅장하고 아름다운 교회는 단순한 건물이 아니라, 신 앞에서 경외심을 느끼고 믿음을 다지는 종교적 장치였습니다. 문맹률이 95%에 달했던 당시 사람들은 성서 내용을 글이 아닌 그림으로 이해했습니다. 벽면과 천장을 가득 채운 아이콘과 성인들의 장면은 말 그대로 눈으로 읽는 성경책이었습니다.

이렇듯 미술은 개별 작가의 창작물이 아니라 기독교 교리를 전달하는 시각적 언어의 수단이 되었습니다. 그래서 교회 건축에는 막대한 자본과 인력이 아낌없이 투입될 수 있었고, 그 결과 우리는 오늘날 유럽의 거리 곳곳에서 고요한 위엄을 품은 중세 교회를 쉽게 만날 수 있는 것이지요.

중세를 가르는 유일한 잣대 - 교회 건축의 변화

천 년이라는 긴 시간을 아우르는 중세를 구분하는 가장 뚜렷한 기준은 다름 아닌 교회 건축의 변화입니다. 학문과 예술이 전반적으로 정체된 시대였음에도 교회를 짓는 기술과 양식만큼은 꾸준히 진화했습니다. 따라서 중세 미술사를 읽어내는 가장 정확한 나침반은 화려한 회화도, 조각도 아닌 건축 양식의 흐름이라고 할 수 있습니다. 로마네스크에서 고딕으로 이어지는 구조와 공간의 변화는 천 년의 중세를 나누는 가장 명확한 경계가 됩니다.

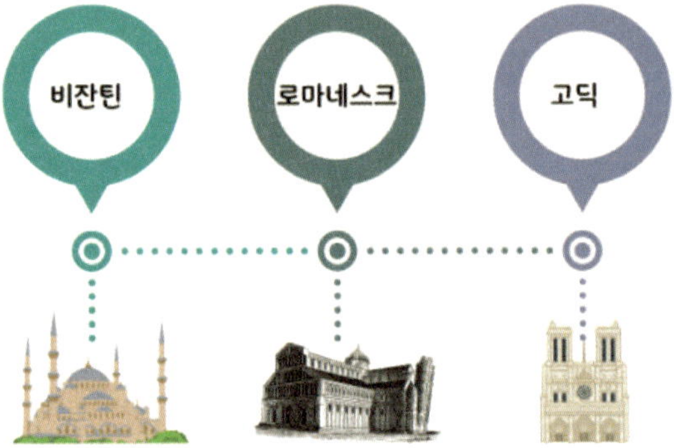

비잔틴 시대_동방에서 피어난 화려한 꽃

비잔틴 건축을 가장 뚜렷하게 드러내는 요소는 단연 거대한 돔입니다. 네모난 건물 위에 둥근 뚜껑을 얹어 놓은 듯한 이 독특한 형태를 가능하게 만든 것이 바로 펜덴티브pendentive라는 혁신적인 기술이었습니다. 정사각형 공간의 모서리를 부드럽게 이어주는 삼각형 면을 만들어 그 위에 완벽한 원형 돔을 안정적으로 올릴 수 있게 된 것이지요. 덕분에 네모난 바닥 위에 둥근 하늘을 띄워 올린 듯한 마술 같은 공간이 탄생했습니다.

대표 건축물: 하기아 소피아 성당

'인간의 손이 아니라 천사가 지은 건축물'이라 불렸던 하기아 소피아는 비잔틴 건축을 대표하는 걸작입니다. 지름 31미터에 이르는 거대한 돔은 당시 기준으로는 거의 기적에 가까운 규모였고, 돔 둘레를 둘러싼 40개의 창은 자연광을 부드럽게 끌어들여 돔이 공중에 떠 있는 듯한 환영을 만들어냅니다. 성당 내부의 높이는 약 55미터, 무려

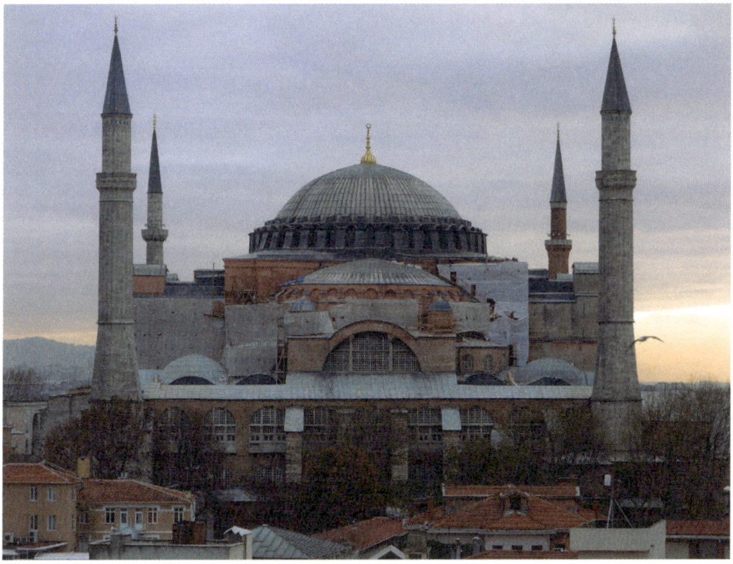

〈하기아 소피아 성당〉, 537년. 튀르키예 이스탄불

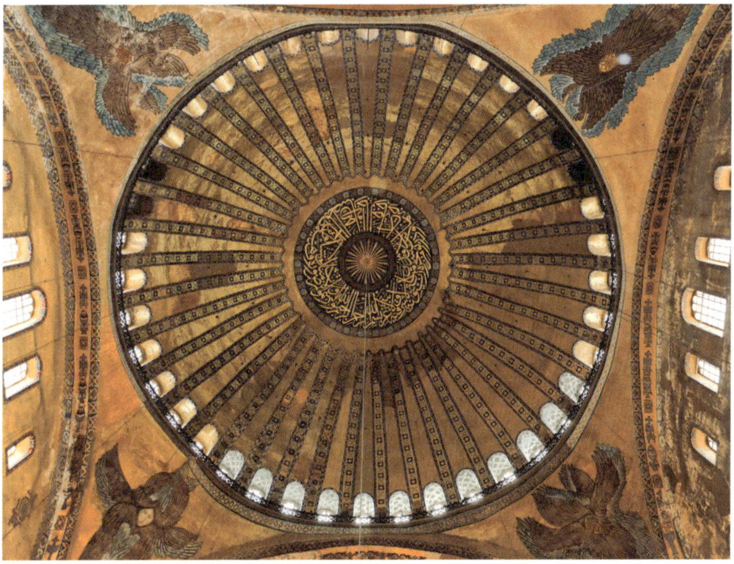

〈하기아 소피아 성당〉 내부

18층 건물과 맞먹는 규모로 그 안에 들어서는 순간 누구라도 압도적인 웅장함과 숭고함을 동시에 느끼게 됩니다. 기술과 예술, 빛과 공간이 완벽하게 조화를 이루는 이 성당은 오늘날까지도 비잔틴 건축의 정수를 보여주는 상징적 공간으로 남아 있습니다.

내부 인테리어: 모자이크로 황금빛 천국의 재현

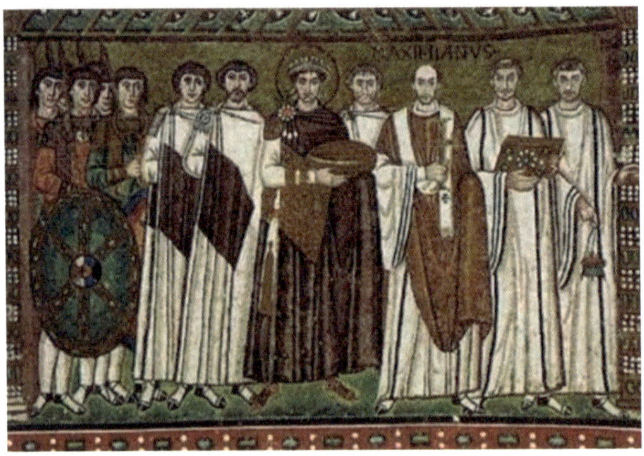

작자 미상, 〈유스티니아누스 황제와 막시미아누스 주교의 행렬〉, 약 547년경. 모자이크, 산 비탈레 성당

비잔틴 미술의 중심에는 무엇보다 모자이크가 있습니다. 잘게 쪼갠 유리나 돌 조각을 한 조각씩 이어 붙여 이미지를 만드는 기법으로 그중에서도 금박을 사용한 모자이크가 특히 유명합니다. 촛불이나 햇빛이 금박 위에서 반짝일 때, 공간은 순간적으로 신비로운 빛으로 가득 차며 마치 천국의 한 조각이 지상에 내려온 듯한 분위기를 만들어냅니다.

인물 표현에서도 비잔틴만의 고유한 미학이 드러납니다. 인물들은 대부분 정면을 응시하며, 사실적인 재현보다 신성함과 상징성을 강조한 형태로 그려졌습니다. 커다란 눈과 길게 늘어진 얼굴, 현실과는 조금 다른 길쭉한 신체 비례는 이들이 단순한 인간이 아니라 성스러운 존재임을 드러내기 위한 시각적 장치였습니다.

로마네스크 시대_로마의 영광을 꿈꾸다

로마네스크Romanesque라는 이름은 말 그대로 '로마와 닮은 건축'을 뜻합니다. 로마 제국의 건축 기법을 계승하면서 기독교적 의미를 더해 발전한 양식이지요. 가장 큰 특징은 두꺼운 벽과 작은 창문입니다. 고딕식 구조 기술이 등장하기 전이었기에 무거운 지붕을 받치려면 벽을 튼튼하게 만들 수밖에 없었습니다. 그래서 로마네스크 교회는 마치 요새처럼 견고하고 묵직한 분위기를 띱니다.

대표 건축물: 피사 대성당

피사 대성당은 로마네스크 건축의 아름다움을 가장 온전히 드러내는 대표적 걸작입니다. 기울어진 종탑과 함께 '기적의 광장'을 이루며 피사의 상징이 되었지요. 성당은 십자가 형태의 바실리카 양식으로 지어졌으며, 길이 100미터, 폭 32미터에 이르는 웅장한 규모를 자랑합니다. 내부에는 68개의 기둥이 줄지어 서 있어 마치 돌기둥 숲을 거니는 듯한 신비로운 공간감을 만들어냅니다. 또한 비잔틴과 이슬람 양식까지 조화롭게 받아들이며, 로마네스크 안에서도 독창적인 피사 양식을 완성했습니다.

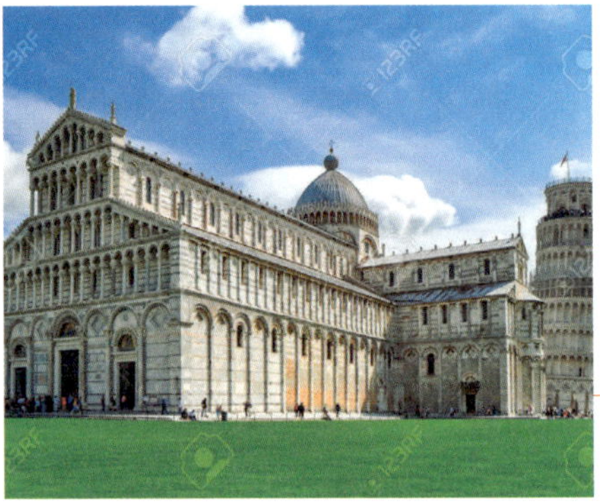

〈피사 대성당〉, 1064년. 이탈리아 피사

미적 특징: 조각으로 말하는 성경

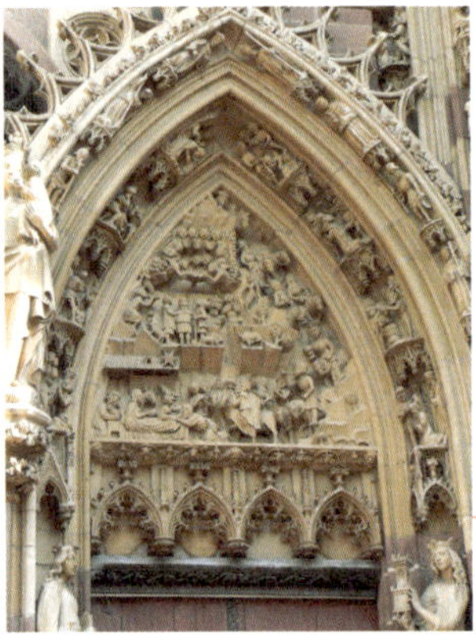

로마네스크 시대의 가장 큰 특징은 조각의 발달이다. 문맹률이 높았던 당시, 교회 입구의 팀파눔(고막벽)과 기둥 장식은 성경 이야기를 시각적으로 전하는 '돌로 만든 성경책' 역할을 했다.

작자 미상, 〈최후의 심판 팀파눔〉, 113~1145년경. 프랑스 오탕 대성당

교회 정문 위쪽의 반원형 공간, 즉 팀파눔에는 최후의 심판이나 그리스도의 재림처럼 중요한 신학적 장면들이 새겨졌습니다. 이 조각들은 사실적인 묘사보다는 상징성과 교훈적 의미가 더 강조되었습니다.

고딕 시대, 하늘을 향한 인간의 꿈

건축학적 특징: 교회의 상징, 뾰족한 첨탑

고딕 교회는 세 가지 핵심 기술이 결합되면서 당시로서는 기적에 가까운 건축물을 탄생시켰습니다.

- 첨두아치Pointed Arch: 꼭대기가 뾰족한 아치다. 고딕 교회의 상징인 첨탑을 가능하게 한다.
- 리브 볼트Rib Vault: 아치를 갈비뼈처럼 교차시키는 천장 구조다. 무게를 특정 지점으로 모아 지탱한다.
- 플라잉 버트레스Flying Buttress: 외벽을 지지하는 날개형 구조물이다. 높은 벽과 큰 창을 가능하게 한다.

이 기술들 덕분에 성당의 벽을 훨씬 얇게 만들 수 있었고, 그 자리에 거대한 창문을 낼 수 있게 되었습니다. 로마네스크 시대의 두꺼운 벽과 작은 창문 중심 구조에서 완전히 탈바꿈한 것이죠. 벽이 가벼워지면서 '빛으로 채우는 성당'이라는 고딕 특유의 공간 미학이 탄생했습니다.

미적 특징: 빛과 색채의 교향곡

고딕 시대를 가장 아름답게 기억하게 하는 요소는 단연 스테인드글라스입니다. 거대한 창문을 가득 채운 색유리들은 햇빛이 스며드는 순간마다 교회 내부를 환상적인 색채로 물들이며, 공간 전체를 하나의 신비로운 그림처럼 바꾸어 놓았습니다. 스테인드글라스는 단순한 장식이 아니라, '빛으로 그린 성경책'이라 불릴 만큼 교육적 기능도 갖고 있었습니다. 글을 모르는 이들도 이 빛의 그림을 통해 자연스럽게 기독교의 이야기를 이해할 수 있었지요. 고딕 성당이 '빛의 건축'이라 불리는 이유도 바로 이 스테인드글라스에 있습니다.

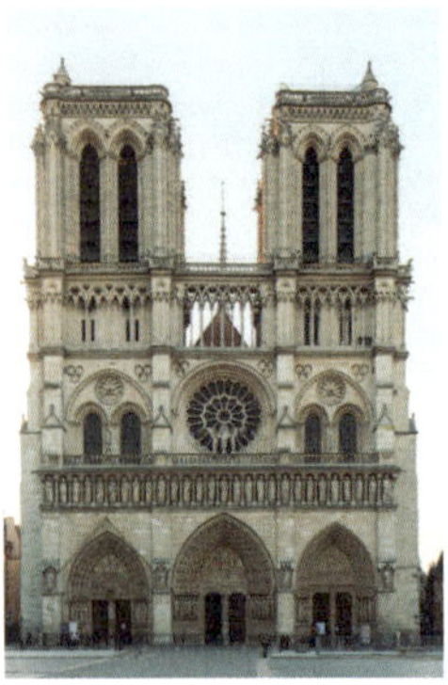

노트르담 대성당, 프랑스 파리

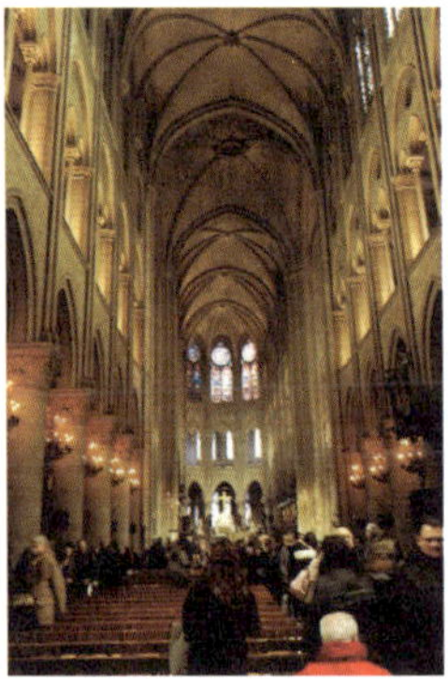

샤르트르 대성당 내부, 프랑스 샤르트르

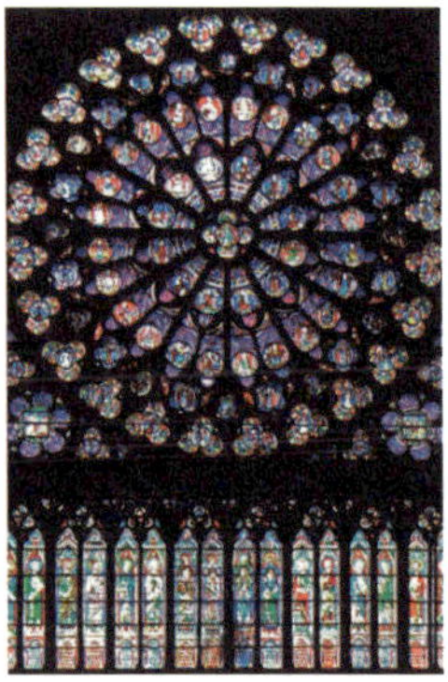

노트르담 대성당 장미창

대표 건축물: 노트르담 대성당

파리 노트르담 대성당은 고딕 건축의 완성체라 할 만한 걸작입니다. 한때 파리에서 가장 높았던 69미터의 첨탑은 중세 도시의 하늘을 상징했고, 지름 13미터에 이르는 거대한 장미창은 고딕 스테인드글라스의 백미로 손꼽힙니다. 정면에 놓인 세 개의 출입문에는 최후의 심판, 성모 마리아, 성 안나의 이야기가 정교하게 조각되어 있어 성당 앞에 선 순간부터 신학적 서사가 시작되도록 구성되어 있습니다.

이렇게 '비잔틴, 로마네스크, 고딕' 시대를 거쳐 발전한 중세 교회 건축은 단순한 건물이 아니라 당시 사람들의 신앙과 꿈, 그리고 기술이 응축된 결정체였습니다. 천 년의 세월 동안 축적된 노력과 장인정신이 담긴 이 건축물들은 오늘날에도 깊은 감동을 전하며, 중세인들이 바라본 '하늘을 향한 염원'을 고스란히 전해 줍니다.

세 번째 항로
인간 정신의 부활, 르네상스 미술

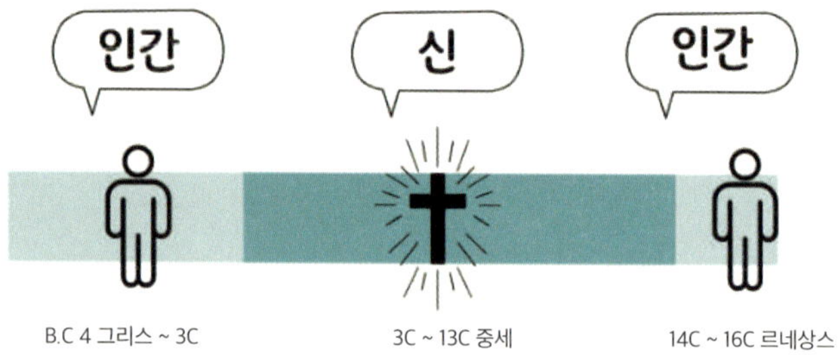

고인 물은 썩는다는 말이 있습니다. 기독교가 공인된 4세기 이후 약 천 년 동안 지속된 중세의 기독교 중심 세계관도 시간이 흐르며 점점 그 한계를 드러내기 시작했습니다.

그러던 어느 날, 독일의 수도사 마르틴 루터가 작센의 작은 도시 비텐베르크 교회 정문에 '95개 조 반박문'을 붙이는 사건이 일어났습니다. 이는 로마 교황청의 부패를 고발한 역사적 행동으로 훗날 종교개혁의 불씨가 된 결정적 순간이었습니다.

루터가 비판한 핵심은 당시 로마 교황청이 화려한 성당 건축과 장식을 유지하려는 명목으로 면죄부 판매를 확대하고 있었다는 점입니다. 죄를 사해 준다는 약속을 돈으로 거래한다는 것은 신앙의 본질을 크게 벗어난 것이었고, 이는 교회가 종교적 기능 대신 권력과 재정을 우선시하게 되었음을 상징적으로 보여주는 사례였습니다.

중세 끝에 등장한 새로운 물결

중세 후반 유럽은 흑사병과 백년전쟁으로 큰 혼란에 빠졌습니다. 흑사병은 인구의 3분의 1을 사라지게 했고, 백년전쟁은 귀족의 힘을 약화시키며 왕권을 강화하는 결정적 계기가 되었지요. 여기에 예루살렘을 되찾겠다며 200년에 걸쳐 벌인 십자군 전쟁은 대부분 실패로 끝나 교회의 권위까지 흔들어 놓았습니다.

하지만 역사는 늘 아이러니를 품고 있습니다. 십자군을 지원하며 성장한 베네치아, 피렌체, 밀라노 같은 이탈리아 도시국가들은 상업과 금융을 중심으로 크게 부흥했습니다. 이 과정에서 부르주아 계층이 등장했고, 부를 넘어 '문화적 명예'를 원했던 이들은 예술가를 후원하기 시작했죠. 바로 이 새로운 시민 계층이 르네상스 탄생의 중요한 불씨가 되었습니다.

그리스·로마 문화의 재발견

십자군 전쟁 이후 이슬람 세계와의 교류가 활발해지면서 그동안 주변부로 밀려났던 그리스·로마 철학과 미술이 서유럽에서 다시 주목받기 시작했습니다. 비잔티움 제국과 이슬람권에서 꾸준히 보존되던 고전 문헌은 1453년 콘스탄티노플 함락 이후, 학자들의 망명을 통해 대량으로 이탈리아에 유입됩니다. 이 문헌들은 르네상스 인문주의를 촉발한 가장 중요한 불씨가 되었죠.

한편, 이탈리아 곳곳에서 발굴된 로마 조각과 유적은 예술가들에게 고대의 비례와 아름다움을 직접 보여주는 생생한 교과서였습니다. 그중 1506년 발견된 〈라오콘 군상〉은 미켈란젤로를 비롯한 예술가들에게 '이것이야말로 진짜 예술!'이라는 충격을 주었습니다.

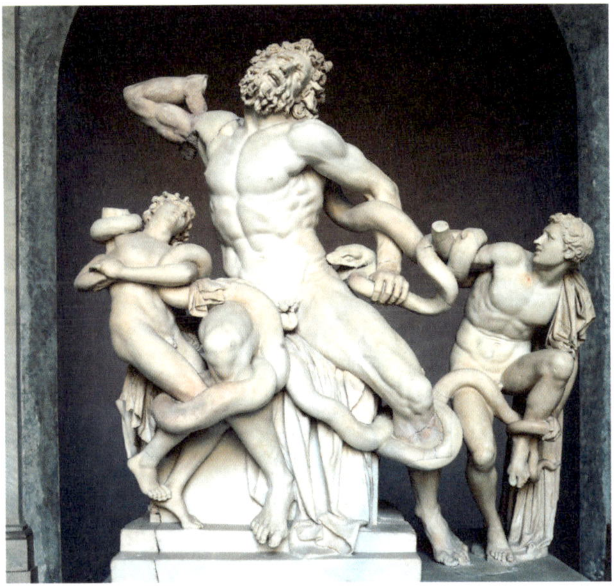

라오콘 군상, 기원전 1세기경. 대리석, 바티칸 미술관 피오-클레멘티노 미술관 소장

'르네상스Renaissance'가 말 그대로 '다시 태어남'을 의미하듯이 이 시대는 '신' 중심 세계관을 넘어 '인간'의 감각과 이성을 되살린 대전환의 순간이었습니다. 고전을 그대로 복원한 것이 아니라 고대 정신을 바탕으로 새로운 시대를 창조한 '지적 재탄생'이었죠.

르네상스_그리스의 이상적인 아름다움에 과학을 더하다

과학과 예술이 하나였던 시기

완벽한 비례와 균형, 조화를 갖춘 그리스 조각의 '이상적 미'를 떠올려 보세요. 한마디로 정리하면 그리스 미술은 '가장 아름답게 이상화된 인간'을 추구한 시대였습니다. 그런데 여기서 흥미로운 질문이 생깁니다.

"르네상스 미술이 고대 그리스·로마를 부활시킨 것이라면, 두 시대는 무엇이 다를까?"

가장 큰 차이는 르네상스가 이상적 아름다움에 '과학'을 더했다는 점입니다. 이 시대는 과학과 예술이 서로 분리되지 않았던 아주 특별한 시기였죠. 레오나르도 다 빈치는 화가이자 해부학자, 공학자, 발명가로 활동하며 예술을 과학적으로 탐구했습니다. 미켈란젤로 역시 조각가이면서 건축가였고, 인체의 구조를 이해하기 위해 실제 해부를 연구할 정도로 깊은 관심을 기울였습니다. 르네상스 예술의 사실성과 생동감은 이런 과학적 태도가 만든 결과물이었습니다.

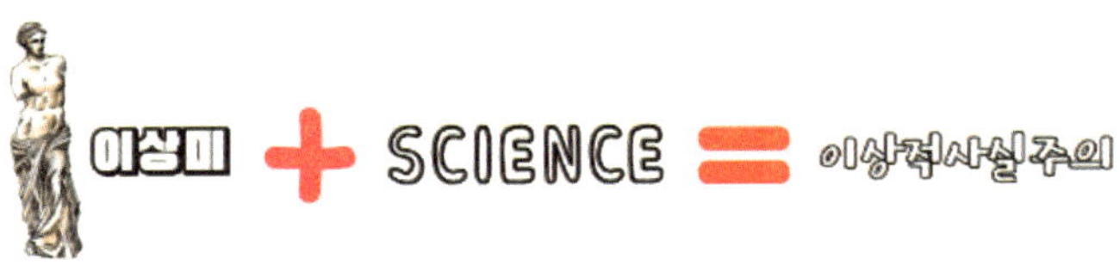

'이상적 사실주의'의 탄생

이런 특징을 우리는 '이상적 사실주의'라고 부릅니다. 이상적인 아름다움을 추구하되, 그 근거를 과학적 원리와 정확한 관찰에서 찾는다는 의미입니다. 그리스 미술이 완벽한 비례와 조화를 통해 이상적 아름다움을 구현했다면, 르네상스 미술은 여기에 원근법, 해부학, 광학 등 과학적 지식을 더해 더욱 사실적이면서도 이상적인 작품을 탄생시켰습니다.

대표적인 예가 미켈란젤로의 〈다비드상〉입니다. 그리스 조각이 추구하던 이상적 비례를 따르면서도, 실제 인체를 연구해 얻은 지식을 바탕으로 근육의 수축, 뼈가 향하는 방향, 피부 아래에서 미세하게 흐르는 혈관까지 놀라울 만큼 생생하게 드러나 있지요. 이처럼 이상과 현실, 예술과 과학이 절묘하게 만나는 지점, 그곳이 바로 르네상스 미술의 매력이며 정수입니다.

르네상스 미술을 완벽하게 만든 과학적인 발명

원근법이라는 마법의 공식

르네상스 미술을 더욱 완벽하게 만든 과학적 발명에는 어떤 것들이 있을까요? 그중 첫 번째는 '원근법'입니다. 중세 시대의 그림을 보면 사람과 사물이 한 평면에 모여 있거나, 3차원 공간이 어색하게 표현된 경우가 많습니다. 르네상스 화가들은 이러한 한계를 수학적 계산을 바탕으로 해결했고, 그 결과 깊이와 공간감을 정확하게 재현할 수 있는 새로운 회화법이 탄생했습니다.

그중에서도 르네상스 화가 '마사초'는 미술사에 길이 남을 특별한 도전을 했습니다. 바로 신을 향한 경건한 공간을 수학적 계산으로 그려낸 것입니다. 그의 대표작 〈성 삼위일체〉는 단순한 종교화가 아니라 인간의 눈으로 보이는 공간을 기하학적으로 정확하게 재현한 최

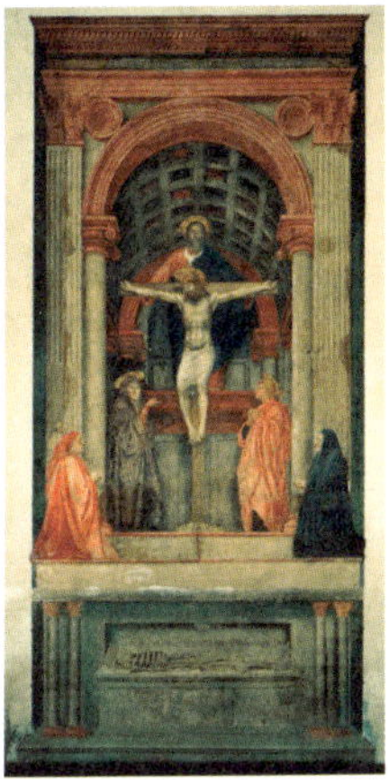

마사초, 〈성 삼위일체〉, 1424~1427년경.

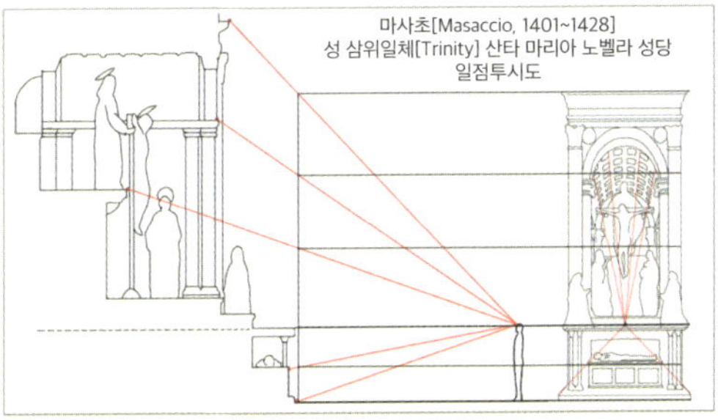

〈성 삼위일체〉의 일점투시도 구성 이미지

초의 걸작 중 하나입니다. 피렌체 산타 마리아 노벨라 성당에 있는 이 프레스코 그림을 자세히 들여다보면, 마치 실제 성당 안을 들여다보는 듯한 깊이와 공간감이 느껴집니다. 기둥과 천장, 벽의 직선들이 모두 하나의 점으로 모여드는 구조를 갖추고 있기 때문입니다. 이 점을 '소실점'이라고 부릅니다. 우리는 이런 원리를 원근법이라고 하며, 이 발명 덕분에 화가는 인간의 눈으로 보는 세상을 화면 위에 더욱 정확하고 입체적으로 재현할 수 있게 되었습니다. 이 같은 원근법의 도입은 '평면 회화가 공간을 만들어내는 방식'을 완전히 바꾼 혁신이었습니다.

인체의 비밀을 탐구한 예술가, 다 빈치와 해부학

다 빈치는 화가이자 발명가, 그리고 과학자였습니다. 그는 '인간의 몸을 완벽히 이해해야만 생명력 있는 그림을 그릴 수 있다'고 믿었고, 그 신념은 곧 해부학 연구로 이어졌지요. 그는 몰래 시체를 구해

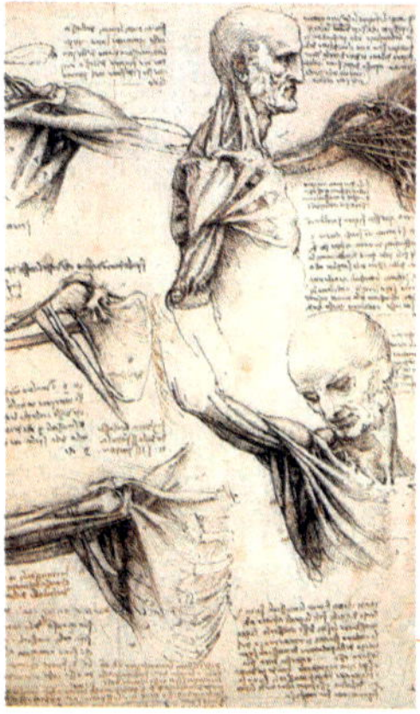

원근법이 공간을 수학적으로 이해하려는 시도였다면, 르네상스 예술가들이 마주한 또 하나의 큰 도전은 인체의 구조를 과학적으로 이해하는 것이었다. 눈에 보이는 겉모습만으로는 완벽한 묘사가 어렵다고 판단한 예술가들은 직접 해부학을 탐구하며 몸속의 구조를 밝혀내기 시작했다. 그 가운데 가장 유명한 인물이 바로 레오나르도 다 빈치다.

레오나르도 다 빈치, 〈인체 해부도〉

직접 해부하며 근육, 뼈, 혈관의 구조를 정밀하게 기록했습니다. 당시 교회가 시체 해부를 금지하는 경우가 많았다는 점을 생각하면, 이는 예술적 진실을 향한 매우 대담한 선택이었죠.

마사초가 수학적 계산으로 신의 공간을 설계했다면, 다 빈치는 해부학적 탐구로 인간의 신체를 과학적으로 이해하려 했습니다. 두 사람의 노력은 예술을 단순한 표현의 영역에서 끌어올려 학문과 과학이 만나는 지적 탐구의 장으로 확장시켰습니다.

르네상스 예술은 이렇게 공간과 인체, 수학과 과학을 아우르며 단순히 아름다운 이미지를 넘어 인간의 지성과 호기심을 담아낸 위대한 실험실이 되었습니다.

천재들의 나 혼자만 레벨업_르네상스 3대 천재 화가

마사초가 원근법으로 그림계에 혁신을 일으킨 후, 르네상스 시대에는 더욱 놀라운 화가들이 등장했습니다. 마치 게임에서 캐릭터가 레벨업을 하듯 각 화가들은 이전 화가의 기술을 배우고 거기에 자신만의 특별한 능력을 더해 갔습니다.

지금부터 만나게 될 세 명의 화가는 르네상스 미술을 대표하는 천재들로 각기 다른 '미술 특수 능력'을 지니고 있습니다. 과연 어떤 능력일지, 이제 하나씩 살펴보며 그들의 예술 세계로 들어가 볼까요?

레오나르도 다 빈치, '만능 천재형'

호기심 MAX + 융합적 사고

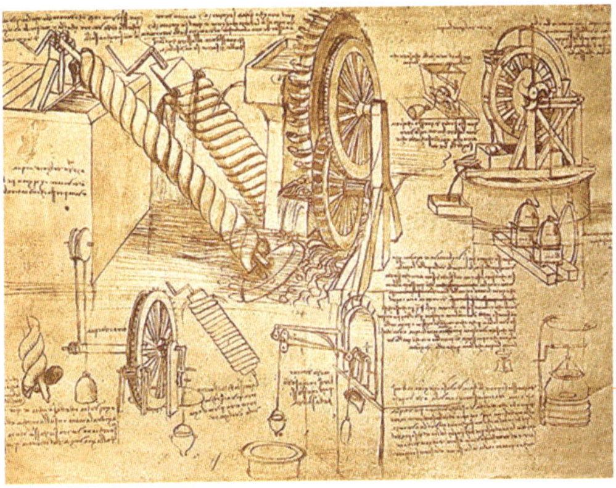

레오나르도 다 빈치, 〈아이디어 스케치〉

다 빈치는 흔히 '모나리자의 미소'로 가장 잘 알려져 있지만, 그의 진짜 천재성은 예술과 과학의 경계를 허물었다는 데 있습니다. 그는 그림, 건축, 해부학, 기계공학, 천문학까지 다양한 분야에 도전하며 서로 다른 영역을 하나의 사고 체계로 엮어냈습니다. 해부학 연구를 통해 인체를 과학적으로 이해했으며, 비행기·잠수함·전차 같은 미래적 발명 스케치를 남기기도 했습니다.

다 빈치는 마치 '세상을 풀어야 할 거대한 수수께끼'라고 생각한 사람처럼 끝없는 호기심으로 살았습니다. 그래서 우리는 그를 '르네상스형 인간'의 상징으로 부릅니다.

미켈란젤로, '파워형 아티스트'

감정 표현의 달인 + 완벽주의

미켈란젤로는 예술을 통해 인간의 영혼과 신성의 결합을 보여주려 했습니다.

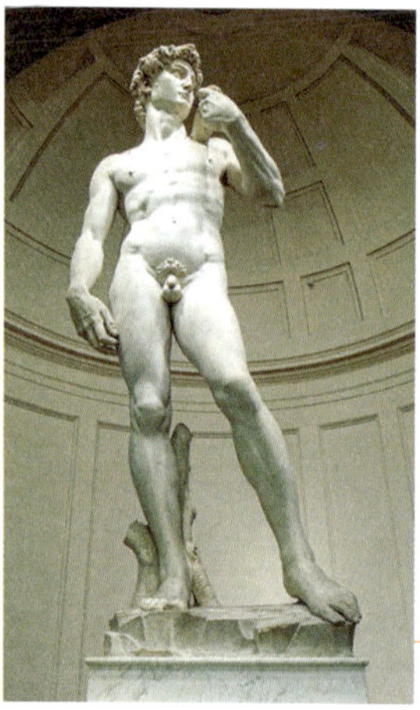

미켈란젤로는 조각과 회화, 건축을 넘나든 또 다른 르네상스의 천재였다. 그는 대리석을 다듬어 만든 〈다비드상〉에서 인간의 근육과 자세를 정교하게 표현했다. 그 모습은 단순한 영웅상이 아니라 인간 정신의 존엄과 내적 힘을 드러내는 상징이기도 하다.

또한 바티칸 시스티나 성당의 천장화 〈천지창조〉는 인류 예술사의 정점으로 꼽히는 작품이다. 미켈란젤로는 거대한 천장 위에 홀로 올라가 온몸으로 작품을 완성했는데, 이 벽화는 단순한 종교적 이미지가 아니라 인간과 신의 관계를 극적으로 압축한 거대한 서사로 평가된다.

미켈란젤로 부오나로티, 〈다비드〉, 1501~1504년.

라파엘로, '밸런스형 완성자'

조화 감각 + 완벽한 균형

라파엘로는 다 빈치의 과학적 탐구 정신과 미켈란젤로의 강렬한 조형감을 하나로 아우르며, '조화와 균형의 미학'을 완성한 화가입니다. 그의 대표작 〈아테네 학당〉은 고대 철학자들을 웅장한 원근법 구조 속에 배치해 지혜와 예술이 하나 되는 르네상스의 이상을 시각적으로 구현한 작품으로 평가받습니다.

라파엘로의 그림에는 언제나 부드러운 색감과 균형 잡힌 인물 구성이 담겨 있습니다. 그래서 그는 '화가들의 왕자'라는 별명을 얻었지요. 그의 작품을 바라보면 인간 세계, 이성, 아름다움이 조화롭게 어우러진 '이상적 질서'를 엿볼 수 있습니다. 라파엘로의 조화로운 구성은 이후 서양 회화 전체에 '조형의 표준'으로 자리 잡을 만큼 큰 영향을 주었습니다.

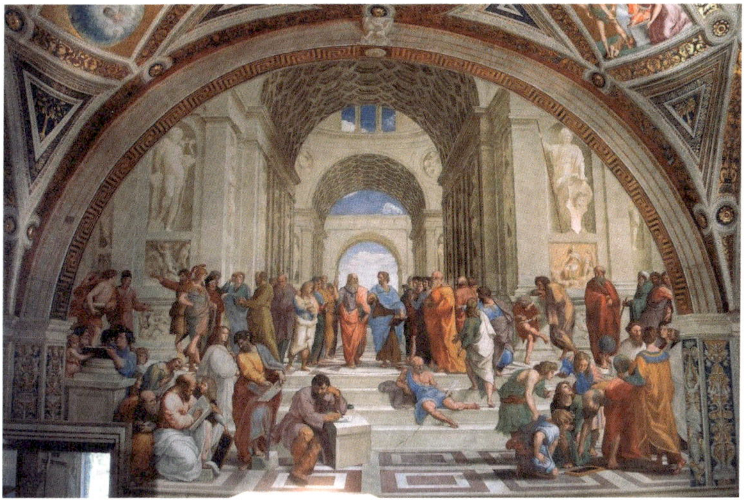

라파엘로 산치오, 〈아테네 학당〉, 1509~1511년. 프레스코

라파엘로의 〈아테네 학당〉은 1509~1511년 사이 바티칸 교황궁의 한 방을 장식하기 위해 그려진 대형 프레스코화이다. 고대 그리스의 철학자와 학자들이 한자리에 모인 이상적인 지적 세계를 묘사한 것으로, 화면 중앙에는 플라톤과 아리스토텔레스가 나란히 서 있다. 이 작품은 르네상스 정신인 조화와 이성, 인문주의를 시각적으로 구현한 대표작으로 평가된다.

네 번째 항로
빛과 권력의 무대, 바로크와 로코코

선사시대 이후, 줄곧 사실적인 재현을 향해 달려온 미술의 역사는 17세기에 들어서며 조금씩 변화의 기미를 보이기 시작합니다. 르네상스 시대에 이미 사실 묘사의 정점을 찍어버린 미술은 더는 갈 곳이 보이지 않는 배처럼 새로운 길을 찾아야 했습니다.

'다 빈치, 미켈란젤로, 라파엘로' 이 세 천재가 워낙 높은 수준을 만들어 놓았기에 그 뒤를 잇는 화가들에게 르네상스의 완벽함을 넘어서는 일은 쉽지 않았습니다.

그래서 다음 세대의 화가들은 완벽함 대신 '과장, 개성, 표현력'이라는 새로운 방법으로 미술의 길을 넓히기 시작했습니다. 이 변화는 '사실적이고 이상적인 대상을 재현한다'는 기존의 틀을 서서히 흔들었고, 미술은 점점 '개인의 시선, 주관적인 해석, 감정의 표현'을 중요하게 여기는 방향으로 움직이게 됩니다. 한 시대의 완벽함을 넘어 새로운 표현을 찾으려는 시도 속에서 미술은 또 다른 세계로 나아가기 시작한 것이지요.

르네상스의 영광 뒤에 드리운 그림자, 매너리즘 미술

르네상스 시대의 화가들은 인간의 아름다움과 균형, 조화를 거의 완벽하게 표현했습니다. 하지만 바로 그 완벽함 때문에 후대의 젊은 화가들은 새로운 고민에 빠지게 되었습니다.

"이미 다 빈치, 미켈란젤로, 라파엘로가 모든 걸 완성해 버렸는데, 이제 우리는 무엇을 그려야 하지?"

그들은 이 천재들의 표현 방식을 넘어서기 위해 '과장'과 '개성'이라는 새로운 길을 선택합니다. 이렇게 등장한 흐름이 바로 '매너리즘 Mannerism'입니다. 매너리즘이라는 말은 원래 '양식, 방식'을 뜻하는 이탈리아어에서 나왔으며, 처음에는 르네상스 거장들의 방식을 흉내 낸 그림이라는 다소 부정적인 의미로 쓰였습니다. 그러나 시간이 흐르면서 매너리즘은 단순한 모방이 아니라, 완벽함을 넘어서 새로운 개성을 찾으려는 시도로 재평가되기 시작했습니다.

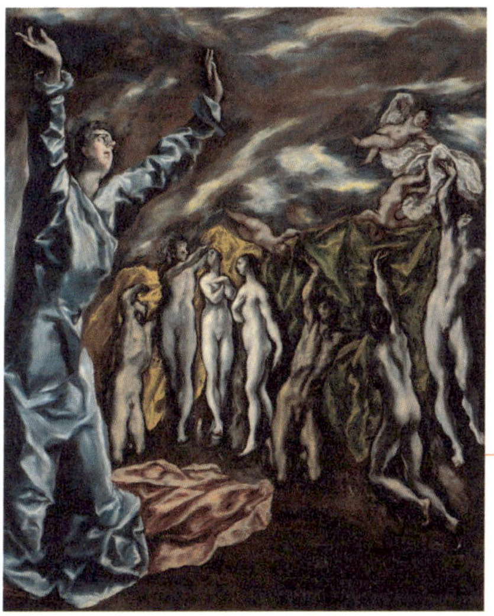

엘 그레코,
<요한 묵시록의 다섯 번째 봉인의 개봉>,
1608~1614년경. 캔버스에 유채,
뉴욕 메트로폴리탄 미술관

이 작품 속 인물들은 순교자로, 하늘로부터 흰옷을 받는 모습으로 그려집니다. 그런데 인체가 길게 늘어나 있고 동작이 유난히 격렬한 점이 눈에 띄죠. 이는 르네상스의 균형미에서 벗어나 극적인 긴장감을 강조하는 '매너리즘'의 대표적 특징입니다.

강렬한 색 대비와 비현실적인 화면 구성은 종말의 불안과 영적 신비를 더해 줍니다. 단순한 성경 삽화가 아니라, 엘 그레코 특유의 매너리즘적 표현으로 '신앙의 비전과 내면의 열정'을 시각화한 작품이라 할 수 있지요.

매너리즘 작품은 아름답지만, 어딘가 낯설게 느껴지는 이유는 당시 시대 분위기와도 닿아 있습니다. 르네상스의 이상이 흔들리고 전쟁과 종교 갈등이 심화되던 시기였기 때문입니다. 그러나 이 불안은 새로운 길을 열었습니다. 매너리즘은 예술가가 자신의 감정과 개성을 드러낼 수 있는 문을 열어줬고, 이는 곧 바로크와 로코코로 이어지는 중요한 전환점이 되었습니다.

연극 무대 같은 그림_ 17세기 바로크 미술

똑같은 주제? 다른 표현!

오른쪽의 두 그림은 모두 '최후의 만찬'을 주제로 한 작품입니다. 위쪽은 17세기 바로크 화가 카라바조의 그림이고, 아래쪽은 잘 알려진 레오나르도 다 빈치의 작품이지요. 같은 장면을 다루고 있지만, 두 그림의 분위기는 전혀 다르게 느껴집니다.

위쪽의 카라바조 〈엠마오에서의 만찬〉에서는 예수와 제자들이 마치 현실 속에서 볼 수 있는 평범한 사람들처럼 등장합니다. 화면 오

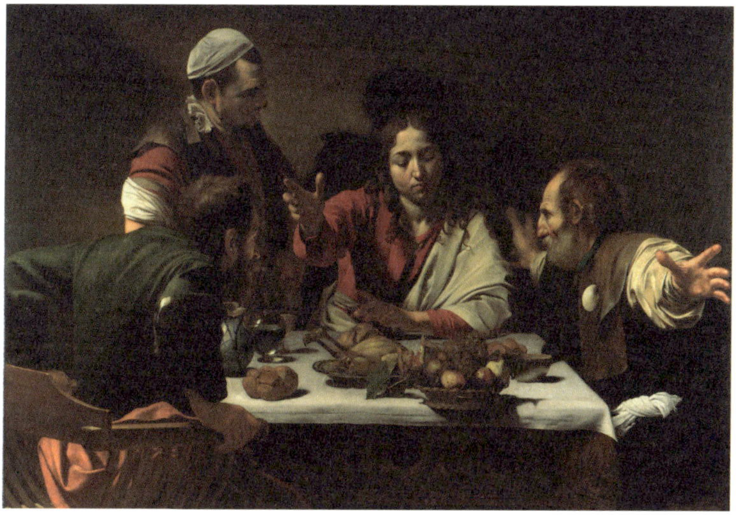

카라바조, 〈엠마오에서의 만찬〉, 1601년. 캔버스에 유채

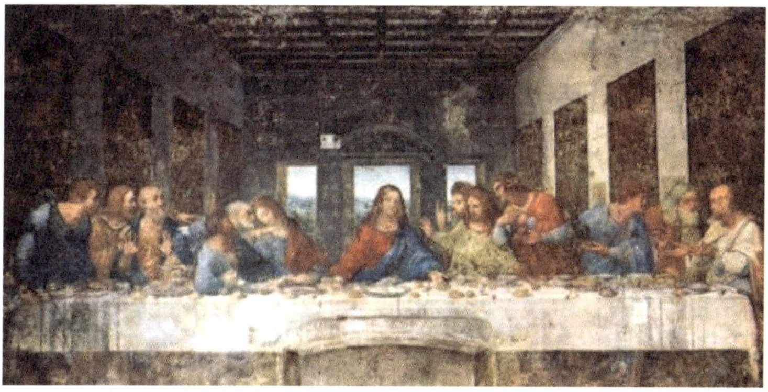

레오나르도 다 빈치, 〈최후의 만찬〉, 1495~1498년. 아 세코(a secco) 기법

른쪽에 있는 제자는 술에 취한 듯 얼굴이 붉게 표현되어 있고, 인물들의 동작은 크게 몸을 젖히고 팔을 뻗는 등 매우 역동적입니다. 마치 극적인 순간을 포착한 드라마의 한 장면처럼 인체의 과장된 자세가 강렬한 생동감을 만들어냅니다.

전체적으로 화면은 어둡고, 한쪽에서 무대 조명이 비추는 듯 밝고 어두운 부분의 대비가 매우 극적입니다. 어둠은 더 깊고, 빛은 더욱 강렬하게 표현되면서 인물들의 감정과 움직임이 한층 드라마틱하게 드러납니다.

그에 비해 아래쪽의 다 빈치 〈최후의 만찬〉은 원근법 아래 예수와 제자들이 철저한 계산 속에 조화를 이루며 배치되어 있습니다. 각 제자의 성격과 상황에 맞는 동작과 표정이 자연스럽게 표현되어 종교적 장면 특유의 절제된 분위기와 긴장감을 함께 보여줍니다.

두 그림을 비교해 보면, 매너리즘에서 시작된 변화의 바람이 특히 17세기 카라바조의 회화에서 뚜렷하게 드러난다는 사실을 알 수 있습니다.

17세기 유럽은 거센 소용돌이 속에 놓여 있었습니다. 종교개혁 이후 가톨릭과 개신교의 갈등은 마침내 30년 전쟁으로 번졌고, 절대왕정이 확립되면서 권력의 중심은 교회에서 왕실로 이동했습니다.

이러한 시대적 변화 속에서 등장한 바로크Baroque 미술은 마치 무대 위 연극처럼 강렬하고 드라마틱한 표현을 추구했죠. '바로크'라는 말은 원래 '일그러진 진주'를 뜻하는 포르투갈어에서 유래했으며, 처음에는 '기이하고 과장된'이라는 다소 부정적인 의미로 사용되었지요. 하지만 오늘날 우리가 말하는 바로크는 그 부정적 의미를 넘어 과장과 개성에서 비롯된 역동성, 그리고 감정의 극대화를 통해 관람자의 마음을 강하게 흔드는 미술 양식으로 평가됩니다.

빛과 어둠의 대화, 키아로스쿠로

바로크 미술의 가장 대표적인 표현 기법은 키아로스쿠로입니다. 이탈리아어로 '밝음chiaro'과 '어둠scuro'이 결합된 말로 강렬한 명암 대비를 통해 극적인 시각 효과를 만들어내는 기법을 뜻합니다. 카라바조는 이 기법의 진정한 대가였습니다. 그의 그림 속에서 빛은 마치 무대 위 스포트라이트처럼 특정 인물과 장면만을 밝게 드러내고, 나머지 부분은 깊은 어둠 속에 잠기게 합니다. 이렇게 대비되는 빛과 그림자는 신성함과 인간의 고뇌, 종교적·철학적 주제를 더욱 강렬하게 전달하는 역할을 했습니다.

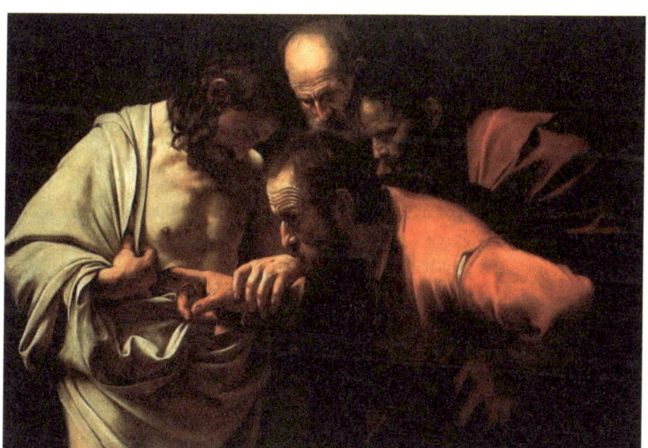

카라바조, 〈의심하는 도마〉, 1601~1602년, 캔버스에 유채

카라바조의 작품 〈의심하는 도마〉는 부활한 예수를 마주한 제자 도마의 이야기를 담고 있습니다. 성경에 따르면, 도마는 예수의 부활을 곧이곧대로 믿지 못해 직접 눈으로 보고 손으로 상처를 만져본 뒤에야 믿음을 고백했다고 합니다. 카라바조는 이 장면을 조금의 미화도 없이 있는 그대로 사실적으로 그려냈습니다. 그림 속에서 예수는 도마의 손을 이끌어 자신의 옆구리 상처에 직접 넣게 하고, 도마는 얼굴을 가까이 들이밀며 그 상처를 깊이 들여다봅니다. 주변의 제자들도 숨을 죽인 채 가까이에서 이 장면을 지켜보고 있습니다.

이 작품은 인체의 이상적 비례를 따르기보다 굵은 주름, 거친 손, 깊게 팬 상처까지 적나라하게 드러낸 표현은 우리에게 마치 성경 속 장면이 눈앞에서 재현되는 듯한 생생함을 전합니다.

카라바조는 특히 '키아로스쿠로Chiaroscuro' 기법을 통해 어두운 배경 속에서 인물만을 강한 빛으로 부각시켰습니다. 이러한 명암 대비는 화면의 긴장감을 한층 높여주며, 인물들의 표정과 행동을 더욱 사실적이고 드라마틱하게 보이게 하죠.

우아함과 쾌락의 미학, 로코코 미술

바로크 미술은 양대 후원 세력을 바탕으로 발전했습니다. 하나는 반종교개혁을 추진하던 '가톨릭교회'였고, 다른 하나는 권력을 강화하던 '절대왕정'이었습니다. 특히 가톨릭교회는 개신교에 대응하기 위해 신자들의 감정에 직접 호소할 수 있는 예술을 원했습니다. 그래서 복잡한 신학적 상징보다는 성경 속 장면을 극적이고 생생하게 표현해 신앙심을 일깨우고자 했습니다.

18세기에 들어서면서 유럽 사회는 또 다른 변화를 맞습니다. 루이

14세가 사망한 뒤 프랑스에서는 섭정 정치가 이루어졌고, 엄격한 궁정 예식 대신 사교 모임 중심의 살롱 문화가 번성했습니다. 동시에 계몽주의 사상이 확산되면서 이성과 합리주의가 강조되었지만, 역설적으로 일상의 즐거움과 감각적 쾌락에 대한 관심도 높아졌습니다. 이러한 배경에서 탄생한 것이 바로 '로코코' 미술입니다. 로코코라는 말은 조개껍질 장식을 뜻하는 프랑스어 '로카이유rocaille'에서 나왔는데 이 이름 자체가 로코코의 특징을 잘 보여줍니다. 자연의 곡선을 닮은 우아하고 섬세한 장식성이 로코코 미술의 핵심이었습니다.

감각적 즐거움의 추구

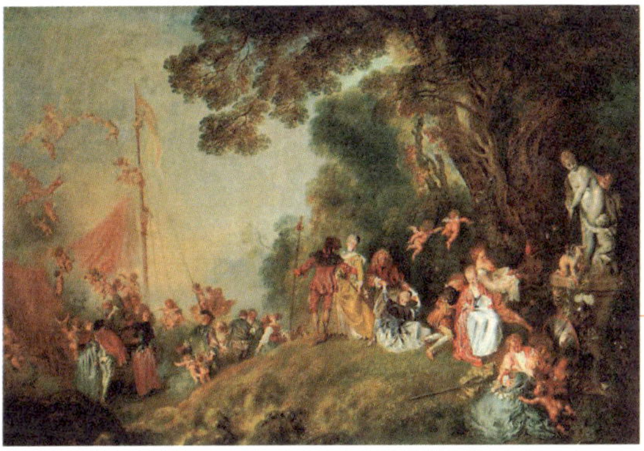

앙투안 와토,
〈키테라섬으로의 순례〉,
1717년, 캔버스에 유채

'바로크'가 웅장함과 극적 효과를 추구했다면, '로코코'는 친밀함과 우아함을 지향했습니다. 와토의 〈키테라섬으로의 순례〉는 로코코 회화의 출발점이라 불릴 만큼 중요한 작품이죠. 사랑의 여신 비너스가 태어난 키테라섬으로 떠나는 연인들의 모습을 그린 이 그림에서는 바로크 시대의 극적인 긴장감 대신, 꿈결 같은 목가적 분위기가 화면을 가득 채웁니다. 인물들의 표정과 몸짓은 부드럽고 우아하며,

전체적인 색조는 파스텔 색조의 은은한 색채로 이루어져 있어 한없이 가벼운 정서를 전합니다.

로코코 미술은 무엇보다 아름다움과 즐거움을 추구했습니다. 도덕적 교훈이나 종교적 메시지보다 보는 이의 눈을 즐겁게 하고 마음을 편안하게 만드는 것이 우선이었지요. 색채는 연분홍, 연두, 하늘빛 같은 파스텔 색조가 주를 이루고, 형태는 직선보다 부드러운 곡선을 선호했습니다. 꽃, 나비, 조개껍질, 리본 등 장식적 요소들이 풍부하게 사용되어 전체적으로 화려하면서도 세련된 분위기가 완성됩니다.

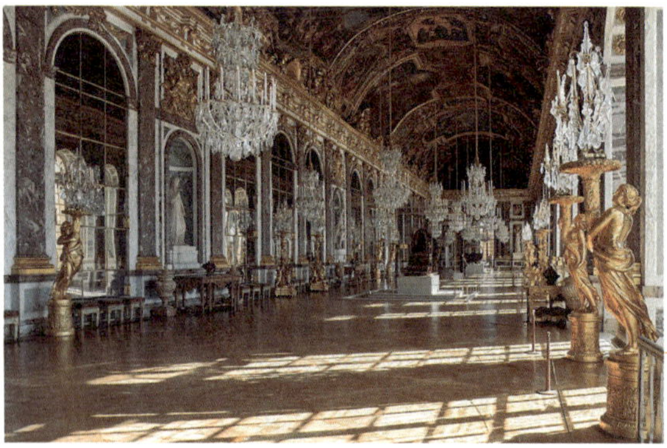

베르사이유 궁전 <거울의 방>

이런 로코코 미술이 가장 극대화되어 나타난 공간이 바로 베르사이유 궁전입니다. 프랑스 절대왕정을 상징하는 이 궁전은 원래 루이 14세가 권력을 과시하기 위해 대대적으로 건설한 건축물입니다. 이후 시대가 흐르면서 로코코 양식이 내부 장식에 스며들었고, 그 결과 베르사유의 공간은 더욱 화려하고 섬세한 면모를 갖추게 되었습니다.

금빛 장식과 대리석 기둥, 끝없이 이어지는 거울과 샹들리에가 조화를 이루는 거울의 방은 그 대표적인 예입니다. 이 공간은 로코코의 장식성이 생활 공간 전체에 자연스럽게 스며든 모습을 잘 보여주며,

베르사이유 궁전은 로코코 미술이 지닌 아름다움과 세련됨을 가장 풍부하게 담아낸 건축으로 평가됩니다.

로코코가 연 시대의 변화

바로크에서 로코코로 이어지는 변화는 미술이 바라보는 세계관 자체가 근본적으로 달라지고 있음을 보여줍니다. 르네상스의 완벽한 조화와 이상미에서 출발해 매너리즘의 불안과 과장을 지나고, 바로크의 극적 감정과 종교적 열정을 거쳐 마침내 로코코의 일상적 즐거움과 감각적 쾌락으로 이어지는 흐름입니다. 이러한 변화는 미술이 점차 더 인간적이고 개인적인 경험에 가까워져 가는 과정을 보여줍니다.

이어서 19세기 낭만주의와 인상주의로 펼쳐지는 '개성의 시대', '주관의 시대'를 예고하며, 더 이상 완벽한 재현이나 보편적 이상이 미술의 유일한 목표가 아님을 말해 줍니다. 이제 작가의 개성과 시대의 정신, 그리고 관람자가 느끼는 감정적 체험이 중요한 요소로 떠오르게 된 것이지요.

마지막 항로
'주의'를 주의하라, 19세기 미술

미술관에서 작품 설명을 읽다 보면 이런 용어들을 자주 미주하게 됩니다.

"피카소는 입체파의 대표 작가이다.", "반 고흐는 후기 인상주의 화가로 분류된다.", "모네는 인상주의 운동을 이끌었다."

이처럼 미술관이나 책에서 전문 용어를 접할 때 괜히 주눅 들었던 경험이 한 번쯤은 있으실 겁니다. 그렇다면 이렇게 복잡해 보이는 이름들은 도대체 어떻게 생겨난 것일까요?

19세기 혁명적인 변화, 미술에 이름을 부여하다

사실 18세기 이전의 화가들은 자신의 작품을 특정한 '사조'로 분류하지 않았습니다. 대부분의 작품이 비슷한 양식을 따랐고, 개별 화가의 개성보다는 전통적인 기법과 주제를 중시했기 때문입니다. 그래서 시대별로 미적인 특징을 구분해 왔습니다. '그리스 시대 미술', '르네상스 시대 미술'….

그런데 19세기에 들어서면서 상황이 극적으로 변화합니다. 갑작스럽게 '인상주의', '사실주의', '상징주의', '신인상주의' 같은 용어들이 등장하기 시작한 것입니다. 19세기는 단순히 새로운 그림 스타일이 등장한 시기가 아닙니다. 바로 '미술 사조'라는 개념 자체가 탄생한 시기입니다. 따라서 19세기 미술을 제대로 이해하려면, 미술 사조가 어떻게 생겨났는지부터 알아야 합니다. '인상주의', '입체주의' 등의 다양한 사조가 나무라면, 사조가 탄생하게 된 큰 시대적 흐름은 숲이라고 할 수 있습니다. 이 큰 숲을 먼저 볼 수 있다면 각각의 개별적인 사조의 명칭에 얽매이지 않고, 19세기 이후 미술의 전체적인 맥락을 이해하는 데 도움이 될 것입니다.

미술 사조가 태동한 배경에는 유럽 사회를 뒤흔든 두 거대한 사건, 바로 산업 혁명과 프랑스 혁명이 있었습니다. 산업 혁명은 도시와 새로운 중산층을 만들어냈고, 과학의 발전은 사진술의 발명을 끌어냈죠. 이제 그림은 더는 현실을 그대로 베껴낼 필요가 없어졌습니다. 프랑스 혁명은 절대왕정을 무너뜨리며 '자유'와 '주체성'이라는 새로운 가치를 세상에 내놓았습니다. 예술가들은 더 이상 왕실이나 교회의 후원에만 매달리지 않고, 자기만의 생각과 감정을 자유롭게 표현할 수 있게 되었죠. 이런 변화 속에서 자신만의 길을 찾으려는 화가들이 등장하게 되었습니다.

평론가의 '조롱'이 사조의 '이름'이 되다

이런 새로운 흐름 속에서 미술은 이제 단순히 작품을 만드는 데 그치지 않고, '설명'과 '소통'의 필요성을 갖게 되었습니다. 시민 계급이 새로운 미술의 주요 관객으로 떠오르면서 그들에게 작품을 이해시키는 일이 중요해진 것이죠. 신문과 잡지가 빠르게 퍼져나가자 미술 평론도 활발해졌고, 평론가들은 새로운 작품들을 쉽고 명확하게 풀어내야 한다는 책임감을 느꼈습니다.

그러면서 비슷한 성향의 화가들을 묶어 부르기 시작했는데, 이렇게 생겨난 이름들이 바로 우리가 알고 있는 미술 사조의 출발점이었습니다.

흥미로운 점은 많은 사조의 명칭이 화가들의 자발적인 선언에서 나온 것이 아니라 비평가들의 조롱이나 우연한 사건, 혹은 문학가의 상상력에서 비롯되었다는 사실입니다. 지금은 너무도 자연스럽게 쓰이는 용어들이 사실은 우연과 비판 속에서 태어난 것이라니? 그 뒷이야기를 알고 나면 미술사를 바라보는 시야가 훨씬 더 넓어질 것입니다.

19세기에 태어난 미술 사조들의 이름 이야기

신고전주의 Neoclassicism

19세기 미술 사조 중 가장 먼저 등판한 사조는 '신고전주의'입니다.

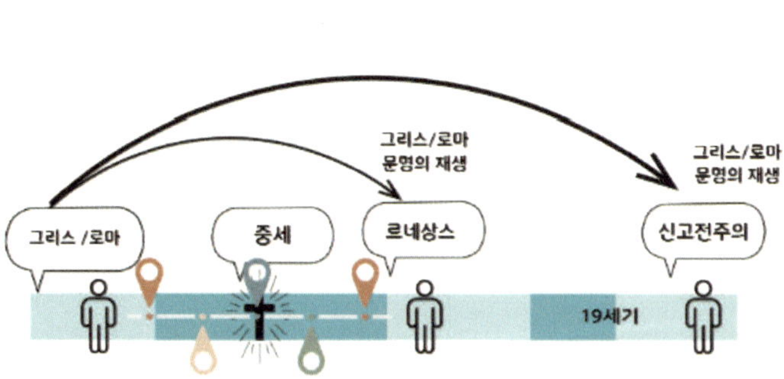

18세기 말에 시작해 19세기 초에 본격적으로 자리 잡은 신고전주의는 고대 그리스·로마의 이상을 다시 불러낸 미술 사조입니다. '네

오neo(새로운)'와 '클래식classic(고전)'이 합쳐진 말처럼 고전 정신을 새롭게 되살리려는 움직임이었죠. 로마에서 폼페이 유적을 비롯한 고대 유물이 발굴되고, 계몽사상이 퍼지면서 로코코 미술의 지나친 장식성과 향락성을 비판하는 흐름이 일어났습니다. 특히 프랑스 혁명과 맞물리며 그림 속에는 개인의 쾌락이 아니라 사회와 개인에게 교훈을 주는 '도덕적 메시지'가 강조되었습니다. 그래서 이름 그대로 아주 고전적인 양식의 작품들이 제작되었고, 이 사조의 명칭은 특정 비평가의 조롱이나 우연한 계기가 아니라 당시 학문과 철학의 흐름 속에서 자연스럽게 정착하게 되었습니다.

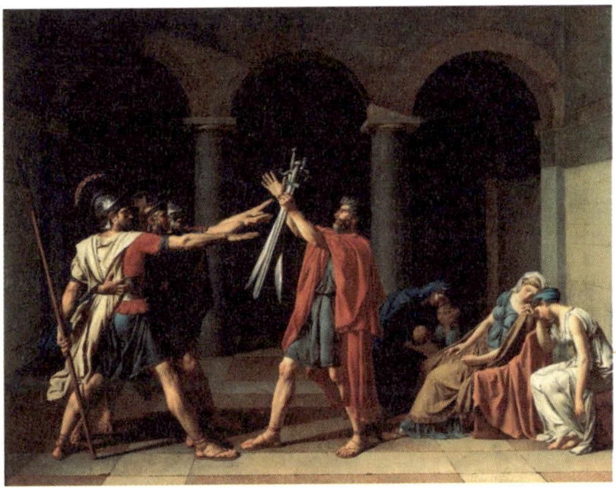

자크 루이 다비드,
〈호라티우스 형제의 맹세〉,
1784년. 캔버스에 유채

자크 루이 다비드의 〈호라티우스 형제의 맹세〉는 신고전주의를 대표하는 걸작입니다. 이 작품은 고대 로마의 전설을 바탕으로 세 형제가 조국을 위해 싸우겠다고 아버지에게 맹세하는 장면을 담고 있습니다. 아버지는 검을 들어 그들의 결의를 받아들이고, 옆에는 전쟁을 두려워하며 눈물을 흘리는 누이들의 모습이 대비적으로 그려져 있습니다. 인물들은 고대 조각상처럼 단단하고 균형 잡힌 형태로 표현되었으며, 구도는 질서정연하고 선은 또렷해 안정감을 줍니다. 또한 감정을 절제한 태도를 강조함으로써 이성적이고 엄숙한 분위기를 자아냅니다.

이는 신고전주의가 중시한 '이성'과 '도덕적 가치'를 잘 보여주는 특징입니다. 그래서 이 그림은 단순히 전쟁 장면을 그린 것이 아니라 개인보다 공동체를 위한 희생과 의무를 상징하는 작품으로 평가됩니다. 흥미로운 점은 19세기라는 현대로 향하는 길목에서 다비드가 오히려 고전적인 양식을 택했다는 사실입니다. 비유하자면 오늘날의 화가가 일제강점기 독립운동 장면을 그려내는 것과 비슷한 맥락이라 할 수 있습니다. 하지만 이는 급변하는 시대에 과거의 향수와 동시에 혼란한 시대에 질서와 가치를 찾고자 하는 열망의 표현이기도 했습니다.

낭만주의Romanticism

이런 고전주의의 올드함에 반기를 든 사조가 '낭만주의'입니다. 낭만주의 화가들은 고전주의 화가들의 그림이 구태의연하고 시대에 뒤떨어진다고 생각했습니다. '낭만Romantic'이라는 단어는 원래 중세 기사 로망스Romance 문학에서 비롯되었습니다. 자연, 감정, 상상력을 중시하는 문학적 경향을 가리키던 말이 19세기 초 미술에도 확장되면서 '낭만주의'라는 이름이 붙게 되었습니다. 델라크루아, 제리코 같은 화가들의 격정적이고 드라마틱한 화면은 이 명칭과 딱 들어맞았습니다.

테오도르 제리코의 〈메두사 호의 뗏목〉은 낭만주의를 대표하는 작품입니다. 이 그림은 프랑스 군함 메두사 호가 좌초되면서 많은 사람이 바다 위 뗏목에서 굶주리고 죽어간 비극적인 실제 사건을 바탕으로 그려졌습니다.

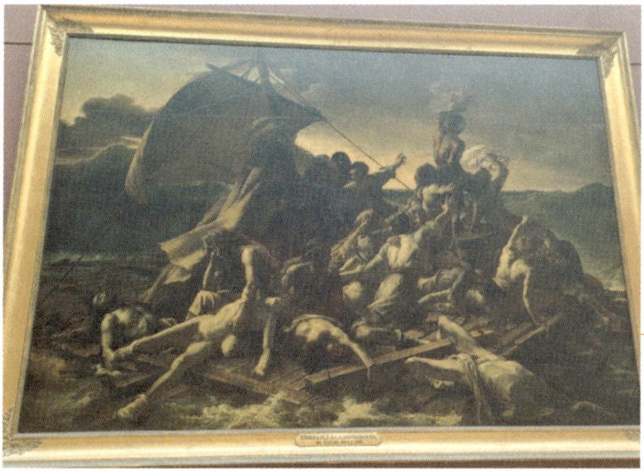

테오도르 제리코, 〈메두사 호의 뗏목〉, 1819년. 캔버스에 유채

제리코는 이 사건을 인간이 겪는 고통과 감정을 크게 드러내는 역사화로 만들었습니다. 그림 속 사람들은 절망과 희망 사이에서 몸부림치고 있으며, 거센 파도와 함께 얽힌 모습은 보는 이에게 강한 긴장감을 줍니다. 거칠고 힘 있는 붓 터치, 극적인 빛과 어둠의 대비, 사실적인 표현은 우리에게 마치 현장에 있는 듯한 느낌을 줍니다.

이 작품은 신고전주의가 중시하던 이성과 질서와는 달리 현실의 참상과 인간의 감정을 전면에 내세웠다는 점에서 새로운 시대의 미술을 보여줍니다. 실제 오르세 미술관에 걸린 거대한 화면 앞에 서면, 누구나 화가가 전달하고자 했던 극한의 감정의 소용돌이에 빠져들 수밖에 없습니다.

사실주의Realism

19세기 미술은 재현의 목적에서 벗어나 새로운 미술 형식을 탐구한다고 했는데 갑자기 '사실주의라니, 다시 예전으로 돌아간 미술 사조인가.'라는 생각이 들 수도 있습니다. 19세기 사실주의 화가들이 생각한 사실은 '그림을 사실적으로 묘사한다'는 의미가 아니라 우리가 사는 진짜 '현실'reality을 주제로 그림을 그린 미술 사조입니다.

사실주의는 현실의 모습을 이상화하거나 낭만적으로 꾸미지 않고, 일상 삶이나 사회의 모습, 민중이나 노동자의 삶, 평범한 사건 등을 객관적이고 진실하게 그려냈던 예술 사조입니다.

대표적인 화가 쿠르베는 "나는 천사를 그릴 수 없다. 왜냐하면 본 적이 없기 때문이다."라고 이야기하며 이제까지 외면당해 온 평범한 일반 사람들의 삶의 현실을 화폭에 담고자 했습니다.

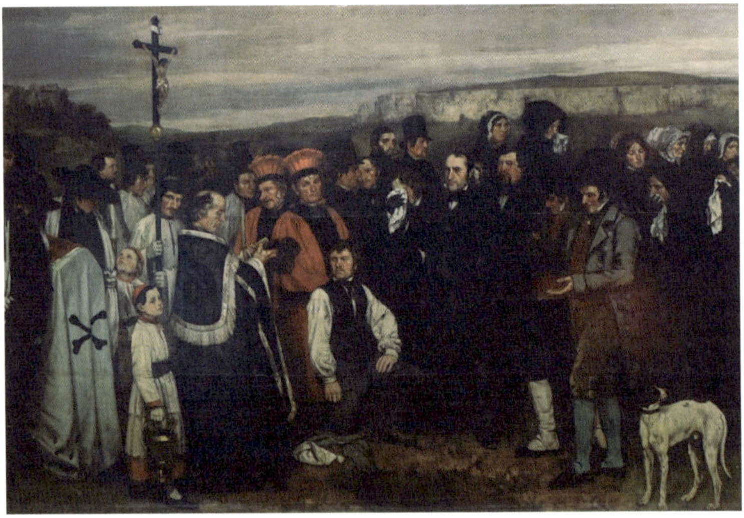

귀스타브 쿠르베, 〈오르낭의 매장〉, 1849~1850년. 캔버스에 유채

쿠르베의 〈오르낭의 매장〉은 평범한 사람의 장례식을 그린 대작입니다. 왕도 아니고 귀족도 아니며 영웅도 아닌 한 사람의 장례식

을 이토록 거대한 크기의 작품으로 표현했다는 사실 자체가 곧 사실주의 미술의 특징을 보여줍니다. 가로 6.7미터, 세로 3미터에 이르는 이 거대한 그림은 비판과 찬사를 동시에 받았습니다. 그동안 장례 의식을 그린 그림은 종교적 목적이거나 왕족에게만 허용되었던 주제였는데, 쿠르베는 이 관습을 과감하게 뒤집어 놓은 셈입니다. 그는 이 작품으로 널리 알려졌지만 동시에 '야만인'이라는 비난을 받기도 했습니다.

인상주의Impressionism

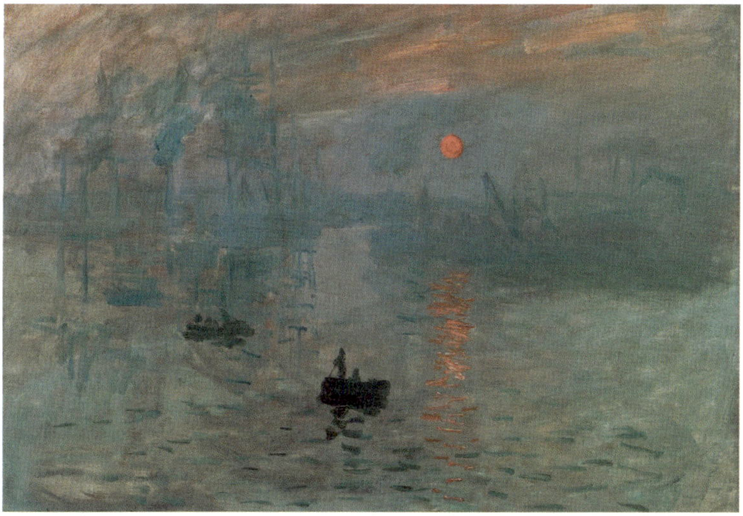

클로드 모네, 〈인상, 해돋이〉, 1872년, 캔버스에 유채

1874년 파리에서 모네, 르누아르, 피사로 등이 주도한 첫 번째 독립 전시가 열렸습니다. 당시 모네가 출품한 〈인상, 해돋이〉라는 작품은 빠른 붓질과 빛의 순간적 효과를 담은 그림이었습니다. 이를 본

비평가 루이 르루아는 신문에 이렇게 썼습니다.

"이건 완성된 그림이 아니라 그저 '인상'에 불과하다."

원래는 조롱하는 말이었지만, 화가들은 오히려 그 단어를 당당히 받아들여 '인상주의자'라는 이름으로 자신들의 운동을 알리기 시작했습니다.

새벽 일찍 일어나 바라본 세상은 어슴푸레한 청색입니다. 더운 여름날 오후, 학교 운동장에서 보이는 풍경은 뜨겁게 빛나는 흰색으로 느껴집니다. 해 질 무렵 바닷가에서 만나는 세상은 온통 주황빛으로 물들어 있지요. 세상은 빛에 따라 순간마다 다른 옷을 갈아입고 있습니다. 인상주의 화가들은 이렇게 찰나마다 변하는 색과 풍경의 인상을 빠른 붓질로 담아내고자 했습니다.

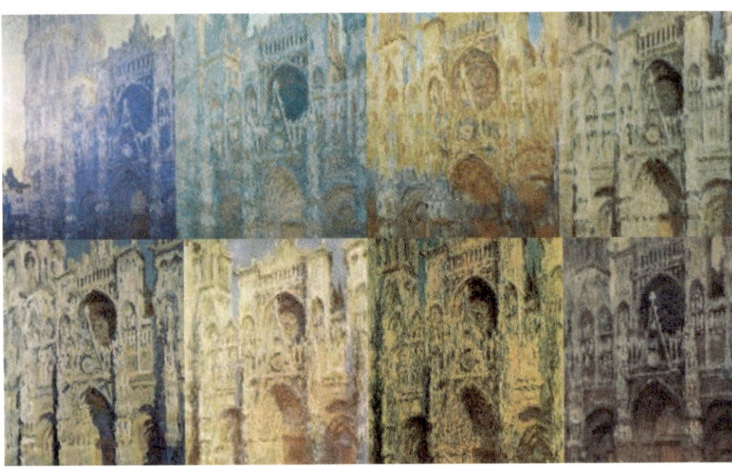

클로드 모네, 〈루앙 대성당 연작〉, 1892~1894년. 캔버스에 유채

클로드 모네의 <루앙 대성당 연작>은 찰나의 색을 표현한 인상주의 특징을 가장 잘 보여주는 대표적인 작품입니다. 모네는 같은 성

당을 아침, 낮, 저녁은 물론 맑은 날과 흐린 날 등 여러 빛과 날씨 속에서 반복해 그렸습니다. 성당이라는 건물 자체보다 그 표면에 비치는 빛과 색채의 변화를 포착하는 것이 그의 목적이었기 때문입니다.

이 연작에서 성당은 언제나 같은 자리에 서 있지만, 햇빛의 각도와 대기 상태에 따라 전혀 다른 모습으로 보입니다. 어떤 그림에서는 성당이 황금빛으로 빛나고, 또 다른 그림에서는 푸른빛 그림자 속으로 가라앉은 듯 보입니다. 이를 통해 모네는 '사물은 고정된 것이 아니라 빛에 따라 끊임없이 변한다'는 인상주의의 핵심을 설득력 있게 보여주고 있습니다.

신인상주의Neo-Impressionism

'신인상주의'라는 미술 사조도 화가들이 직접 붙인 것이 아니라 당시 미술 비평가들이 새롭게 나타난 경향을 구분하기 위해 사용하였습니다. 인상주의 화가들이 순간의 빛과 인상을 빠르게 포착했다면, 조르주 쇠라와 폴 시냐크 같은 화가들은 보다 과학적이고 체계적인 방법을 쓰기 시작했습니다. 그래서 기존 인상주의와 구별하기 위해 새로운 인상주의, 즉 '신인상주의'라는 이름이 붙은 것입니다.

신인상주의는 흔히 '점묘법Pointillism'으로 알려져 있습니다. 물감을 섞지 않고, 작은 색 점들을 캔버스에 하나하나 찍어 올려 멀리서 볼 때 눈의 망막에서 색을 혼합하도록 하였습니다.

이는 색채학과 시각 효과에 관해 과학적 연구를 바탕으로 한 기법으로 가까이서 보면 수많은 작은 점이지만, 멀리서 보면 빛이 반짝이는 듯한 생생한 장면이 펼쳐집니다.

조르주 쇠라의 〈그랑자트 섬의 일요일 오후〉는 신인상주의를 대

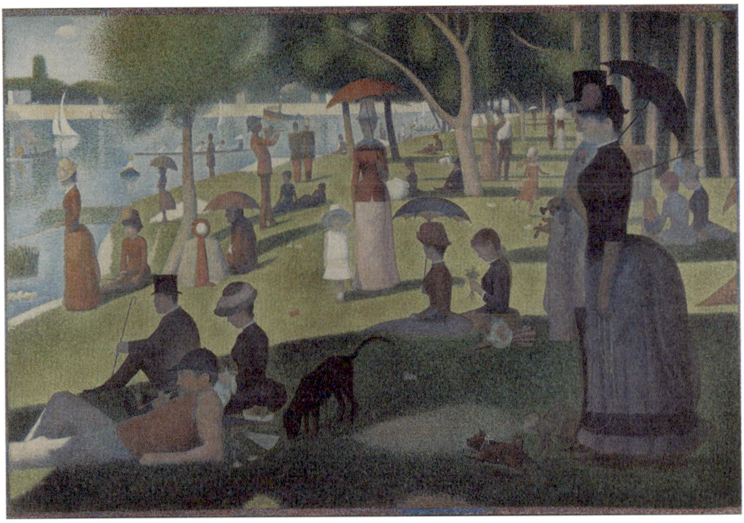

조르주 쇠라, 〈그랑자트 섬의 일요일 오후〉, 1886년. 캔버스에 유채

표하는 작품입니다. 파리 시민들이 센강 변 섬에서 휴식을 즐기는 모습을 그린 이 그림은 멀리서 보면 평화로운 풍경이지만 가까이에서 보면 수많은 작은 색 점으로 이루어져 있습니다.

쇠라는 물감을 섞지 않고 빨강·파랑·노랑 같은 순수한 색을 작은 점으로 찍어 나란히 배치했습니다. 보는 사람의 눈이 이 색들을 섞어 인식하도록 한 것이지요. 그 덕분에 그림 전체가 은은하게 빛나며, 마치 햇살과 공기가 화면 위에서 진동하는 듯한 효과를 줍니다.

후기 인상주의Post-Impressionism

신인상주의의 점묘법은 나름 획기적이었으나 너도나도 점만 찍다 보니 그림들이 거의 비슷한 느낌으로 표현되는 한계점이 있었습니다. 각 화가의 개성이 사라지는 것 같았죠. 과도한 색채 이론에 의존하다 보니 예술적 생동감이 부족하다는 비판도 받았습니다. 인상주의, 신인상주의 모두 빛과 색의 즉흥적 기록만으로는 작가의 개성이나 내면세계를 충분히 드러내기 어렵다는 문제의식이 생겼습니다. 이런 한계 속에서 고흐, 고갱, 세잔 같은 화가들은 인상주의의 성과를 이어받으면서도 보다 주관적이고 구조적인 회화를 시도하기 시작했습니다.

후기 인상주의Post-Impressionism는 19세기 말, 인상주의 이후의 화가들을 묶어 지칭하기 위해 20세기 초 영국의 미술 비평가 로저 프라이가 1910년 런던에서 열린 〈마네와 후기 인상주의 화가들〉 전시를 소개하며 처음 사용한 명칭입니다.

그가 기획한 전시는 당시 영국 사회에 큰 충격을 주었지만, 동시에 근대 미술의 새로운 길을 여는 계기가 되었습니다. 즉, 로저 프라이는 세잔, 고흐, 고갱의 작품을 소개하면서 '후기 인상주의'라는 이름을 붙였고, 인상주의 이후 예술이 나아가야 할 새로운 방향을 제시한 셈입니다.

근대 미술의 문을 연 세 거장

보는 방식을 바꾸다 - 폴 세잔

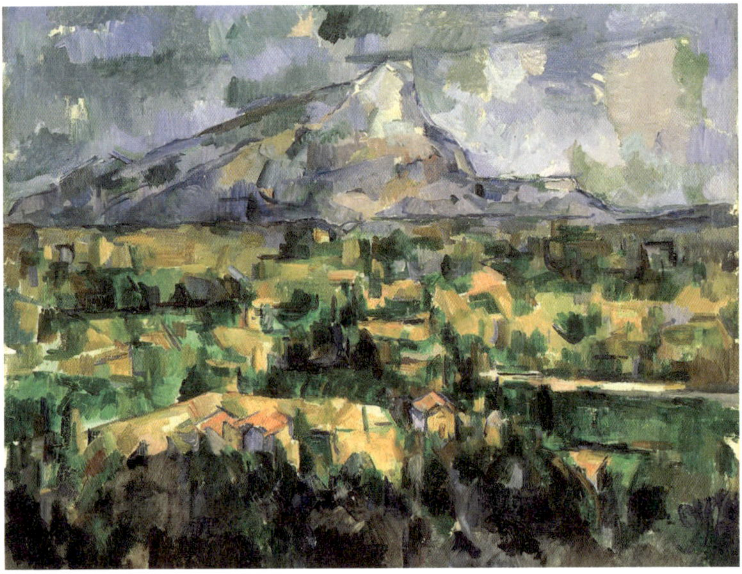

폴 세잔, 〈생 빅투아르 산〉, 1906년, 캔버스에 유채

세잔은 사물의 형태와 구조를 탐구하며 자연을 원통, 구, 원뿔로 파악했습니다. 이는 후대 입체파의 출발점이 되었습니다. 자연을 단순히 있는 그대로 묘사하는 대신에 사과나 산 같은 대상을 기하학적인 형태로 분석하여 화면 속에 질서와 구조를 부여했습니다. 그래서 그의 그림은 멈춰 있는 풍경처럼 보이지만, 자세히 들여다보면 단단

한 뼈대가 느껴집니다. 로저 프라이는 이런 이유로 세잔을 '근대 미술의 아버지'라고 불렀고, 이후 화가들은 그의 그림 앞에서 새로운 그림의 가능성을 배웠습니다.

강렬한 내면의 표현 - 빈센트 반 고흐

빈센트 반 고흐는 네덜란드 출신의 후기 인상파 화가로 강렬한 색채와 격정적인 붓 터치로 인간의 감정과 자연의 생명력을 표현했습니다. 그는 생전에 단 한 점의 그림만 팔렸지만, 사후에는 현대 미술의 선구자로 평가받았습니다. 짧은 생애 동안 2,000여 점의 작품을 남겼으며, 예술에 대한 열정과 내면의 고뇌가 그의 그림 속에 깊이 스며 있습니다.

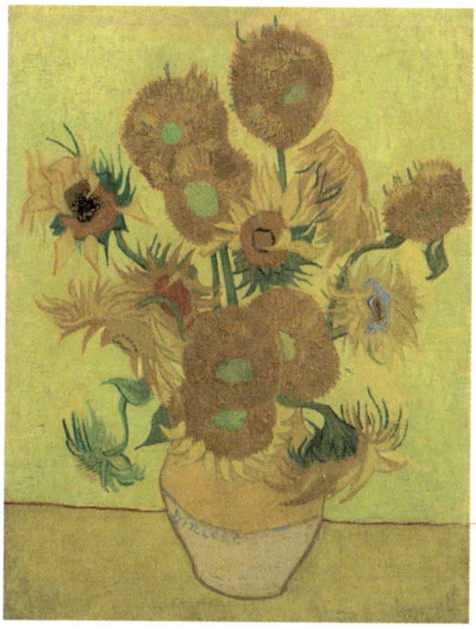

그의 대표작 〈해바라기〉는 강렬한 색채와 거친 붓질을 통해 내면의 감정을 표현했다. 인상주의의 색을 계승하면서도, 개인적 감정과 심리적 울림을 담아낸 것이 특징이다. 두터운 붓질과 소용돌이치는 선, 강렬한 색감을 통해 내면의 불안과 열정을 드러낸 작품이다.

빈센트 반 고흐, 〈해바라기〉, 1888~1889년, 캔버스에 유채

타히티의 원시적 순수미 - 폴 고갱

폴 고갱은 프랑스의 후기 인상파 화가로 인공적 색채와 단순한 형태로 감정을 표현한 선구자입니다. 문명사회의 위선에서 벗어나기

위해 타히티로 떠나 원시적 순수미를 추구했습니다. 그의 강렬한 색채와 상징적 표현은 표현주의와 현대 미술의 발전에 큰 영향을 미쳤습니다.

폴 고갱의 〈원주민 처녀들〉은 타이티 해변의 여인 두 명을 담은 작품입니다. 고갱은 이 그림에서 현지 여성들의 평온한 일상과 자연의 조화로운 분위기를 표현했습니다. 인물의 윤곽을 단순화하고, 강렬한 색면으로 감정과 분위기를 전달하는 것이 특징입니다.

이는 서구 문명에서 벗어나 순수하고 원초적인 삶에 대한 동경을 보여주는 대표적인 작품입니다. 화려한 색채와 상징적인 이미지를 사용해 눈앞의 현실이 아니라 마음속 세계와 원시적 상징을 표현했습니다. 그의 타히티 시절 작품들은 현실을 넘어선 감정을 강렬하게 드러냅니다.

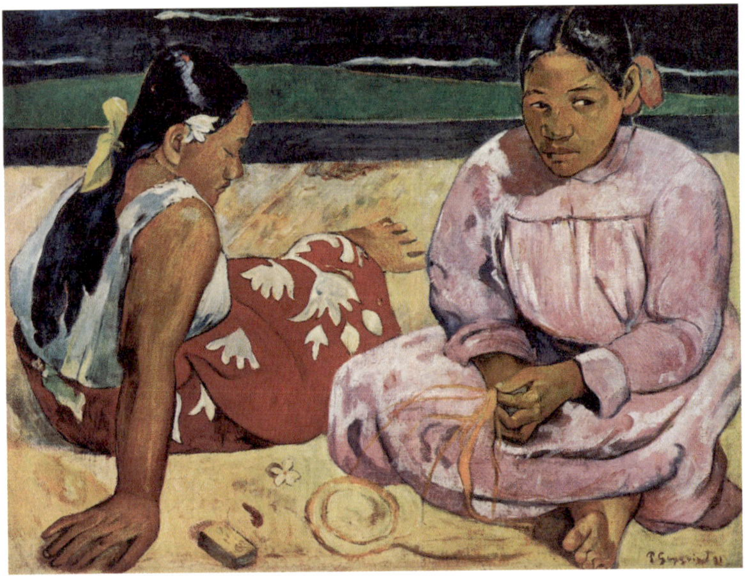

폴 고갱, 〈원주민 처녀들〉, 1891년. 캔버스에 유채

미술 사조의 이름은 단순히 붙여진 꼬리표가 아니라 비평가의 말 한마디, 예술가들의 농담, 시대적 우연, 문학적 상상력 속에서 태어난 산물입니다. 그리고 그 이름들은 오늘날까지도 미술사를 설명하는 언어로 살아남아 있습니다.

작품을 감상할 때 단지 그림만 보는 것이 아니라, 그 이름이 어떻게 생겨났는지까지 함께 떠올린다면, 미술사의 풍경은 훨씬 더 흥미롭게 다가올 것입니다.

현대 미술의 방

낯섦과 사유의 미학

3층

"예술을 만드는 것은 나만이 아니다.
그것을 보는 사람도 예술을 만든다."

- 마르셀 뒤샹

호기심 미술 책방 3층은 현대 미술의 방입니다.
미술을 조금 알겠다 싶을 때면,
미술은 어느새 저 멀리 달아나 있지요.

새로운 예술이 끝없이 등장하고,
'현대 미술'이라는 이름 아래
이해하기 어려운 작품들과 마주하기도 합니다.
하지만 그 낯섦 속에는
삶을 더 창의적으로 바라보게 하는
힘이 숨겨져 있습니다.

현대 미술과 만나는 일은
새로운 시선과 아이디어를 열어주고,
우리의 생각을 한 걸음 더 확장시킵니다.
세상에서 가장 흥미로운 것들이 모여 있는 공간,
바로 이곳입니다.

새로운 시대, 새로운 눈, 현대 미술의 탄생

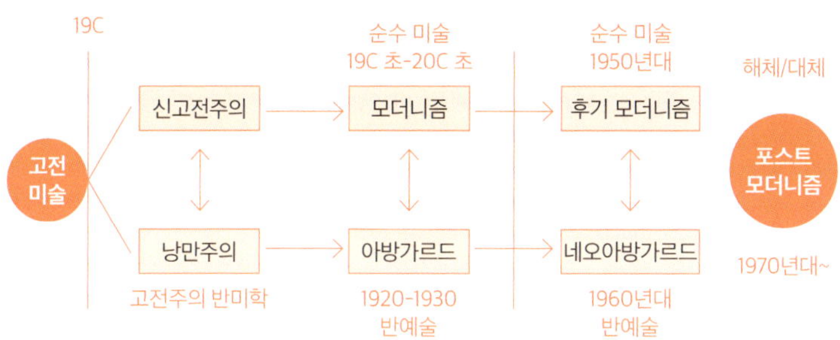

구석기 시대 원시인들이 동굴벽화를 그리기 시작한 때부터 19세기에 이르기까지 미술의 목적은 눈에 보이는 대상을 최대한 똑같이, 그리고 아름답게 그려내는 데 있었습니다. 라스코 동굴 벽화에서부터 레오나르도 다 빈치의 〈모나리자〉에 이르기까지 수천 년 동안 화가들은 '어떻게 하면 더 실제처럼 그릴 수 있을까?'를 고민해 왔습니다. 이런 미술을 우리는 고전미술이라고 부릅니다.

19세기 낭만주의를 계기로 변화의 첫 조짐이 나타났고, 이후 상황은 급격히 바뀌었습니다. 바로 사진기가 발명된 것입니다. 사진이 등장하자 '굳이 그림으로 똑같이 그릴 필요가 있을까?'라는 의문이 자연스럽게 생겨났습니다. 사진기의 발명은 한때 미술의 종말을 부르

짖게 할 정도로 충격적이었지만, 아이러니하게도 이 사건은 오히려 미술이 재현의 목적에서 벗어나 새로운 길을 찾는 계기가 되었습니다. 현실을 그대로 기록하는 역할은 사진기에 맡기고, 미술은 점차 자신만의 표현 방식과 시각적 언어를 탐구하게 된 것이죠.

사랑하는 사람의 초상화 속, 미술의 혁신

19세기 이후 미술사를 뒤바꾼 혁신성은 작가와 가장 가까운 인물을 그린 초상화에서도 그 변화는 뚜렷하게 드러납니다. 세 명의 거장은 사랑하는 사람을 화폭에 담으면서 동시에 자신들이 꿈꾸던 새로운 미술을 초상화를 통해 말하고자 했습니다.

순간의 빛을 발견한 모네

모네는 어느 맑은 여름날, 들판 위에 서 있는 아내 카미유 모네와 어린 아들을 바라보며 붓을 들었습니다. 그렇게 탄생한 작품이 바로 〈양산을 든 여인〉입니다. 이 작품은 단순한 가족 초상이 아닙니다. 바람과 빛, 그리고 시간이 스며 있는 한 편의 여름 풍경에 가깝지요. 모네는 사랑하는 아내와 아들을 바라보며, 그 순간의 아름다움을 그림 속에 담아 영원으로 남길 수 있다는 예술의 힘을 보여주었습니다.

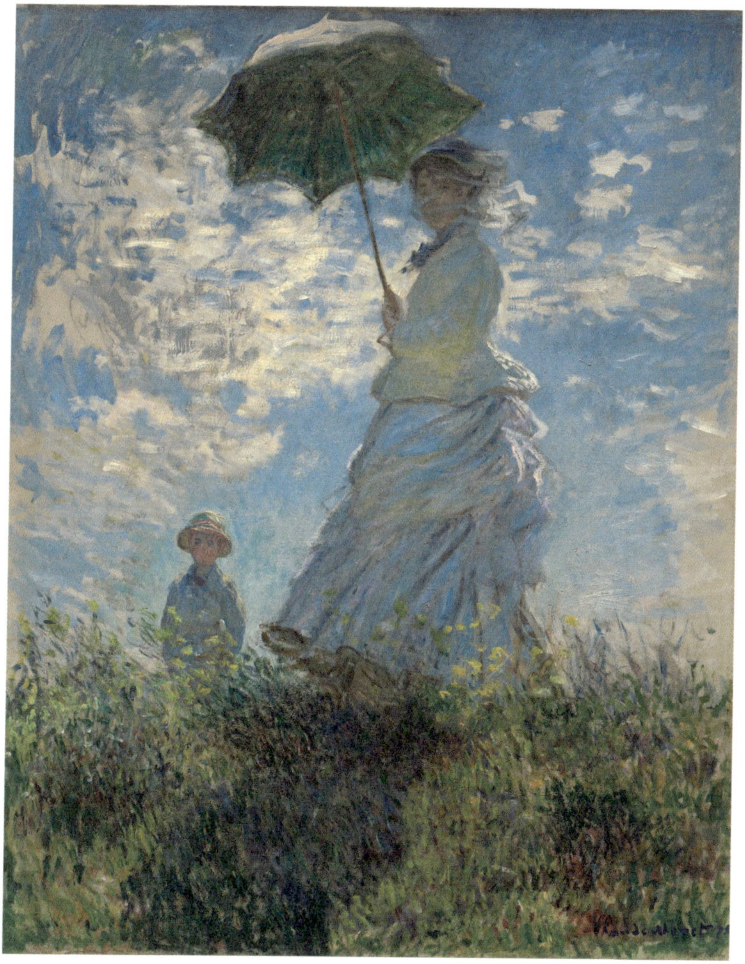

클로드 모네, 〈양산을 쓴 여인〉, 1875년. 캔버스에 유채

여름 들판에서 시시각각 변하는 바람과 햇살, 구름의 움직임을 보며 모네는 인물을 정교하게 그리는 대신 그 순간의 빛과 공기의 진동을 담아내는 데 집중했다. 이 그림에서 여름날의 그 찰나의 빛은 단순한 배경에서 벗어나 그림의 주인공이 되었다.

색채를 해방시킨 마티스

마티스의 아내 아멜리는 어느 날 남편의 화실에서 초상화 모델로 앉게 됩니다. 그런데 완성된 그림을 보는 순간 깜짝 놀랄 수밖에 없었습니다. 자신의 얼굴에는 없던 짙은 녹색 선이 얼굴 한가운데를 가르고 있었기 때문입니다.

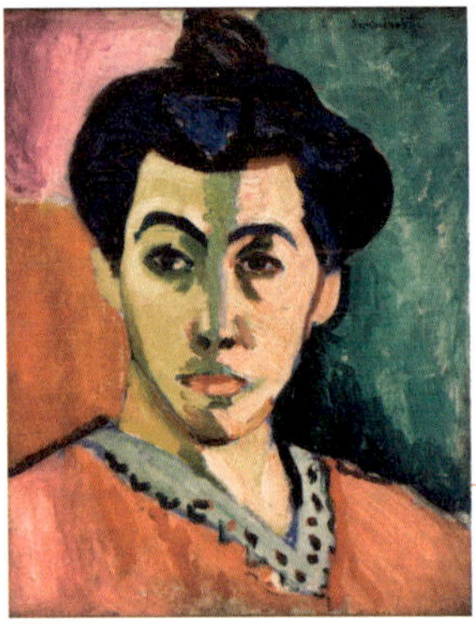

〈마담 마티스 - 녹색 줄〉은 앙리 마티스가 아내 아멜리를 그린 초상화로 '느껴지는 대로 색을 칠한다'는 그의 '야수파적' 감각이 본격적으로 드러난 작품이다. 마티스는 색으로 감정의 온도를 표현하고 싶었다. 그래서 얼굴의 오른쪽은 붉고 따뜻한 색으로, 왼쪽은 푸르고 차가운 색으로 나누어 칠했다.

앙리 마티스, 〈마담 마티스 - 녹색 줄〉, 1905년. 캔버스에 유채

〈마담 마티스 - 녹색 줄〉은 따뜻함과 차가움, 친밀함과 거리감, 사랑과 고독이 한 얼굴 안에 공존하고 있죠. 이 작품은 색만으로도 감정을 표현할 수 있다는 것을 보여준 일종의 선언이었고, 야수파의 시작을 알린 작품이 되었습니다. 색채를 새로운 표현 도구로 해방시키며, 20세기 현대 미술의 중요한 전환점을 만들어낸 그림이기도 합니다.

마음의 상처를 기하학으로 그린 피카소

피카소는 〈우는 여인〉을 그렸습니다. 이 작품은 스페인 내전으로 폐허가 된 작은 마을 게르니카의 비극을 담은 〈게르니카〉 속에서 절규하는 여인의 얼굴만을 떼어내 다시 그린 그림입니다. 동시에 피카

소의 연인이자 예술적 동반자였던 도라 마르를 모티프로 삼은 초상이기도 하지요. 이런 맥락에서 이 그림 속 여인은 단순히 눈물을 흘리는 사람이 아니라, 시대의 고통과 개인의 상처가 한 얼굴 위에서 동시에 겹쳐진 존재로 보입니다.

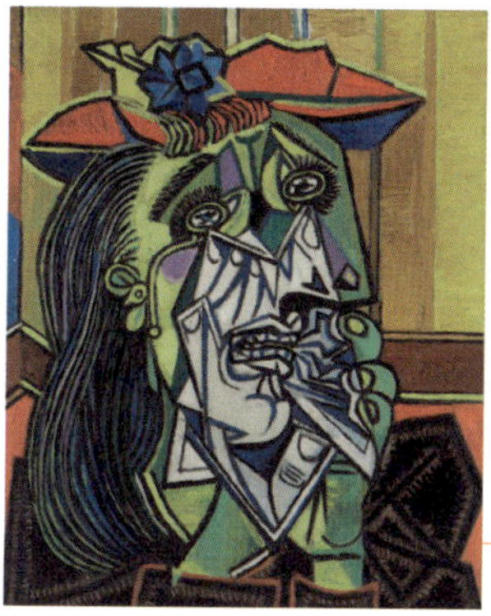

찢어지고 비틀린 얼굴은 전쟁으로 무너진 인간의 내면을 여러 각도에서 바라본 듯, 분해하고 다시 조합한 모습이다. 피카소는 이를 입체파(Cubism)의 시각 언어로 표현했다. 입체파는 하나의 시점에 머물지 않는다. 사물을 앞에서만 바라보지 않고, 옆이나 위에서 본 모습까지 한 화면에 동시에 담아 형태에 새로운 자율성을 부여했다.

파블로 피카소, 〈우는 여인〉, 1937년, 캔버스에 유채

순간의 빛을 붙잡아낸 모네, 색채를 해방시킨 마티스, 형태를 해체한 피카소. 이 세 화가는 모두 가장 가까운 사람을 그린 작품에서 예술적 혁신을 보여주었습니다. 사랑하는 이를 어떻게 그려낼 것인가에 대한 고민 끝에 기존의 틀을 뛰어넘는 새로운 표현 방식을 만들어 낸 것이죠. 결국 현대 미술의 혁신은 거창한 이론에서 출발한 것이 아니라 인간적인 감정과 섬세한 관찰에서 시작되었습니다.

모더니즘 미술, 추상화의 탄생

마티스와 피카소를 거치며 색과 형태는 점점 해체되기 시작했고, 그 흐름은 칸딘스키와 몬드리안 같은 화가들에게 이르러 마침내 화면에서 구체적인 대상이 완전히 사라지게 됩니다. 이때부터는 사물

의 모습을 그리는 대신에 선과 색, 형태 같은 순수한 조형 요소만을 다루는 추상미술이 등장하지요. 이처럼 19세기 낭만주의로부터 시작해 20세기 추상미술에 이르는 이 모든 흐름을 우리는 '모더니즘 미술'이라고 부릅니다.

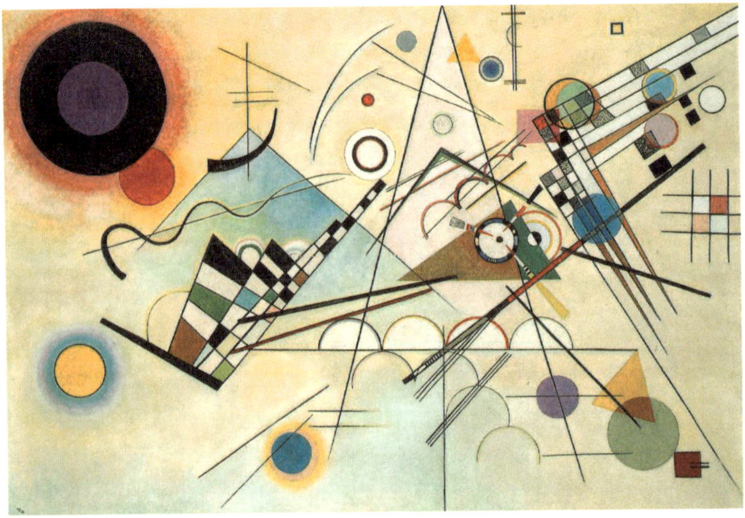

바실리 칸딘스키, 〈구성 8〉, 1923년. 캔버스에 유채

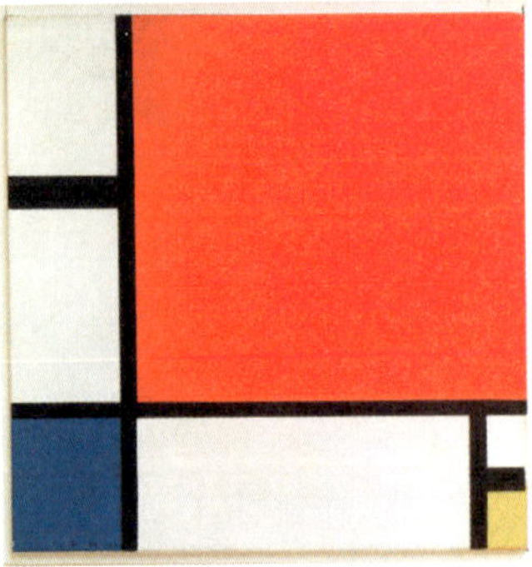

피에트 몬드리안, 〈빨강, 파랑, 노랑의 구성〉, 1930년. 캔버스에 유채

반항아 아방가르드 씨 × 모범생 모더니즘 양

완전함과 순수함을 추구하던 모더니즘 미술은 곧 아방가르드Avant-garde의 도전을 받게 됩니다. 미술사에서 아방가르드는 기존 예술의 전통과 규칙에 맞서며, 전혀 새로운 표현 방식을 실험한 예술가들과 그들의 움직임을 뜻합니다.

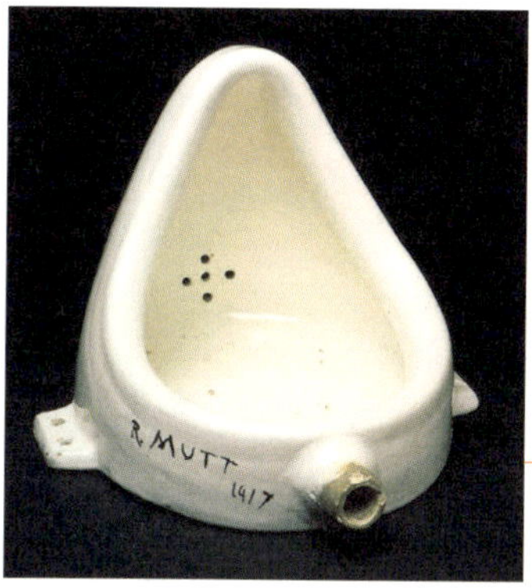

마르셀 뒤샹이 변기를 전시장에 가져다 두고 "이것도 예술이야!"라고 선언한 일화를 들어본 적 있을 것이다.

마르셀 뒤샹, 〈샘〉, 1917년. 도자기 변기에 검은색 페인트

아방가르드 작가들은 기존 미술의 틀을 과감히 깨뜨리며 "미술이 꼭 아름다워야 하나요?"라는 질문을 던졌습니다. 순수한 형식미를 중시하던 모더니즘을 비판하고, 사회적 쟁점을 미술 속으로 끌어들이며 예술을 논쟁의 장으로 만들어낸 것이죠.

이렇게 새로운 시도를 통해 미술의 개념은 한층 더 넓어졌습니다. 모더니즘과 아방가르드는 서로 주고받듯 역동적으로 교차하며 미술의 역사를 만들어왔습니다. 때로는 부딪히고, 때로는 서로에게 영감을 주며 마치 연인처럼 함께 발전해 온 관계였습니다.

후기 모더니즘과 네오아방가르드, 새로운 세대의 등장(1950~1960년대)

2차 세계대전 이후 예술의 무게 중심이 미국으로 이동하자 모더니즘과 아방가르드 역시 새로운 세대를 맞이하게 됩니다. 모더니즘의 특징을 더욱 깊이 밀어붙인 흐름은 '후기 모더니즘'으로, 반대로 아방가르드의 실험 정신을 계승한 흐름은 '네오아방가르드'로 자리 잡게 되었죠.

두 경향은 같은 뿌리에서 나왔지만 성향은 크게 달랐습니다. 후기 모더니즘은 잭슨 폴록의 액션 페인팅이나 미니멀리즘에서 보이듯 '순수성'을 극한까지 밀어 올렸습니다.

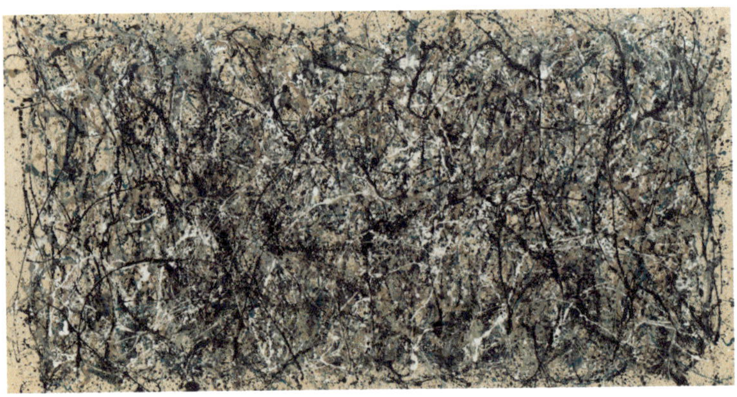

잭슨 폴록, 〈원: 넘버 31, 1950〉, 1950년.

반면, 네오아방가르드는 1960년대 후반 이후 설치미술, 개념미술, 비디오 아트, 행위예술처럼 이전에 없던 형식을 적극 실험하며, 미술의 범위를 크게 확장했습니다.

결국 시대의 주도권은 보다 급진적이고 탐험적인 태도를 지닌 '네오아방가르드'의 손을 들어주었고, 그 흐름이 이어지며 1970년대 이후 '포스트모더니즘Postmodernism'이라는 새로운 장이 열리게 됩니다.

포스트모더니즘, 정답은 하나가 아니다(1970년대 이후~)

포스트모더니즘의 핵심을 한 문장으로 표현하자면, '예술에 하나의 답만 있을 수 없다'는 관점입니다. 이전 시대에는 '예술이란 이런 것이다'라는 기준이 비교적 분명했지만, 포스트모더니즘에 이르면 그 틀이 흔들리기 시작하지요. "정해진 규칙은 없어, 무엇이든 예술이 될 수 있어!"라는 새로운 형식이 등장한 것입니다.

이러한 흐름 속에서 포스트모더니즘 미술은 두 갈래로 확장됩니다. 하나는 기존 미술의 경계를 허무는 해체의 방향, 다른 하나는 전통적 표현 방식을 새로운 재료와 방식으로 다시 짜는 대체의 방향입니다. 이 두 움직임이 만나며 예술은 이전보다 훨씬 더 열리고, 한층 더 자유로운 세계로 뻗어 나가게 되었죠.

첫 번째: 미술의 경계 해체하기

고급 예술과 대중문화의 벽 허물기

예전에는 만화방에 드나드는 청소년을 곧바로 불량 학생으로 보던 시절이 있었습니다. 하지만 지금은 어떨까요? 이제는 만화 역시 하나의 예술로 인정받는 시대가 되었습니다. 전시장에 걸린 그림만이 '고급 예술'이고, 우리가 일상에서 쉽게 접하는 대중음악·영화·만화는 '저급 예술'이라는 오래된 경계가 점점 무너지게 된이지요.

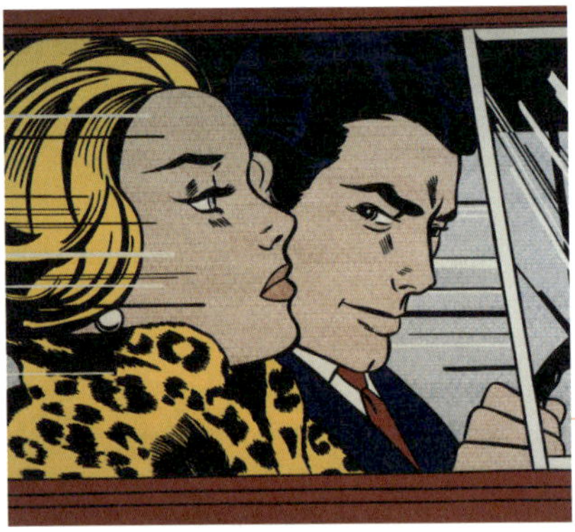

팝 아트는 이러한 변화의 흐름을 더욱 뚜렷하게 보여준다. 앤디 워홀은 헐리우드 스타 마릴린 먼로와 코카콜라처럼 누구에게나 익숙한 이미지를 회화로 옮겼고, 로이 리히텐슈타인은 만화의 한 장면을 거대한 캔버스에 재해석하며 대중문화와 순수 미술의 경계를 단숨에 허물어 버렸다.

로이 리히텐슈타인, 〈차 안에서〉, 1963년. 캔버스에 유채

리히텐슈타인은 신문과 만화의 인쇄 방식을 흉내 내기 위해 '벤데이 도트Benday dots'라고 불리는 점묘 인쇄 기법을 캔버스에 직접 그려 넣었습니다. 원래는 만화나 신문에서 색을 표현할 때 사용되던 작은 점무늬 인쇄 방식이지요. 그는 이 점들을 하나하나 붓으로 찍어 넣어 마치 기계로 인쇄한 듯한 이미지를 만들어냄으로써 회화가 반드시 수작업이어야 한다는 전통적 개념에 도전했습니다. 이제 대중문화는 더 이상 '저급 예술'로 취급되지 않습니다. 오히려 현대 미술을 이끄는 중요한 소재가 되었습니다.

원본과 복제의 경계 해체하기

'진품만이 예술이다'라는 생각도 이제는 흔들리고 있습니다. 예술가들은 기존 작품을 과감히 차용하거나 의도적으로 패러디하고, 때로는 일부러 촌스러운 '키치kitsch' 감성을 활용하면서도 새로운 예술적 의미를 만들어냅니다.

콜롬비아 출신 화가 페르난도 보테로 역시 그런 작가 중 한 명입니다. 그는 '팽창한 형태'로 유명한데, 고전 명화를 자신만의 독특한 양

식으로 재해석한 작업을 많이 남겼습니다. 그의 〈아르놀피니 부부의 초상〉은 얀 반 에이크가 1434년에 그린 원작을 바탕으로 한 작품입니다. 그는 원작의 구도와 상징은 그대로 살리면서도, 특유의 풍만하고 둥글둥글한 인물과 사물의 형태로 다시 표현했습니다.

이 작품은 단순히 웃음을 주는 데서 그치지 않습니다. 서양 미술사의 권위 있는 명작을 보테로 특유의 방식으로 살짝 비틀어 한층 더 친근하고 익살스럽게 풀어낸 패러디라고 할 수 있습니다. 덕분에 관람자는 원작이 지닌 엄숙함보다 풍자적이면서도 따뜻한 해석을 자연스럽게 경험하게 됩니다.

문화의 경계 해체하기

한때는 서양 문화가 예술의 중심으로 여겨졌지만, 이제는 모든 문화가 동등하게 존중받는 시대가 되었습니다. 아프리카·아시아·남미의 예술도 중요한 목소리를 내며 예술이 특정 지역이나 계층의 전유물이 아니라는 사실을 잘 보여줍니다.

영국 출신 흑인 작가 크리스 오필리의 〈성모 마리아〉(1996)가 그 대표적인 예입니다. 그는 아프리카적 색채와 패턴, 대중문화 이미지를 결합해 흑인 성모 마리아를 표현했고, 화면 일부와 받침대에는 실제 코끼리 똥을 사용했습니다. 아프리카 문화에서 코끼리 똥은 자연과 생명의 순환을 상징하기 때문입니다. 그러나 이 작품이 뉴욕 브루클린 미술관에 전시되었을 때 종교적 모독 논란이 일어나 큰 파장이 일었습니다. 이는 아프리카적 정체성과 서구 전통 종교 이미지의 충돌, 그리고 서구 중심 예술관에 대한 도전으로 읽힙니다.

사람을 구분하는 경계 해체하기

포스트모더니즘이 미술에 남긴 가장 큰 변화 중 하나는 그동안 주변부로 밀려나 있던 사람들에게 목소리를 돌려주었다는 점입니다. 서구 남성 중심의 미술사에서 배제되었던 여성, 유색인종, 성소수자, 장애인, 노인 등이 자신들의 경험을 예술의 중심 화제로 삼기 시작한 것이죠. 이 과정에서 '유명한 화가는 남자여야 한다'는 오래된 관념도 자연스럽게 무너졌습니다.

신디 셔먼은 사진 속에서 다양한 인물로 자신을 변주하며 여성의 정체성을 질문했고, 바바라 크루거는 도발적인 문구와 이미지의 조합으로 성별과 권력의 구조를 예리하게 드러냈습니다.

소수자들의 시선 역시 중요한 예술적 흐름으로 자리 잡았습니다. 데이비드 워즈노위치의 〈무제(얼굴을 꿰맨 작품)〉(1980)은 실로 꿰맨 듯한 자신의 얼굴을 촬영해 성소수자로서 겪어야 했던 억압과 침묵을 강렬하게 고발한 작업입니다. 그의 사진은 말하지 못했던 목소리를 끌어올리려는 저항적 몸짓이자 존재를 선언하는 행위였다고 할 수 있습니다.

두 번째: 그림 대체하기_새로운 미술 언어의 탄생

포스트모더니즘 미술은 전통적인 회화와 조각이라는 울타리를 가볍게 넘어 몸과 공간, 다양한 매체와 언어까지 예술의 재료로 끌어들이며 세계를 넓혀갔습니다. 작가들은 더 이상 '그림 = 예술'이라는 공식을 붙들지 않았죠. 대신 어떤 순간의 경험을 그대로 작품으로 삼거나, 아이디어 자체를 예술의 중심으로 내세우며 새로운 표현 방식을 탐색했습니다.

인간의 신체가 미술의 재료? 퍼포먼스

포스트모더니즘 예술가들은 더는 붓과 캔버스에만 머물지 않았습니다. 자신의 몸을 도구 삼아 관객과 직접 소통하며, 예술이 무엇인지에 대한 질문을 최전선에서 밀어붙였죠. 퍼포먼스 미술Performance Art은 바로 이러한 흐름 속에서 탄생한 장르로 예술가의 몸과 행동 자체가 작품이 되는 현대 미술의 한 형태입니다. 그림이나 조각처럼 눈에 보이는 결과물이 남지 않고, 행위 그 자체가 작품이 되는 것이 특징입니다.

퍼포먼스 아트의 대모로 불리는 마리나 아브라모비치는 자신의 몸을 가장 솔직한 예술 재료로 사용해 관객과 함께 작품을 만들어왔습니다. 대표작 〈리듬 0〉(1974)에서 그녀는 탁자 위에 장미, 꿀, 칼, 총 등 72가지 물건을 올려 두고 '관객이 무엇을 하든 개입하지 않겠다'는 조건으로 여섯 시간을 버팁니다. 시간이 흐를수록 관객의 행동은 호기심에서 실험, 그리고 폭력의 경계로까지 밀려가고, 그 과정에서 아브라모비치는 타인의 시선과 권력, 윤리의 한계를 몸으로 드러냅니다.

〈휴식의 에너지〉(1980, 울라이와 협업)에서는 두 사람이 활을 당긴 채 마주 서 있고, 화살촉은 아브라모비치의 심장을 정확히 겨냥합니다. 단 4분 동안 지속되는 이 짧은 퍼포먼스는 사랑과 신뢰, 그리고 언제든 흔들릴 수 있는 관계의 긴장을 극도로 압축해 보여줍니다. 관객은 그 팽팽한 침묵 속에서 '둘을 지탱하는 힘은 무엇인가'라는 질문과 마주하게 됩니다.

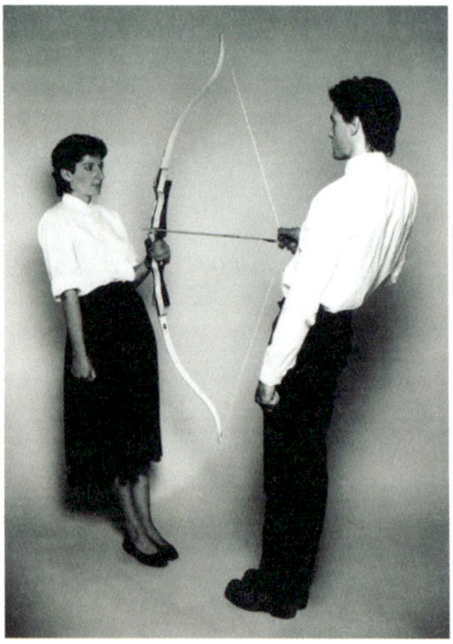

마리나 아브라모비치 & 울라이,
〈휴식의 에너지〉, 1980년.
퍼포먼스 비디오(4분)

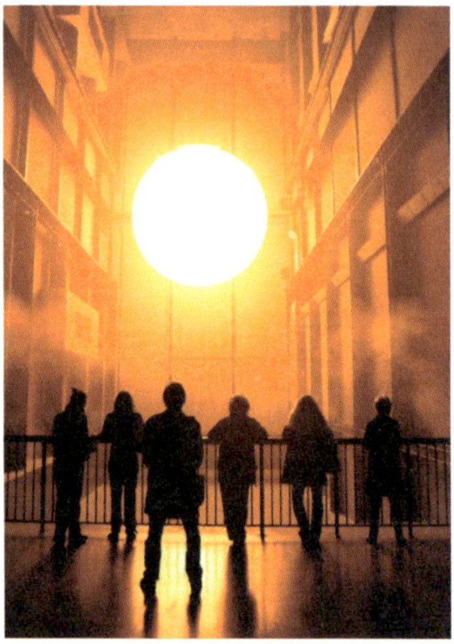

올라퍼 엘리아슨, 〈웨더 프로젝트〉, 2003년.
설치전경: 테이트 모던

그녀의 작품은 작품과 관객 사이의 고정된 역할을 뒤집어 놓습니다. 관객의 선택이 곧 작품을 만들어낸다는 사실을 극명하게 드러내며, 작가는 자신을 예술의 재료로 삼아 새로운 미술 언어를 펼쳐 보였습니다.

공간 전체를 작품으로 - 설치미술의 몰입과 참여

설치미술은 캔버스의 한계를 벗어나 전시장 전체를 하나의 예술 작품으로 바꿔 놓는 방식입니다. 관람자는 작품 앞에 서는 것이 아니라 작품 안으로 들어가 몸으로 느끼고, 때로는 참여하며 작품을 함께 완성해 가는 공동 제작자가 됩니다.

올라퍼 엘리아슨의 〈웨더 프로젝트〉에서는 거대한 '인공 태양'과 물안개, 황색 단파 조명이 터빈홀 전체를 채웁니다. 관람객은 바닥에 누워 자신의 그림자와 반사된 빛을 바라보며, 도심의 실내 공간에 만들어진 새로운 '날씨'를 직접 경험하게 됩니다. 이처럼 캔버스를 넘어선 설치미술은 관람객이 공간으로 들어가 경험하도록 하면서 작품과 관객 사이의 경계를 흐릿하게 만들었습니다. 그 결과 예술은 더 이상 대상이 아니라 환경이자 경험 자체가 될 수 있음을 보여줍니다.

TV와 전자매체로 확장 - 미디어 아트

미디어 아트는 텔레비전, 비디오, 컴퓨터 같은 새로운 기술을 예술의 언어로 끌어들인 분야입니다. 정보화 사회와 디지털 기술의 발전과 함께 성장하며, 예술이 더는 전통적인 재료에만 의존하지 않고 기술과 매체를 적극적으로 활용할 수 있음을 보여주었죠. 이러한 흐름은 오늘날 디지털 아트는 물론 VR·AR 기반 작품들로 자연스럽게 이어지고 있습니다.

미디어 아트의 선구자로 꼽히는 백남준은 TV와 비디오, 전자 장치를 재료로 사용해 '비디오 아트'라는 완전히 새로운 장르를 만들어낸 예술가입니다. 그는 기술을 단순한 도구가 아니라 예술의 언어 그 자체로 제시했습니다.

그의 대표적인 비디오 아트 작품 가운데 하나인 〈TV 로봇〉 시리즈는 여러 대의 텔레비전을 조합해 사람의 형태를 만든 작품입니다. 각 화면에는 서로 다른 영상이 재생되며, 기술과 인간이 뒤섞이는 새로운 이미지를 만들어냅니다.

그는 텔레비전을 예술 재료로 사용한 세계 최초의 비디오 아트 선구자로 이 작품을 통해 정보화 시대에 미디어와 인간이 어떤 관계를 맺는지 시각적으로 보여주고자 했습니다. 기계 속에서 살아가는 현대인의 모습을 예술로 번역해낸 셈입니다.

언어와 아이디어 자체가 작품이 되다 - 개념미술

화가들은 점차 눈에 보이는 물질적 결과물보다 작품이 어떤 의미와 과정을 거쳐 탄생했는지에 더 큰 관심을 두기 시작했습니다. 이러한 움직임을 바로 '개념미술Conceptual Art'이라고 부릅니다. 여기서 예술의 중심은 완성된 작품이 아니라 작가의 아이디어와 개념 그 자체에 놓이게 되지요.

이전까지 회화의 기본 재료가 붓·캔버스·물감이었다면, 개념미술에서는 언어와 관련된 요소들이 새로운 재료가 됩니다. 문자, 기호, 영상, 도표, 지도 같은 일상적 정보들이 작품 속으로 들어오면서, 관람자는 자연스레 "예술이란 무엇일까?"라는 근본적인 질문과 마주하게 됩니다.

개념미술가 마우리치오 카텔란의 <코미디언>(2019)은 덕트 테이프 한 줄로 바나나를 벽에 붙여 놓은, 너무 단순해서 더 강렬하게 다가오는 작품입니다. 카텔란은 값비싼 예술과 일상적 사물의 경계를

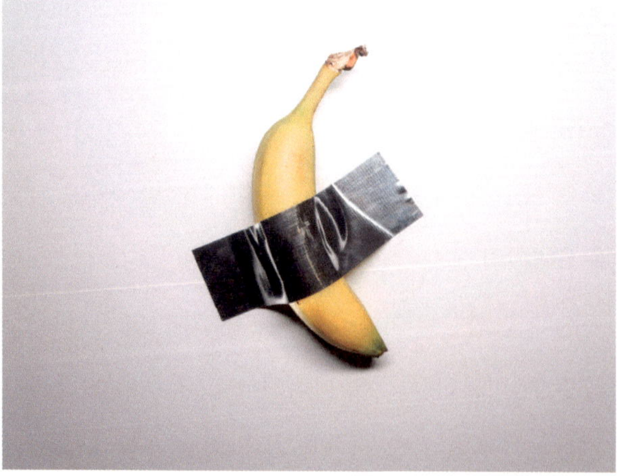

마우리치오 카텔란, <코메디언>, 아트 콘셉트

흔들어 놓으며 "예술은 어디까지 예술일까요?"라는 질문을 관객 앞에 내밀었습니다. 실제 전시에서는 시간이 지나면 바나나를 새로 붙였고, 그 과정에서 작품의 핵심이 물건 자체가 아니라 '아이디어'라는 사실이 더욱 분명해졌습니다.

전시 중에는 한 관람객이 배가 고프다며 바나나를 먹어버리는 일까지 벌어졌습니다. 이 사건 덕분에 작품의 의미는 한층 유머러스하게 확장되었습니다. 카텔란은 이런 장난스러운 상황을 통해 예술이 꼭 엄숙해야 하는지 되묻고, 관람자 또한 작품의 일부가 될 수 있음을 자연스럽게 보여주었습니다. 〈코메디언〉은 이렇게 사소한 사물이 어떻게 세계적인 예술 논쟁의 중심에 설 수 있는지를 보여주는, 개념미술의 매력을 가장 생생하게 드러낸 작품입니다.

이렇듯 포스트모더니즘 미술Postmodernism Art은 기존의 예술 규칙을 과감하게 뒤흔듭니다. 고급과 저급, 원본과 복제, 중심과 주변, 남성과 여성, 서양과 비서양 사이의 경계가 무너지기 시작했고, 예술은 붓과 캔버스를 넘어 행위·언어·설치·영상·아이디어로까지 영역을 넓혔습니다.

오늘날 예술은 더 이상 미술관 벽에 걸린 그림만을 의미하지 않습니다. 우리가 살아가는 일상 속 문화와 경험 전체가 예술이 될 수 있는 시대, 다시 말해 '예술의 확장'이 활짝 열리고 있는 것이지요.

현대인은 왜
현대 미술을 모를까

현대 미술의 매력 포인트 "이게 미술이라고?"

현대 미술 전시장에 가면 유난히 자주 들리는 말이 있습니다. 사람들은 점 하나만 찍힌 캔버스 앞에서, 혹은 어디선가 주워온 듯한 물건들로 조합한 조형물을 마주한 순간 갑자기 멍해지곤 하죠. 작품 제목과 짧은 설명을 꼼꼼히 읽어봐도 여전히 무슨 의미인지 감이 잡히지 않으면, '대체 뭘 느껴야 하지?'라고 자신에게 묻습니다.

이처럼 현대를 살아가는 우리가 오히려 현대 미술을 가장 이해하기 어려워한다는 사실은 꽤 아이러니합니다. 도대체 이런 상황은 어디에서 비롯된 걸까요? 만약 르네상스의 천재 화가 레오나르도 다빈치가 타임머신을 타고 지금 시대의 미술관을 찾는다면 어떨까요? 아마 "이런 것이 미술이라고?"라며 놀라움을 감추지 못할 것입니다. 하지만 조금 뒤에는 '미래의 사람들은 과거와 완전히 다른 생각과 사고방식으로 세계를 바라보는구나.'라고 이해했을지도 모릅니다.

그러나 정작 '그 미래의 사람들', 즉 우리 현대인들은 자기 시대의 예술을 제대로 읽지 못하고 있습니다. 이는 현대인과 현대 미술 사이에 존재하는 간극이 얼마나 깊은지를 보여주는 그야말로 역설적인 현실입니다.

현대인들이 현대 미술을 이해하지 못하게 된 이유

우리가 현대 미술 앞에서 난감함을 느끼는 데에는 분명한 이유가 있습니다. 여러 요인이 있겠지만, 그중 가장 큰 원인은 미술 교육의 방향에서 찾을 수 있습니다.

우리의 미술 교육은 여전히 19세기적 기준에 머물러 있습니다. 학교에서는 사실적 묘사와 전통적 기법에 집중할 뿐 현대 미술이 어떤 배경과 문제의식 속에서 등장했는지 설명하는 과정은 거의 이루어지지 않지요. 그 결과 학생들은 10년 전이나 지금이나 피카소나 반 고흐는 알고 있지만, 정작 자신들과 같은 시대를 살아가는 동시대 작가들의 작품은 접할 기회가 거의 없습니다. 입시 중심의 분위기 속에서 미술 교육은 어릴 때 배운 수준에서 멈춰 버렸고, 수도권에 집중된 미술관 환경 때문에 미술관 방문조차 '큰 결심이 필요한 일'이 되고 말았습니다.

미술관과 갤러리도 책임에서 자유롭지 않습니다. 작품 설명은 전공자인 저조차 이해하기 어려울 만큼 전문 용어로 가득 차 있고, 관람객과 작품을 연결하는 대신 권위적인 해석을 제시하는 데 머무는 경우가 많습니다. 그러니 일반 관람객들이 현대 미술을 마주할 때마다 자연스럽게 소외감을 느끼는 것도 무리는 아닙니다.

쉽고 빠른 이미지만 소비되는 사회

현대인들은 말 그대로 이미지의 홍수 속에서 살아가고 있습니다. 스마트폰을 켜는 순간부터 잠들기 직전까지, 수백 개의 이미지가 쉽없이 눈앞을 스쳐 지나가죠. 유튜브 쇼츠, 인스타그램 릴스, 틱톡의 짧은 영상들은 강한 자극으로 우리의 시선을 붙잡고, 영화와 게임 속 화려한 장면들은 끊임없이 감각을 자극합니다.

이런 디지털 환경에 익숙한 현대인에게 미술관은 어떤 공간으로 느껴질까요? 조용하고 정적인 전시실, 벽에 걸린 한 점의 그림 앞에서 오래 머물러야 한다는 부담감, 그리고 "이게 도대체 무슨 의미지?"라는 막막함. 특히 현대 미술 작품 앞에서는 그 난해함이 더욱 크게 다가올 수 있습니다.

그럼에도 우리는 '지금 이 순간에 만들어지고 있는 문화'를 이해하는 것이 무엇보다 중요한 시대를 살아가고 있습니다. 현대 미술은 어렵게만 보이지만, 알고 보면 충분히 매력적인 세계를 품고 있습니다. 마음을 조금만 열고 바라보면, 누구든 그 매력에 빠질 수밖에 없지요.

이제 저와 함께 현대 미술이 가진 그 특별한 매력을 천천히 들여다볼까요?

현대 미술의 매력 포인트

현대 미술의 매력 포인트 NO. 1, 지적 쾌락: 생각하는 즐거움의 발견

방 탈출 게임, 보드게임, 스도쿠, 체스, 바둑 얼핏 보면 서로 다른 놀이처럼 보이지만, 이들 사이에는 분명한 공통점이 있습니다. 바로 머리를 써야 한다는 점이죠. 최근 방송가에서 '뇌섹남', '너드남'이 하나의 이미지로 자리 잡고, <지니어스>처럼 지략 대결을 다루는 프로그램이 큰 인기를 끄는 것도 같은 이유입니다. 화려한 볼거리나 자극적인 장치 없이도, 순수하게 '생각하는 재미'만으로 시청자들을 사로잡는 것이죠. 이는 인간이 본능적으로 지적 활동에서 쾌감을 느낀다는 사실을 잘 보여줍니다.

문제를 풀고 전략을 세우고, 하나의 생각이 또 다른 생각을 불러오며 복잡한 퍼즐이 맞아떨어지는 순간, 우리는 그 과정을 통해 특별한 즐거움을 경험합니다. 바로 단순한 오락이나 소비적 즐거움과는 차원이 다른 창조적이고 능동적인 지적 놀이에서 오는 즐거움입니다. 맛있는 음식을 먹을 때의 행복이나 신나는 음악을 들을 때의 설렘처럼 생각하는 행위 자체가 주는 즐거움을 현대 미술에서도 충분히 경험할 수 있습니다.

앞서도 언급한 마르셀 뒤샹의 〈샘〉은 20세기 미술사에서 가장 충격적이고 논쟁적인 작품 중 하나입니다. 뒤샹은 남성용 소변기를 90도로 눕혀 놓고 'R. Mutt 1917'이라는 가명으로 출품했습니다. 대량 생산된 변기를 전시장에 그대로 가져와 예술로 전시한 것이죠. 이 변기 작품은 "작가의 손으로 만든 것만이 예술인가?"라는 전통적 예술 개념에 정면으로 도전했습니다. 'R. Mutt 1917'이라는 가명 역시 작가의 권위를 지우고 사물 자체의 개념을 강조하기 위한 장치였다고 합니다.

이 사건은 예술계에 큰 파장을 일으켰고, 〈샘〉은 아름다움보다 작가의 의도와 아이디어를 중시하는 현대 미술의 길을 열었습니다. 뒤샹 이후 예술은 단순한 심미적 대상이 아니라, 예술가의 선택과 생각이 중심이 되는 시대에 접어들었습니다.

예술 작품보다 예술적 생각이 더 중요해지면서 많은 화가가 저마다의 새로운 의미와 관점을 작품 속에 담기 시작했습니다. 현대 미술에서는 작가들이 때로는 기발하고, 때로는 기존 개념을 깨뜨리며, 철학적이거나 아이러니하거나, 진지하거나 가볍게 펼쳐낸 다양한 '예술적 생각'들을 만날 수 있습니다. 그래서 현대 미술은 단순히 '보는 것'을 넘어서 읽고, 해석하고, 사유하는 과정이 중요한 감상 요소가 되었습니다.

현대 미술 작품 앞에서 우리가 느끼는 것도 바로 이런 지적 쾌락입니다. 작품 속 숨겨진 의미를 발견하고, 작가의 의도를 추측하며, 자신만의 해석을 만들어가는 과정에서 우리는 순수한 사유의 즐거움을 경험합니다.

오늘날의 미술관은 단순한 전시 공간을 넘어 거대한 '지적 놀이터'가 되었습니다. 관람자는 작품 앞에서 탐정이 되어 단서를 찾고, 철학자가 되어 존재의 의미를 묻고, 때로는 수학자나 과학자가 되어 작품 속 원리를 분석합니다. 이런 능동적 감상 속에서 우리는 단순히 작품을 '소비'하는 것이 아니라, 작가와 함께 새로운 의미를 '창조'합니다. 이것이야말로 미술이 선사하는 진정한 지적 쾌락, 그리고 생각하는 인간만이 누릴 수 있는 예술의 본질적 즐거움이 아닐까요?

현대 미술의 매력 포인트 NO. 2,
우리의 고정관념을 흔드는 불확실성

지루하고 반복되는 일상을 살아가다 보면 누구나 권태로움을 느끼곤 합니다. 맡은 업무나 일에서 새로운 생각과 아이디어가 필요할 때도 있죠. 그럴 때 우리는 보통 영화를 보거나 소설을 읽고, 잠시 일상에서 벗어나 여행을 떠나며 재충전의 시간을 갖습니다. 하지만 저는 그 순간에 현대 미술관을 찾아가는 경험을 추천하고 싶습니다.

현대 미술관에 들어서면 우리는 익숙한 일상과는 완전히 다른 낯선 공간 속에 놓입니다. 거기에 더해 이해하기 쉽지 않은 현대 미술 작품 앞에 서면 불확실함과 혼란스러움이 밀려오기도 합니다. 단번에 파악하기 어렵거나 익숙하지 않은 대상과 마주할 때, 우리의 사고방식에는 작은 균열이 생기기 시작합니다. 현대 미술이 주는 불확실함이 매력적인 이유가 바로 여기에 있습니다.

현대 미술은 우리의 고정관념을 뒤흔들고, 일상 속에서 굳어진 시야를 넓혀 새로운 영감을 불러일으킵니다. 이 불확실성은 단순한 혼란이 아니라 창의적 사고를 자극하는 강력한 힘이며, 우리를 또 다른 세계로 이끄는 창문과도 같은 역할을 합니다.

아무것도 없는 전시회?

여러분이 미술관에 비싼 입장료를 내고 기대를 안고 전시장에 들어갔는데, 놀랍게도 벽에는 그림 한 점 걸려 있지 않고 바닥에도 조각품 하나 놓여 있지 않으며, 완전히 텅 빈 하얀 방만 있다면 어떤 생각이 들까요? "이게 뭐죠? 환불해 주세요!"라고 외칠지, 아니면 "왜 비어 있지? 혹시 특별한 의미가 있는 걸까?"라고 궁금해할까요?

실제로 파리에서 이런 일이 있었습니다. 1958년 4월 28일, 이브 클라인은 이리스 클레르 갤러리에서 '공허'라는 전시를 열었습니다. 말 그대로 아무것도 전시하지 않은 전시였습니다. 놀랍게도 수천 명의 관람객이 몰려들었고, 이 전시는 현대 미술의 흐름을 바꾼 사건으로 기록되었습니다.

클라인은 사람들을 속이려고 빈방을 보여준 것이 아니었습니다. 그는 매우 진지하게 "예술이란 무엇인가?"라는 질문을 관객에게 던지고 있었습니다. 우리는 보통 예술 작품을 볼 때 눈에 보이는 형태나 이미지를 중심으로 이해합니다. 하지만 클라인은 "눈에 보이지 않는 것도 예술일 수 있지 않을까? 느낌, 분위기, 상상력도 예술의 일부가 아닐까?"라는 의문을 제기했습니다.

관람객들의 반응은 어땠을까요? 처음에는 많은 사람이 당황했습니다. 그러나 시간이 지나면서 이상한 경험이 나타났습니다. 어떤 사람은 아무것도 없는 공간에서 평온함을 느꼈고, 어떤 사람은 신비로운 기운을 감지했다고 말했습니다. 똑같이 비어 있는 방이었지만, 관람객들은 각자 완전히 다른 감정과 생각을 경험했습니다.

과거의 미술은 무엇을 그렸는지 명확하게 드러났습니다. 그러나 현대 미술은 달라졌습니다. 작가가 정답을 제시하지 않고, 관람자가 스스로 의미를 찾아가야 하는 경우가 많습니다. 그리고 바로 이 지점에 현대 미술의 재미가 숨어 있지요.

클라인의 전시에서 관람객은 각자가 자신만의 작품을 만들어냈습니다. 작가는 빈 공간만 제시했지만, 그 공간을 채운 것은 관람객의 상상과 감정이었습니다.

현대 미술의 이러한 '불확실성'은 인생과도 닮아 있습니다. 인생에는 늘 명확한 정답이 있는 것이 아니고, 때로는 정답이 없는 상황 속에서도 스스로 의미를 찾아야 할 때가 있습니다. 현대 미술은 바로 그 '의미 찾기'의 능력을 기르는 데 도움을 줍니다.

이브 클라인이 비워둔 그 공간처럼, 현대 미술은 여러분이 자유롭게 채울 수 있는 무한한 가능성의 공간입니다. 그 공간에서 여러분만의 예술적 발견을 해 보는 건 어떨까요?

화가의 시간은 아무도 모른다

어느 날, 우연히 조성진이 연주한 라흐마니노프 협주곡 실황 영상을 보게 되었습니다. 긴장감이 흐르는 콘서트홀에서 지휘자의 손끝을 따라가는 피아니스트의 표정이 먼저 눈에 들어왔습니다. 그리고 38분 동안 건반 위를 춤추듯 오가는 그의 손끝이 화면을 가득 채웠죠. 한 음, 한 음이 바로 그 순간 탄생하고, 연주자와 청중은 같은 시공간을 공유한 채 음악이라는 작은 마법 속으로 서서히 빨려 들어가고 있었습니다.

음악은 흔히 '시간의 예술'이라고 하죠. 연주되는 바로 그 순간에만 존재하고, 그 찰나의 흐름을 따라 우리의 청각을 온전히 사로잡습니다. 무엇보다 음악의 힘은 그 과정이 그대로 드러난다는 데 있습니다. 연주자가 만들어내는 소리, 악기들 사이에서 오가는 숨결, 그리고 그 모든 순간을 청중이 함께 목격하며 자연스럽게 감정 이입하게 되는 경험까지지요. 피아니스트가 건반을 누를 때의 미세한 긴장과 몰입, 지휘자의 손끝에서 시작되는 작은 신호들 모두가 결국 하나의 예술 작품을 완성하는 중요한 요소가 됩니다.

결과만 보여주는 미술의 숙명

그에 비해 전시장에 걸린 미술 작품은 어떨까요? 우리가 마주하는 건 언제나 화가가 마지막에 남긴 '최종 결과물'뿐입니다. 사실적 묘사가 돋보이는 작품이라면 그 테크닉에 감탄하게 되지만, 대충 그린 듯 보이는 추상적인 현대 미술을 만나면 많은 사람이 슬쩍 혼란에 빠지곤 하죠. 성의 없이 그린 것처럼 느껴져 '이게 뭐가 대단한 거지?', '나도 그리겠는데?'라는 생각이 스치기도 합니다. 아주 자연스러운 반응이에요.

자, 여기 점 하나만 툭 찍어 놓은 유명 화가의 그림이 있다고 해 봅시다. 결과물만 보면 솔직히 별 특별할 것 없어 보일 수 있습니다. 하지만 그 단순해 보이는 점 하나가 화폭에 찍히기까지의 여정을 떠올려 보면 이야기는 완전히 달라집니다. 화가가 수없이 많은 밤을 새워가며 고민했을 조형 언어의 선택, 수십 번의 시행착오 끝에 찾아낸 미세한 균형감, 그리고 마지막 순간 붓끝에서 튀어나온 결정적 터치까지 우리가 보고 있는 '점' 하나에는 그 모든 창작의 시간과 노동, 그리고 고뇌가 고스란히 응축되어 있는 것입니다.

하나의 점이 담은 우주

이우환 작가의 〈대화〉는 넓은 캔버스 한가운데에 붓으로 찍은 '점' 하나만 놓여 있는 작품입니다. 화면은 그 점을 제외하면 거의 비어 있으며, 그는 자신의 감각으로 선택한 단 한 지점에 점을 찍어 여백과의 긴장 관계가 절묘한 균형을 이루도록 화면을 구성했습니다. 그 점이 조금만 옮겨졌거나, 조금만 더 진하거나 옅었더라도, 혹은 크기가 아주 미세하게 달랐더라도 점과 여백이 만들어내는 그 특유의 긴장감과 균형은 사라졌을지 모릅니다.

이우환, 〈대화〉, 2010년.
캔버스에 유채·광물 안료

동양 미학에서 여백은 단순히 아무것도 없는 빈 공간이 아닙니다. '기氣'가 흐르는 자리이자, 무한한 가능성이 머무는 공간이죠. 이우환은 이러한 동양적 사유를 화면 위에서 미술의 언어로 풀어냈습니다.

이 작품은 작가가 자신의 내면과 화면 사이에서 오랜 시간 대화를 주고받은 끝에 도달한 하나의 결론입니다. 만약 화면을 점 하나가 아니라 다양한 이미지로 빽빽하게 채웠다면, 지금 우리가 느끼는 그 고요한 긴장과 여백의 울림은 생겨나지 않았을 것입니다. 오히려 화면을 과감히 비워냄으로써, '무'로 돌아가는 동양 철학의 결이 시각적으로 선명하게 드러나는 것이죠.

이우환에게 점을 찍는 행위는 단순한 회화적 작업이라기보다 일종의 명상 수행에 가깝습니다. 붓을 들고 화면 앞에 선 순간부터 점이 찍히는 그 찰나까지, 전 과정이 깊은 사유와 직관이 오가는 순간들이죠.

그리고 이 점은 작품을 바라보는 관람자와도 자연스럽게 관계를 맺습니다. 똑같은 점을 마주하더라도 각자의 해석은 전혀 다르게 흘러갑니다. 어떤 사람에게는 고독처럼 느껴지고, 누군가에게는 평온함을, 또 다른 이에게는 존재에 대한 근원적 질문을 떠올리게 하기도 합니다. 화면 속 점은 관람자의 마음과 조용히 대화를 나누며, 그때그때 새로운 의미를 만들어내는 셈입니다.

이우환의 점은 결코 짧은 시간에 만들어진 것이 아닙니다. 그의 생각과 사상은 오랜 세월 자신만의 세계를 구축하는 과정에서 다져진 깊이 있는 미술 언어입니다.

아이폰 배경 화면의 모티브가 된 검은 사각형

여기 검은 사각형만 그려진 그림이 있습니다.

카지미르 말레비치, 〈검은 사각형〉, 1915년. 캔버스에 유채

"저 그림은 나도 그리겠다!", "자로 사각형만 그리고 검은 물감 칠하면 끝 아닌가?"라고 말하는 사람들도 있죠. 하지만 정말 그럴까요? 단순히 사각형을 '그려 넣는 것'과, 어떤 생각과 의도를 품고 사각형을 '세운다'는 것 사이에는 분명한 차이가 있습니다.

말레비치가 던진 혁명적 질문

〈검은 사각형〉 그림은 러시아의 화가 카지미르 말레비치의 작품입니다. 그는 의도적으로 화면에 아주 단순한 사각형 하나를 그려 넣었지만, 그 사각형은 결국 미술사를 통째로 흔들어 놓은 혁명적인 작품이 되었죠.

말레비치는 당시 예술계에 중요한 질문을 던졌습니다. 그는 '예술은 현실의 무언가를 그대로 재현해야 한다'는 오랜 고정관념에서 벗어나야 한다고 본 것입니다. 인상주의, 야수주의, 입체주의처럼 19세기를 뒤흔든 새로운 미술 운동조차 결국은 '대상을 어떻게 그릴 것인가?'라는 과제에 묶여 있다고 판단했죠. 그래서 그는 화면에서 구체적인 대상과 서사를 과감하게 지워내고, 순수한 감각의 세계를 표현하는 길을 선택했습니다. 그는 이렇게 말합니다.

"자연은 예술의 근거가 될 수 없다. 예술은 스스로의 세계를 갖는다."

"나는 사물 없는 세계를 창조하고자 한다. 그것은 순수한 느낌의 세계이며, 예술의 새로운 현실이다."

말레비치는 인류가 그림을 그리기 시작한 이후 줄곧 짊어져 왔던 '대상을 재현해야 한다'는 부담에서 예술을 해방시키는 새로운 대안을 제시하고자 했습니다.

말레비치의 〈검은 사각형〉을 자세히 들여다보면 네 변의 길이가 모두 같고 네 각이 모두 직각인 완벽한 형태입니다. 자연에서는 찾아볼 수 없는 구조죠. 나뭇잎도, 꽃잎도, 돌멩이도 완벽한 정사각형은 아니니까요. 단순한 사각형 하나 같지만, 말레비치는 이를 '예술의 제로점Zero point of art'이라고 보았습니다. 즉, 기존 회화 전통을 완전히 끊고 예술을 처음부터 다시 시작하겠다는 선언과도 같았습니다.

이러한 '절대적이고 완전한 형태'라는 개념에서 말레비치의 '절대주의Suprematism'가 탄생했습니다. 절대주의는 현실을 닮도록 재현하는 방식을 넘어서 순수한 형태와 색채 자체의 아름다움을 탐구한 예술 운동입니다. 가장 근본적인 형태를 관람자 앞에 내놓음으로써 회화를 가장 순수한 상태에서 바라보게 한 것이죠.

그의 작품은 러시아 구성주의와 바우하우스는 물론 추상미술 전체에 지대한 영향을 끼쳤으며, 이후 등장한 미니멀리즘과 개념미술의 선구자로 평가받고 있습니다.

캔버스를 찢은 화가의 우주적 상상력

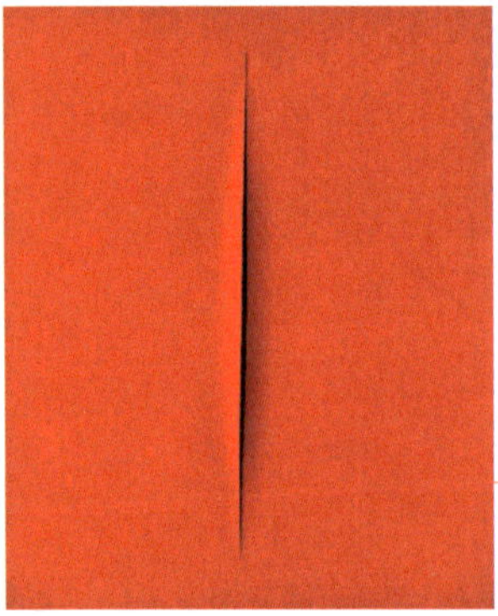

루치오 폰타나, <공간 개념, 기다림>, 1967년.
캔버스에 수성 안료, 절개

말레비치가 검은 사각형으로 회화의 새로운 가능성을 열었다면, 그보다 더 파격적인 방법으로 혁신을 시도한 화가도 있습니다. 그 파격의 정체는 놀랍게도 캔버스를 '찢어버리는 것'이었습니다.

이탈리아의 루치오 폰타나는 강렬한 빨간색 캔버스 위에 면도칼로 날카로운 상처를 냈습니다. 그는 단순히 그림을 그리는 대신에 캔버스 자체를 베어내는 방식으로 완전히 새로운 표현을 선보였습니다.

"나는 그림을 만들려는 것이 아니다. 나는 공간을 확장하고 싶다."

우주 시대가 만든 새로운 예술

폰타나가 활동하던 1950년대는 어떤 시대였을까요? 2차 세계대전이 끝난 뒤, 미국과 러시아를 중심으로 우주 탐사가 본격적으로 시작되던 시기였습니다. 1957년에는 소련의 스푸트니크 1호가 지구 궤도를 돌았고, 1961년에는 유리 가가린이 최초로 우주여행에 성공했습니다. 이런 '우주 시대'의 흐름 속에서 폰타나는 이렇게 생각했습니다.

'인간이 우주라는 새로운 공간을 발견했듯이 회화에서도 새로운 공간을 만들 수는 없을까?'

이 질문에서 출발한 그의 생각은 완전히 새로운 미술 언어로 이어졌고, 결국 '공간주의'Spatialism라는 미술 사조를 탄생시켰습니다.

공간주의의 탄생

폰타나는 자신의 예술 철학을 체계화하기 위해 무려 일곱 편의 '공간주의 선언문'을 발표했습니다. 이 선언문에서 그는 "우리는 회화와 조각을 폐기한다. 우리는 예술을 시간과 공간 속에 세워야 한다."라고 주장했죠.

그가 추구한 '공간주의'는 단순히 캔버스 위에 그림을 그리는 전통적 회화를 넘어 실제 공간 자체를 예술의 영역으로 끌어들이려는 시도였습니다.

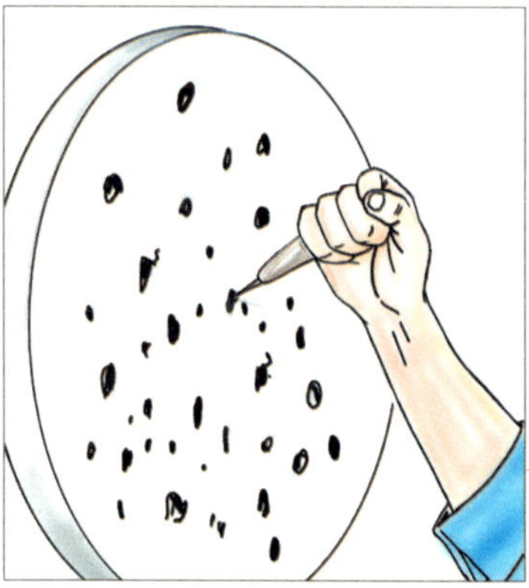

그의 대표작 〈공간 개념〉 시리즈를 보면, 캔버스에 날카로운 칼자국이나 작은 구멍들이 나 있다. 언뜻 보면 작품을 망가뜨린 것처럼 보이지만, 사실 이것은 평면적인 회화에 깊이와 공간감을 부여하는 혁신적인 방식이다.

루치오 폰타나, 〈공간 개념(구멍)〉, 1949~1950년경. 작업 방식 모습

폰타나의 칼자국을 단순한 '상처'라고만 보면 안 됩니다. 그 틈새를 통해 우리는 캔버스 너머의 공간, 그리고 2차원의 평면이 3차원의 공간으로 확장되는 마법 같은 순간을 바라볼 수 있습니다. 마치 우주선이 지구 대기권을 뚫고 나가 무한한 우주를 발견하듯이 폰타나의 칼날은 캔버스의 경계를 뚫고 새로운 예술적 공간을 발견한 것이죠. 그에게 '찢기'는 파괴가 아니라 창조의 행위였습니다. 평면적 사고의 틀을 과감히 찢어버림으로써 우리가 미처 상상하지 못했던 새로운 가능성의 공간을 열어준 것입니다.

그의 작품은 진정한 예술가란 자신이 살아가는 시대의 정신을 포착하고, 그것을 독창적인 예술 언어로 표현할 줄 아는 사람임을 보여줍니다.

화가는 시각적 철학자

어떻게 보면 현대의 화가들은 세상을 바라보는 새로운 관점을 이미지라는 언어로 어떻게 전달할지 고민하는 일종의 미술 철학자라고도 할 수 있습니다. 우리가 살아가는 세상에는 눈에 보이는 것보다

보이지 않는 것들이 훨씬 많죠. 사랑, 죽음, 행복, 법과 질서, 정의… 인간 사회를 이루는 중요한 개념들은 대부분 눈으로 볼 수 없는 추상적인 것들입니다. 이런 세계의 본질을 꽃이나 풍경만으로 표현하기는 어렵습니다.

이우환의 점, 말레비치의 사각형, 폰타나의 찢어진 캔버스는 바로 세상의 본질이 무엇인지를 깊이 고민한 흔적입니다. 화가들은 몇 년에 걸쳐 끊임없이 실험하고 사유하며, 이런 결론에 도달한 것이죠. 그래서 단순해 보이는 이 그림들은 누구나 그릴 수 있을 것처럼 보여도 예술가의 치열한 사유와 의도가 응축된 작품들입니다.

창작의 시간을 존중하는 감상법

진정한 미술 감상은 작품을 바라보는 데서 시작되지만, 그 너머에 흐르는 시간을 읽어낼 때 비로소 완성됩니다. 화가가 첫 스케치를 그리기 시작한 순간부터 마지막 터치를 더하는 그 찰나까지 보이지 않는 수많은 시간이 한 장의 그림 속에 켜켜이 쌓여 있습니다. 조성진이 38분 동안 한 음도 틀리지 않고 연주해 낸 순간이 경이로운 것처럼 화가가 수많은 고민과 시행착오 끝에 완성한 한 점의 그림 역시 똑같이 경이롭습니다. 다만 그 과정이 우리의 눈에 보이지 않을 뿐이죠.

미술관에서 작품을 마주할 때, 잠시 걸음을 멈추고 생각해 보세요. 이 작품이 완성되기까지 화가는 얼마나 많은 시간을 보냈을까? 보이지 않는 그 시간들을 상상해 보는 일은 진정한 미술 감상의 시작이라고 할 수 있습니다.

그 시간을 존중하고 읽어내려는 마음이 있을 때 비로소 작품은 우리에게 더 깊고 진정한 의미로 다가올 것입니다.

미술은 예술가가 만드는 사기극?
모든 것이 예술이라고?

마르셀 뒤샹이 〈샘〉이라는 제목으로 남성용 변기를 전시한 이후, 세상은 말 그대로 '모든 것이 미술이 될 수 있는 시대'로 접어들었습니다. 작가가 직접 만들지 않아도, 똑같은 것이 여러 개 존재해도, 예술적 의도를 담아 제목을 붙이고 그 의미를 논리적으로 설명할 수 있다면 무엇이든 미술이 될 수 있는 길이 열린 것이죠.

과연 어디까지가 예술일 수 있는가. 그 경계의 가장자리에서 영역을 넓혀온 화가들의 이야기는 우리의 호기심을 자극하고, 때로는 그 파격적인 생각으로 우리를 놀라게 하기도 합니다. 앞서도 언급했지만, 우리에게 새로운 충격과 놀라움을 선사하는 이러한 미술의 흐름을 '아방가르드'라고 부릅니다. 아방가르드 작품이 놀라운 이유는 기존 방식과는 완전히 다른 방식으로 만들어지거나, 혹은 전통적인 미술의 틀을 과감하게 깨뜨리며 등장했기 때문입니다.

아방가르드 예술가들은 전통적인 미술 양식이나 사회적 가치에 반기를 들고, 기존 예술 제도의 권위, 특히 순수 미술의 형식을 깨뜨리는 데 과감히 도전했습니다. 이제 몇몇 논란을 불러일으켰던 작품들을 통해, 과연 어디까지가 예술이 될 수 있는지 여러분의 상상력을

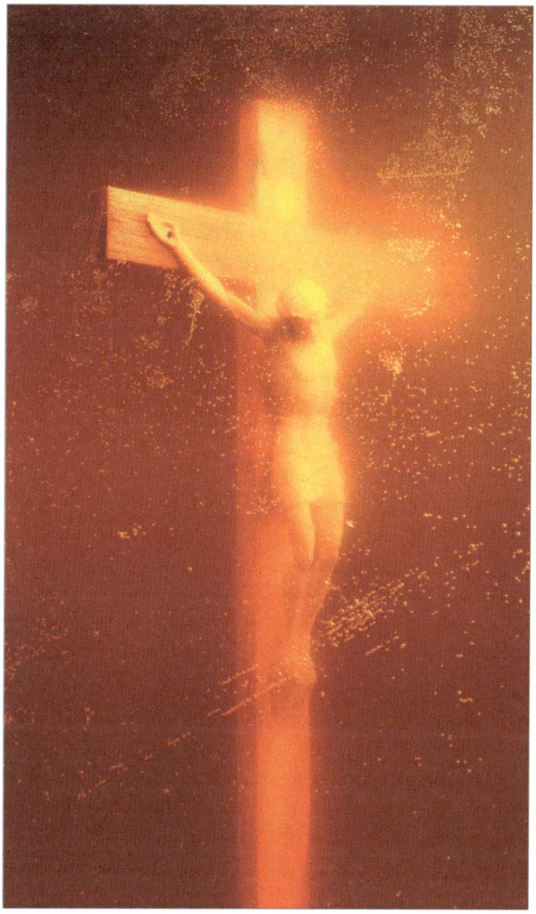

안드레스 세라노의 〈오줌 예수〉는 플라스틱 십자가 안의 예수 조각을 작가의 소변과 혈액을 섞은 액체에 담가 촬영한 사진 작품이다. 전통적인 종교 이미지와 육체적·세속적 물질을 충돌시키며, 신성성의 의미, 종교적 상징의 소비 방식, 예술의 표현 자유에 대한 논쟁을 강하게 촉발했다. 1980년대 미국 문화 전쟁을 상징하는 대표적 논쟁작으로 평가된다.

안드레스 세라노, <오줌 예수>, 1987년.
작가 및 갤러리 나탈리 오바디아(파리/브뤼셀) 제공

더 넓혀 보고자 합니다.

어느 모 방송 시트콤에서 아역 배우가 '빵꾸똥꾸'라는 애칭으로 불리며 유행한 적이 있습니다. 특히 어린이들은 '똥', '방귀'와 같은 단어만 나와도 금세 웃음을 참지 못하죠. 이런 생리적 소재가 귀여운 캐릭터 '방귀쟁이 뿡뿡이'나 동화·전래동화의 인기 소재로 활용되는 것도 그 때문입니다.

하지만 문제는 이 생리 현상이 미술 작품 안으로 들어오는 순간 완전히 다른 반응을 불러일으킨다는 점입니다. 왜냐하면 실제 작품 속에서는 진짜 인간의 분비물이 사용되었기 때문입니다.

앞쪽의 작품은 안드레스 세라노의 사진 작품 〈오줌 예수〉입니다. 은은한 색채 덕분에 얼핏 보면 십자가에 못 박힌 예수를 그린 회화처럼 느껴지지만, 사실은 소변과 황소의 피를 담은 용기 속에 그리스도 십자가상을 넣고 촬영한 사진입니다.

이 논란의 작품이 널리 알려진 이유는 따로 있습니다. 세라노가 법정에 서게 되었기 때문입니다. 왜일까요? 이 작품은 미국 정부가 지원하는 국립미술진흥기금[NEA]에서 약 2만 달러의 지원금을 받아 제작되었습니다. 세금으로 만든 작품이 신성 모독이며 '쓰레기 같다'는 정치권의 비판과 예술 표현에 대한 검열은 절대 안 된다는 미술계의 반박이 충돌하면서 큰 사회적 논쟁으로 번졌습니다. 결국 이 논쟁은 미국 국립예술기금 소송으로 이어져 법정 공방까지 벌어지게 되었지요.

법원은 누구의 손을 들어줬을까요? 법원은 표현의 자유를 우선하며 미술계의 손을 들어주었습니다. 어떤 예술도 정치적·권력적 이유로 검열받아서는 안 된다는 판단이었죠. 그러나 그럼에도 의회는 결국 국립미술진흥기금 삭감안을 통과시켰고, 정치적이거나 이념적이고, 외설적이며 사회적 갈등을 유발할 수 있는 미술 작품은 지원하지 않는다는 수정안까지 발표하게 됩니다.

세라노는 자신의 작업이 종교를 비난하기 위한 것이 아니라 사회 제도의 모순을 드러내는 작업이라고 설명했습니다. 또한 동시대 문화가 기독교와 그 성상을 어떻게 상업화하고 훼손해 왔는지를 보여주려는 의도였다고 강조했습니다.

그리고 이제 한층 더 강렬한 충격을 예고하는 작품이 등장합니다. 바로 피에로 만초니의 〈예술가의 똥 통조림〉입니다. 혹시 속이 불편하신 분들은 잠시 책장을 건너뛰어도 괜찮습니다.

이 통조림은 만초니가 자신의 배설물을 30g씩 담아 90개의 깡통에 나누어 포장한 뒤, 동일 무게의 금 가격으로 환산해 판매한 작품입니다. 2016년 이탈리아의 한 경매에서는 약 4억 원에 낙찰되었고, 1991년에는 캔 하나가 6만 7천 달러(약 5천만 원)에 팔렸습니다. 무려 8배나 오른 셈이니 말 그대로 '황금똥'이 실제 황금이 된 셈이죠.

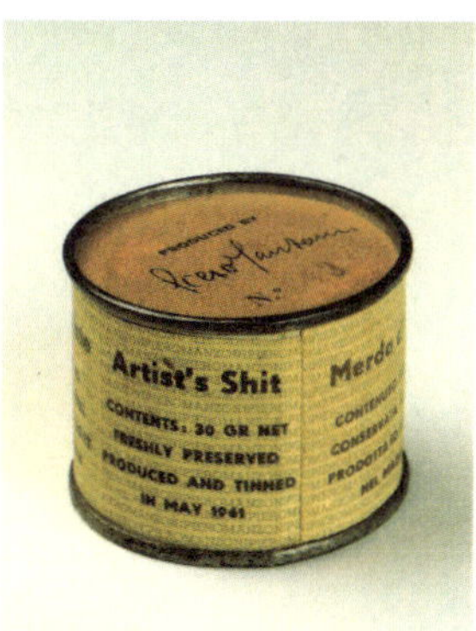

작가는 예술계의 인정을 받기만 하면 배설물과 다름없는 작품들도 문제없이 거래되는 사태에 대한 조롱을 담아서 작품을 제작했다고 한다. 그러기에는 본인의 작품도 높은 가격에 거래가 되었기에 비판이 머쓱할 것 같다.

피에로 만초니, 〈예술가의 똥〉, 1961년.
통조림 캔 속 배설물

이쯤 되면 다음 작품의 재료가 무엇일지 슬슬 궁금해지실 텐데요. 정답은 바로 사람의 혈액입니다. 영국 현대 미술을 대표하는 작가 마크 퀸은 자신의 피로 만든 자화상 시리즈 〈셀프〉를 제작했습니다. 그의 대표작인 〈셀프〉 시리즈는 약 4.5리터, 즉 인체 혈액의 약 10%에 해당하는 자신의 피를 몇 달 동안 조금씩 채혈해 모은 뒤, 그것을 얼려 자신의 얼굴을 본뜬 몰드에 부어 고체화해 만든 실물 크기의 얼굴 조각입니다.

혈액은 생명을 상징하지만 시간이 지나면 얼음처럼 서서히 녹아 사라지기도 합니다. 그래서 이 재료는 동시에 '죽음'을 암시하는 물질이기도 하죠. 마크 퀸은 5년마다 새로운 자화상을 제작해 왔으며, 1991년 첫 작품을 시작으로 1996, 2001, 2006, 2011, 2016… 지금까지도 계속 이어지고 있습니다. 마치 연대기적 기록처럼 작가의 노화와 변화, 그리고 생애를 피로 추적하는 자화상인 셈입니다. 관람자는 이 작품을 통해 살아 있는 예술과 죽음의 위태로운 경계를 동시에 바라보게 됩니다.

데미언 허스트, 죽음을 마주한 예술

이번에 소개해 드릴 논란의 작품은 지금까지와는 달리 아름답게 반짝이는 재료를 사용한 작품입니다. 그런데도 왜 논란이 되었을까요?

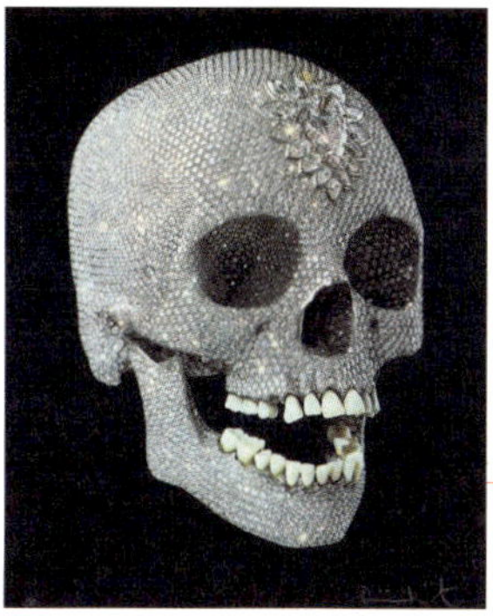

허스트는 이 작품을 통해 죽음과 부, 욕망과 영원성 사이의 모순을 탐구했다. 죽음을 상징하는 해골을 세상에서 가장 값비싼 보석으로 장식함으로써 인간이 죽음을 두려워하면서도 동시에 물질적 풍요를 추구하는 모순적인 본성을 드러낸 것이다.

데미언 허스트, 〈신의 사랑을 위하여〉, 2007년. 백금 해골·다이아몬드 8,601개

영국의 데미언 허스트의 〈신의 사랑을 위하여〉는 18세기 실제 인간 두개골에 8,601개의 다이아몬드를 박아 만든 작품으로 제작비만 1,400만 파운드(약 240억 원)에 달하는 작품입니다. 가격만으로도 충분히 충격적이지만 더 놀라운 점은 작가 자신의 치아를 포함해 실제 인간의 치아를 그대로 사용했다는 사실입니다. 이 작품은 2007년 런던에서 전시되었을 때 연일 관람객들로 긴 줄이 이어졌고, 예술계는 물론 대중들에게도 강렬한 인상을 남겼습니다.

데미언 허스트의 〈신의 사랑을 위하여〉는 전통적인 바니타스 정물화Vanitas Still Life를 현대적으로 계승하면서도 동시에 완전히 뒤집어 새로운 방향으로 확장한 사례로 볼 수 있습니다.

바니타스 정물화는 16~17세기 네덜란드에서 칼뱅주의의 영향 아래, 세속적 욕망을 경계하고 죽음을 성찰하게 하려는 목적으로 그려진 그림입니다. 인간의 삶은 유한하기 때문에 결국 겸손한 자세로 인생을 살아야 한다는 메시지를 전하고 있습니다. 그래서 바니타스 정물화에는 해골(죽음), 시든 꽃(덧없음), 모래시계·시계(시간), 꺼진 촛불(인생의 끝), 악기·책·보석(세속적 쾌락과 지식) 같은 상징들이 많이 등장합니다.

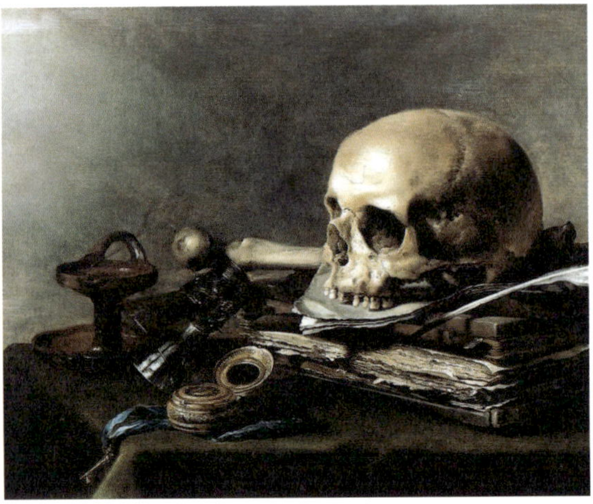

피테르 클레즈, 〈바니타스 정물화〉, 1630년, 캔버스에 유채

아무리 권력이 있더라도, 돈이 많더라도, 성공했더라도 자만하지 말라는 것, 죽음 앞에서는 모두가 평등하다는 사실을 기억하며, 인간 삶의 유한함과 허영의 무상함을 상징적으로 전하고 있습니다.

바니타스 정물화가 죽음을 상징적으로 묘사해 인간의 겸손과 신앙을 권했다면, 허스트는 죽음을 실물로 드러내며 그 의미를 극단적으로 밀어붙였습니다. 실제 해골에 보석을 덮어씌움으로써 허영을 비판하는 수준을 넘어 죽음조차 소비되고 장식되는 현대 사회를 풍자한 것이죠.

예술의 경계는 어디까지인가

지금까지 살펴본 예술의 경계에 놓인 작품들은 모두 강렬한 논란을 불러일으켰지만, 동시에 예술의 정의와 그 경계에 대한 근본적인 질문을 던지고 있습니다. 예술가들의 도발적인 실험은 때로는 거부감을 일으키기도 하지만, 우리로 하여금 "예술이란 무엇인가?", "예술은 어떤 역할을 해야 하는가?"를 다시 생각하게 만듭니다.

아방가르드 예술은 여전히 진행형입니다. 기존의 틀을 깨고 새로운 표현 방식을 모색하는 작가들이 계속 등장하고 있으며, 그들의 도전은 곧 예술의 미래를 만들어가는 힘이 되고 있습니다. 아방가르드 예술가들의 용기 있는 시도가 오늘날 우리가 누리는 예술적 자유의 토대가 되었다는 점도 기억할 필요가 있습니다.

지금은 다소 충격적으로 보이는 작품이 훗날 '고전'이 될 수도 있고, 오늘은 예술로 인정받지 못하는 것이 언젠가 새로운 장르로 자리 잡을 수도 있습니다. 결국 예술의 가치는 시간이 천천히 판단하게 될 것입니다.

융합의 방

미술로 세상을 읽는 법

4층

"예술이란 눈에 보이는 것을 재현하는 것이 아니라, 보이지 않는 것을 보이게 한다."

– 폴 클레

호기심 미술 책방, 4층 융합의 방입니다.
아트 타임머신 여행은 어떠셨나요?
이제 미술이라는 넓은 숲을 한번 둘러보셨다면,
다음 단계로 시야를 한층 더 높여 볼 차례입니다.
미술은 단순한 감상의 대상에 머무르지 않습니다.

철학이 되고, 권력이 되며,
사회를 바꾸는 힘이 되기도 하고,
기술과 만나 새로운 차원을 만들어갑니다.
때로는 치열한 현실과 맞서며
전혀 새로운 가치를 창조해 내는 영역이기도 합니다.

이제 어느 정도 작품을 바라보는 눈이 생기고,
작품에 대한 생각을 주변 사람들과 나누며
비평과 소통을 즐길 수 있는 단계에 오르셨다면
조금 더 깊고 전문적인 지식이 필요한 시점입니다.

나도 모르게 배운 미술 선행 학습

상상화가 현대 미술이라구요?

어린 시절 우리가 가장 즐겨 그렸던 그림은 상상화였습니다. 우주를 날아다니는 자동차, 바닷속 놀이터, 하늘을 나는 양탄자…. 머릿속에 떠오르는 모든 세계를 그대로 그림으로 펼쳐냈죠. 특별한 재료가 필요했던 것도 아닙니다. 집에 굴러다니던 연필, 쓰다 만 스케치북, 몽땅해진 크레파스와 색연필이면 충분했습니다.

쓱쓱 그리다 보면 어느새 한 편의 재미있는 이야기가 만들어지고, 우리는 그 이야기의 주인공이 되어 마음껏 모험을 떠나곤 했습니다. 그런데 혹시 알고 계셨나요? 여러분이 어린 시절 순수한 즐거움으로 그렸던 그 상상화, 사실 그것이 현대 미술의 정신과 아주 가까운 활동이었다는 것을요.

초현실주의 미술 = 상상화

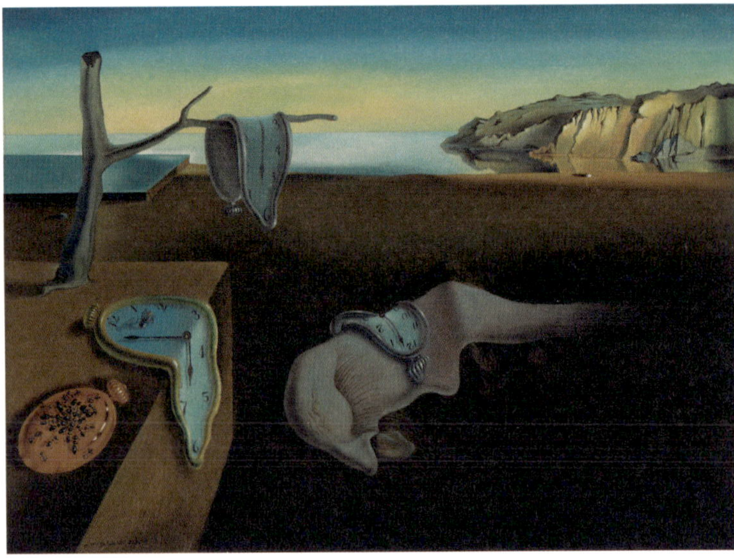

살바도르 달리, <기억의 지속>, 1931년. 캔버스에 유채, 뉴욕 현대미술관

이 그림은 초현실주의를 대표하는 화가 살바도르 달리의 〈기억의 지속〉입니다. 화면 속에는 마치 녹은 치즈처럼 늘어진 회중시계 세 개가 걸려 있고, 가장자리에 놓인 회중시계 위에는 검은 개미들이 모여 있습니다. 꿈속에서나 볼 법한 풍경이 뒤로 펼쳐지며, 낯설고 신비로운 분위기로 우리의 시선을 단번에 사로잡습니다.

초현실주의Surrealism는 20세기 초 프랑스에서 시작된 예술운동으로 인간의 무의식, 꿈, 상상력을 표현하는 데 중점을 둔 미술 사조입니다.

우리가 평소 의식하지 못하는 마음의 깊은 층을 '무의식'이라 부르는데, 이를 본격적으로 탐구한 이는 오스트리아의 정신분석학자 지그문트 프로이트였습니다. 그는 무의식이 인간의 행동과 생각에 큰 영향을 준다고 보았고, 특히 꿈을 무의식이 드러나는 통로라고 설명했습니다.

이러한 프로이트의 사상은 초현실주의에 큰 영감을 주었습니다. 초현실주의 예술가들은 이성과 논리만으로는 포착할 수 없는 세계, 즉 꿈과 상상의 세계를 작품 속에 담으려 했습니다.

르네 마그리트 - 기묘한 이야기

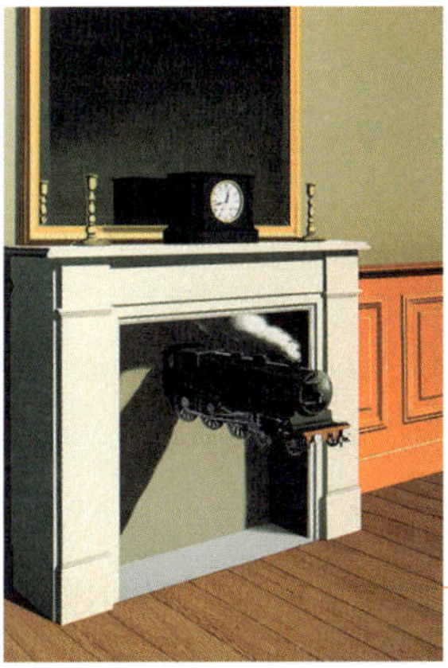

이 그림은 또 다른 초현실주의 화가 르네 마그리트의 작품 〈정지된 시간〉이다. 그림 속에서는 시계 초침이 멈춘 순간, 벽난로를 뚫고 기차가 튀어나오는 기묘한 장면이 펼쳐진다. 움직여야 할 기차가 멈춰 있고, 따뜻해야 할 벽난로에서는 차가운 쇳덩이 기차가 불현듯 등장하며, 시간도 공간도 한순간 멈춰버린 듯한 묘한 분위기를 자아낸다.

르네 마그리트, 〈정지된 시간〉, 1938년. 캔버스에 유채

이 정지된 순간을 바라보고 있노라면, 우리 역시 시간과 장소에 갇혀 살아가는 존재는 아닐까 하는 생각이 들게 됩니다. 마그리트는 이렇게 전혀 어울릴 것 같지 않은 사물들을 한 화면에 배치하는 '데페이즈망' 기법을 사용했습니다. 덕분에 평범하고 익숙한 것들이 이 그림 안에서는 갑자기 낯설고 기묘하게 느껴지죠.

사실 대부분의 상상화도 '데페이즈망Dépaysement' 기법을 사용했다고 해도 지나치지 않습니다. 데페이즈망은 초현실주의에서 매우 중요한 표현 방식으로 프랑스어로는 '이국적임', '낯섦'을 뜻하지만, 미

술에서는 서로 어울리지 않는 사물들을 함께 배치해 낯선 느낌을 만들어내는 기법을 의미합니다. 쉽게 말하면, 엉뚱한 것끼리 일부러 나란히 놓아 보는 사람을 당황시키고 동시에 생각하게 만드는 방식입니다. 마그리트의 그림처럼 벽난로에서 기차가 튀어나오거나, 구름이 방 안을 가득 채우거나, 낮과 밤이 한 화면에 공존하는 장면이 바로 그 예입니다.

초현실주의 화가들은 우리가 당연하다고 여겨온 세상의 법칙을 흔들기 위해 일상의 사물을 비일상적인 방식으로 변주했습니다. 익숙한 세계를 낯설게 바라보게 만들기 위한 전략이죠.

여러분이 어떤 일을 하든 기발한 상상력이 필요하다면, 이 '데페이즈망'을 떠올려 보세요. 아마 이런 말을 듣게 될지도 모릅니다.

"당신은 참 상상력이 풍부한 사람이네요!"

나도 모르게 배운 미술 선행 학습

달리나 마그리트 외에도 초현실주의 화가들은 낯설고 기이한 느낌을 표현하기 위해 다양한 기법을 사용했습니다. 그런데 그중 첫 번째 선행 학습은 어린 시절 누구나 한 번쯤은 해 본 적 있는 아주 익숙한 활동이랍니다.

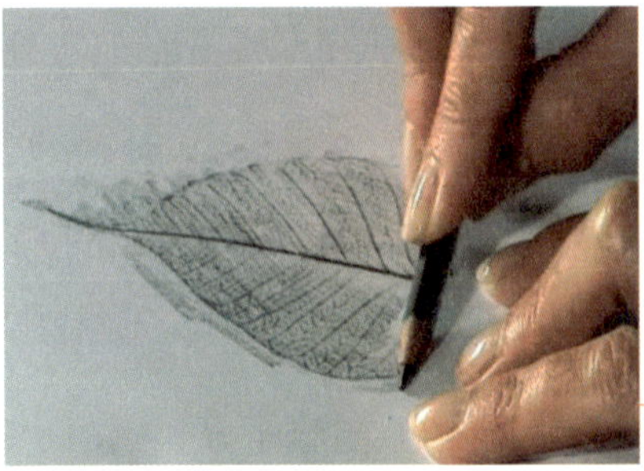

프로타주 기법

"어! 이거 나 어릴 때 해 본 건데?"

맞습니다. 이 기법은 종이를 물체 위에 올려놓고 연필 등으로 문지르며 표면의 질감을 드러내는 '프로타주Frottage' 기법입니다. 프랑스어 frotter(문지르다)에서 나온 말로 어린 시절 누구나 동전에 종이를 얹고 문질러 본 경험이 있을 만큼 아주 익숙한 방식이죠.

독일 출신의 초현실주의 화가 막스 에른스트는 바로 이 프로타주 기법에서 우연히 생겨나는 기묘한 무늬와 형태를 그림의 출발점으로 삼았습니다. 그는 이러한 예기치 못한 무늬가 사람들의 무의식을 끌어낼 수 있다고 생각했고, 나무 바닥이나 천 같은 표면 위에 종이를 올려 문지른 뒤 거기서 나온 형상을 바탕으로 환상적이고 기이한 이미지를 발전시켰습니다.

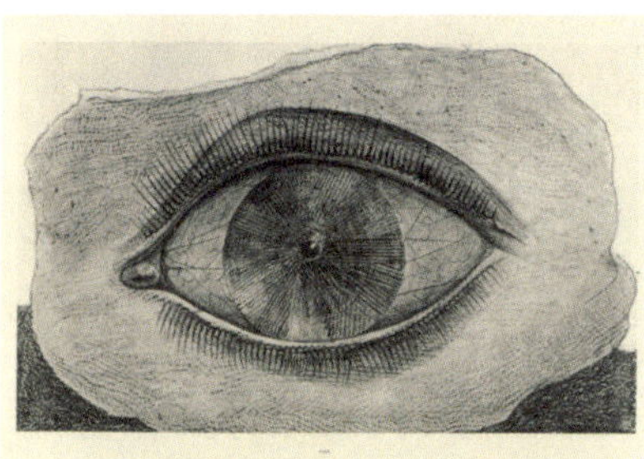

〈박물지 - 빛의 바퀴〉는 프로타주로 만든 작품이다. 나뭇잎과 둥근 물체를 아래에 놓고 긁고 비벼서 이미지가 아래로부터 배어 나오게 한 후 선을 덧붙여 눈의 윤곽과 속눈썹을 그려 넣었다.

막스 에른스트, 〈박물지 - 빛의 바퀴〉, 1926년, 프로타주 기법

〈박물지 - 빛의 바퀴〉는 눈이 하나라 비현실적으로 보이지만, 크게 부릅뜨고 정면을 응시하는 모습은 강렬하면서도 조금은 섬뜩한 느낌을 줍니다. 마치 현실을 증언하려는 눈처럼 보이기도 하고, 스쳐 지나가는 현실을 놓치지 말고 주시하라는 다짐처럼 읽히기도 합니다.

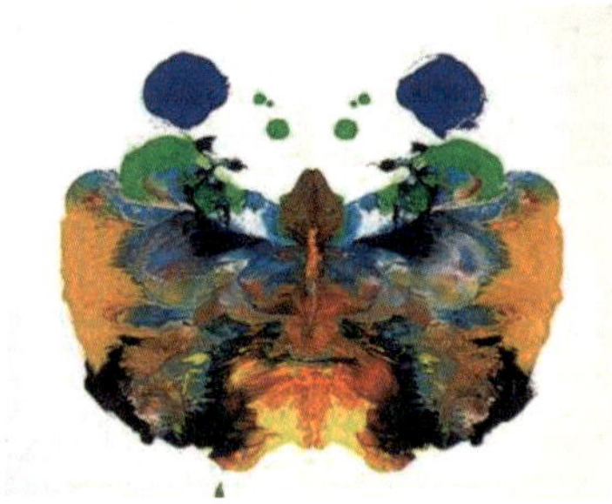

데칼코마니는 물감이나 잉크를 종이·캔버스 사이에 눌러 찍어내며 우연한 대칭 무늬와 유기적인 형상을 만들어내는 자동기술적 표현 기법이다.

데칼코마니 기법 예시

데칼코마니는 프랑스어 décalcomanie('전사하다')에서 유래한 말로 종이를 반으로 접어 한쪽에 물감을 넉넉히 바른 뒤 펼치면 좌우대칭의 무늬가 나타나는데, 이 문양을 활용하는 기법입니다. 예상하지 못한 무늬가 좌우로 그대로 복제되어 나타나는 것이 데칼코마니의 묘미입니다.

작가의 의도보다 무의식과 직관이 만들어낸 이미지가 작품의 출발점이 되기 때문에 꿈·환상·상상력을 자연스럽게 끌어낼 수 있고, 보는 사람마다 전혀 다른 느낌을 받는 재미도 있습니다.

이 기법은 1930년대 오스카 도밍게즈가 처음 미술적으로 활용하며 알려졌고, 이후 살바도르 달리, 막스 에른스트 등 초현실주의 화가들이 응용해 더욱 환상적이고 추상적인 이미지를 탐구해 나갔습니다.

'콜라주Collage'는 프랑스어 coller(붙이다)에서 온 말로 신문·잡지·천·사진·종이·그림 조각 등 서로 다른 재료들을 오려 붙여 새로운 이미지를 만들어내는 초현실주의 기법입니다.

콜라쥬는 유치원에서 가을만 되면 낙엽을 붙여 곤충을 만들고, 색종이로 물고기를 접어 바닷속 세상을 꾸미며, 신문지를 오려 붙여 새로운 형태를 만들어보던 활동이 콜라주입니다.

콜라주는 마치 꿈처럼 이질적인 것들이 한데 섞여 전혀 다른 세계를 만들어내는 방식이라고 할 수 있습니다. 서로 다른 질감과 형태가 만나면서 생기는 독특한 시너지 효과도 이 기법의 큰 매력입니다. 이 '콜라주'라는 기법을 고안하고 처음 본격적으로 사용한 사람은 바로 20세기를 대표하는 화가 파블로 피카소입니다. 특히 입체주의Cubism 시기, 콜라주는 그에게 매우 중요한 실험 수단이었습니다.

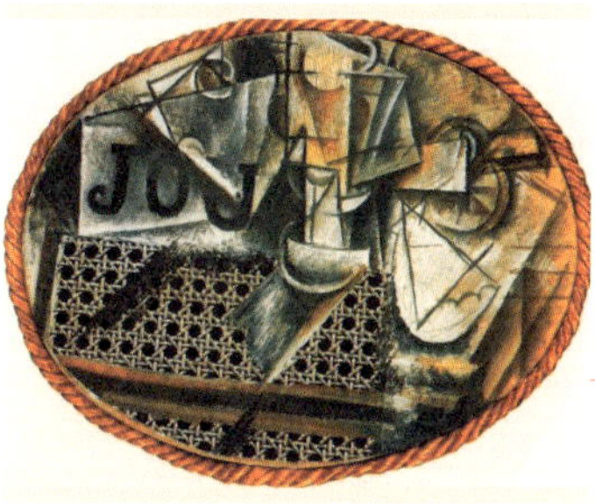

1912년, 피카소는 기존의 회화 방식에서 벗어나 '현실 세계의 재료를 직접 붙이는' 파피에 콜레(papier collé)라는 새로운 표현법을 시도한다. 그의 작품 <등나무 의자가 있는 정물>은 세계 최초의 콜라주 작품으로 꼽힌다.

파블로 피카소, 〈등나무 의자가 있는 정물〉, 1912년. 유채·유화천·로프를 붙인 캔버스, 타원형

캔버스 위에 유화를 그리는 데서 그치지 않고, 실제 식탁보 천과 비슷한 인쇄물, 의자 짜임을 연상시키는 로프 등의 재료를 함께 붙이면서 기존 회화가 지닌 평면성을 과감히 흔들었습니다. 화면 위에서 현실의 물성과 예술의 형식이 나란히 등장하며, 둘 사이의 경계는 자연스럽게 흐려졌지요.

피카소의 콜라주는 단순한 재료 실험을 넘어선 작업이었습니다. 그것은 '현실의 조각들을 다시 조합해 새롭게 바라보기'라는 이후 현대 미술을 이끄는 사고방식을 처음으로 제시한 시도였기 때문입니다.

그림 속에 숨어 있는 삶의 철학

철학이 '우리 삶은 무엇인가?'라는 질문을 깊이 파고드는 탐구라면, 미술은 그 탐험의 결과를 눈앞에 펼쳐 보이는 시각적 기록입니다. 철학자들이 언어와 논리로 삶의 본질을 해석한다면, 예술가들은 색채와 형태, 이미지와 상징을 통해 같은 질문에 자신만의 방식으로 답하고 있는 셈입니다.

오귀스트 로댕: 사유하는 인간의 원형

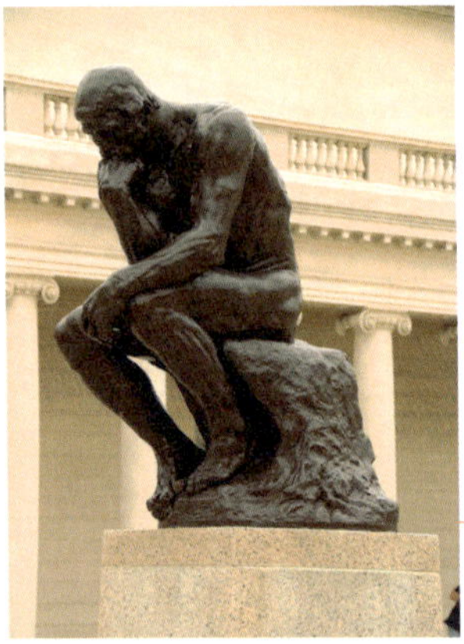

이 조각상은 온몸의 근육이 긴장되어 있고, 주먹을 쥔 손이 턱을 받치고 있으며, 전신에서 깊은 고뇌가 느껴진다. 원래 단테의 『신곡』을 조각으로 표현한 '지옥의 문'의 일부였던 이 작품은 지옥의 참상을 내려다보며 인간의 운명에 대해 깊이 사색하는 단테 자신을 형상화한 것이라고 한다.

오귀스트 로댕, 〈생각하는 사람〉, 1904년. 청동

오귀스트 로댕의 〈생각하는 사람〉은 미술과 철학이 만나는 지점을 가장 상징적으로 보여주는 작품 가운데 하나입니다. 이 조각상은 단순히 깊은 생각에 잠긴 인간의 모습을 그린 것이 아니라 존재 전체를 걸고 질문하는 실존적 사유를 담고 있습니다. 이는 데카르트의 '나는 생각한다, 고로 존재한다'가 말하는 냉철한 이성적 사고와는 또 다른 결의 고민이지요.

복잡하고 혼란스러운 현대 사회 속에서도 사유를 멈추지 않는 인간 정신의 숭고함을 이 작품은 묵묵히 보여줍니다. 로댕은 인간을 단순히 '생각하는 동물'이 아니라 고뇌하며 자신의 존재를 탐구하는 존재로 그려냈습니다. 이를 통해 통해 철학과 예술이 궁극적으로 추구하는 목표 '인간 존재의 본질을 들여다보는 일'이 눈앞에서 시각적으로 구현된 셈입니다.

개념미술 _ 질문으로 성찰하는 인간

인간의 철학적 사고를 시각적으로 보여주는 또 하나의 중요한 작품이 있습니다. 바로 개념미술가 조셉 코수스의 〈하나, 그리고 세 개의 의자〉입니다.

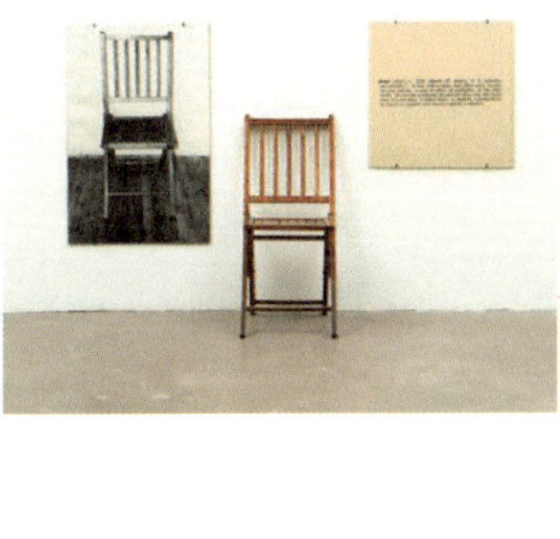

조셉 코수스, 〈하나, 그리고 세 개의 의자〉, 1965년. 실제 의자와 의자 사진

개념미술Conceptual Art이란 완성된 작품 그 자체보다 작품이 탄생하는 과정과 그 안에 담긴 아이디어에 더 큰 비중을 두는 현대 미술의 한 흐름입니다. 작가가 직접 손으로 만들지 않았더라도 그가 제시한 '예술적 개념'이 곧 작품의 핵심이 되는 미술 경향이지요.

조셉 코수스는 인간이 대상을 인지하는 방식이 크게 세 가지라고 설명합니다. 첫 번째는 사물 그 자체, 즉 실제 의자처럼 물리적 대상 그 자체를 보는 방식. 두 번째는 이미지, 즉 사진을 통해 사물을 이해하는 방식. 세 번째는 언어, 다시 말해 '의자'라는 단어의 사전적 정의를 통해 대상을 인식하는 방식입니다.

그의 작품 〈하나, 그리고 세 개의 의자〉는 이 세 가지 방식 중 '무엇이 진짜 의자인가?'라는 철학적 질문을 던집니다. 결국 철학도 인간의 삶에서 '무엇이 진짜인가'를 탐구하는 학문이니 코수스의 질문은 철학이 다루는 근본 물음과 맞닿아 있습니다. 그래서 우리는 이 작품이 던지는 질문을 그대로 우리 삶에 가져올 수 있습니다. '무엇이 의자라고 할 수 있는가?'라는 질문은 곧 이렇게 바뀌지요.

"행복은 무엇이라고 할 수 있는가?"

"죽음은 무엇이라고 할 수 있는가?"

사물을 향한 질문이 어느새 삶을 향한 질문으로 확장됩니다. 그것이 바로 개념미술이 우리에게 건네는 사유의 힘이며, 자기 자신에게 질문을 던지면서 성찰하게 되는 작품입니다.

작품 속에서 만나는 삶의 철학 단어

에드바르 뭉크: '아모르 파티', 운명을 사랑하라

한때 가수 김연자의 〈아모르 파티〉가 큰 인기를 끌었습니다. 연로한 가수의 곡임에도 아이돌이 중심인 음악 방송에 출연하며, 세대를 아우르는 '국민 유행가'가 되었지요. 그런데 이 유쾌한 노래 제목 '아모르 파티'가 사실은 철학자 프리드리히 니체의 사상에서 비롯된 표현이라는 사실 알고 계셨나요?

니체는 아모르 파티, 즉 '운명을 사랑하라'는 개념을 남겼습니다. 그에게 운명을 사랑한다는 것은 고통과 불행을 피하거나 부정하지 않고, 그것마저 삶의 일부로 긍정하는 태도였습니다. 그는 삶에서 마주하는 고난을 단순히 견디거나 회피하는 것이 아니라 있는 그대로 받아들이고 사랑할 때 비로소 진정한 긍정에 이를 수 있다고 보았죠.

니체는 예술에 대해서도 깊은 신념을 가지고 있었습니다. 예술은 단순히 아름다움을 즐기는 활동을 넘어 인간의 고통과 불안, 허무 속에서도 삶을 다시 긍정할 힘을 준다고 생각했습니다.

이런 니체의 사상을 그림으로 구현한 화가가 바로 에드바르 뭉크입니다. 그는 20세기 초 독일에서 전개된 표현주의Expressionism의 대표적 화가로 객관적 사실보다 인간 내면의 감정과 심리를 왜곡과 과장을 통해 극적으로 표현했습니다. 뭉크의 작품에는 고통, 불안, 죽음, 사랑 같은 인간의 심연이 생생하게 드러나 있지요. 특히 뭉크는 니체의 저서를 깊이 탐독하며 그의 사상에 강한 영향을 받았고, 실제로 니체의 초상화를 그릴 만큼 그의 세계관에 매료되었습니다.

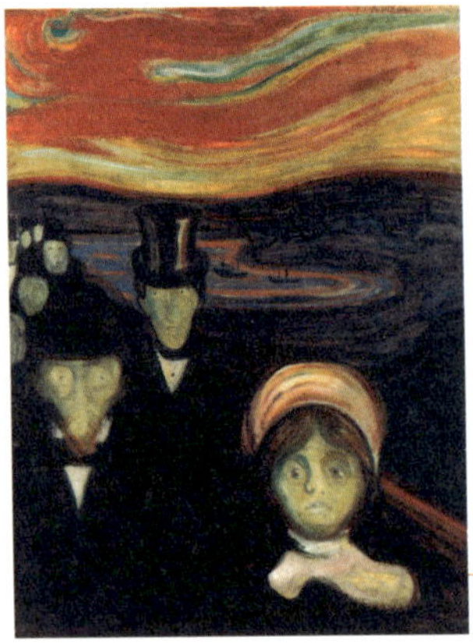

이 작품은 1894년 에드바르 뭉크가 그린 <불안>이다. 붉게 물든 하늘 아래 외계인처럼 눈동자 아래가 퀭한 사람들이 목적도 없이 좀비처럼 한 방향으로 가고 있다. 아마 사람들은 자신이 어디로 가고 있는지도 모른 체 탈출구라고는 보이지 않는 다리 위에서 한 방향으로만 걸어가고 있다.

에드바르 뭉크, 〈불안〉, 1894년. 캔버스에 유채

뭉크의 회화 세계는 니체의 철학과 놀라울 만큼 닮아 있습니다. 그의 〈불안〉 속 인물들은 이유를 설명하기 어려운 두려움과 흔들리는 감정에 휩싸여 있지만, 뭉크는 그 고통을 숨기거나 미화하지 않았습니다. 오히려 강렬한 색채와 뒤틀린 형태로 과감하게 드러내며, 인간 내면의 어둠을 정면으로 마주하게 하지요.

이러한 표현 방식은 니체가 말한 아모르 파티, 즉 '운명을 사랑하라'는 태도와 자연스럽게 이어집니다. 인간은 삶의 고통을 피할 수 없지만, 예술은 그 고통을 직시하고 삶의 일부로 받아들일 용기를 줍니다. 뭉크의 그림은 그 과정을 시각적으로 보여주는 하나의 강렬한 철학적 응답인 셈입니다.

샤갈의 몽환: 삶을 긍정하는 찬가

뭉크가 니체의 '아모르 파티'를 삶에 남긴 상처와 고통을 예술로 승화하는 방식으로 풀어냈다면, 마르크 샤갈은 반대의 방향에서 삶을 노래합니다. 그는 기쁨과 사랑, 희망, 그리고 환상의 세계를 펼쳐 보이며 존재 자체를 찬미하지요. 샤갈의 그림은 현실의 경계를 가볍게 뛰어넘어 우리를 몽환적이고 따뜻한 상상의 세계로 이끕니다.

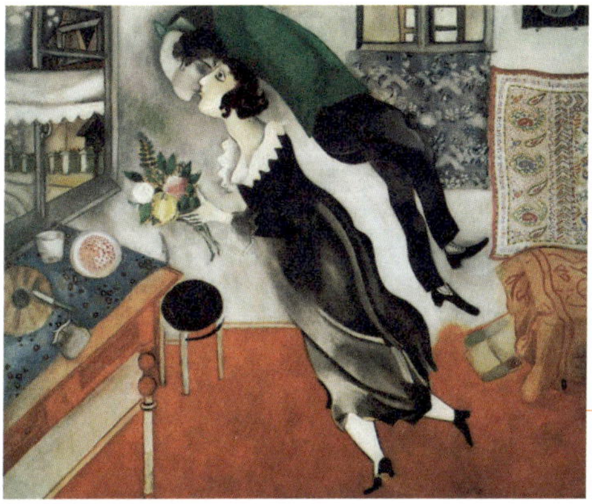

마르크 샤갈, 〈내 생일〉, 1915년. 캔버스에 유채

그의 대표작 〈내 생일〉은 사랑하는 연인 벨라가 찾아온 순간을 그린 작품입니다. 샤갈은 기쁨을 이기지 못해 공중으로 떠올라 그녀에게 입을 맞추는 모습을 유영하듯 묘사했지요. 중력을 잊은 채 공간을 떠다니는 연인들의 모습은 논리와 이성을 넘어선 자유로움을 선사합니다. 따뜻한 색감과 몽환적인 구도는 사랑이 가진 마법 같은 힘을 상징하고, 화면 전체에는 꿈을 걷는 듯한 정서가 감돌지요. 샤갈은 이 작품을 통해 사랑이 인간을 현실의 한계를 넘어설 수 있게 한다는 메시지를 부드럽게 전하고 있습니다.

샤갈이 살았던 20세기 초는 전쟁과 격변으로 혼란스러웠지만, 그의 예술은 현실의 어둠에 갇히지 않았습니다. 오히려 그는 삶의 고통 속에서 피어나는 기쁨과 사랑의 힘을 화폭에 담아냈지요. 꿈과 환상이 가득한 샤갈의 세계는 결국 인간이 어떤 역경 속에서도 희망을 잃지 않고, 삶을 긍정하며 살아갈 수 있는 힘을 내면에 지니고 있다는 사실을 일깨워줍니다. 샤갈의 붓끝에서 탄생한 몽환적인 그림들은 우리에게 삶을 사랑하고, 그 안에서 기쁨을 찾으라는 깊은 철학적 메시지를 던져줍니다.

실존주의가 본 호퍼와 자코메티

미술은 인간의 감정을 드러내는 데서 그치지 않고, 우리가 어떻게 존재하는가를 탐구하는 철학적 도구가 되기도 합니다. 특히 20세기 전반은 두 차례의 세계대전과 사회적 혼란 속에서 불안과 고독이 짙게 드리워진 시대였지요.

이 시기에 부상한 실존주의 철학은 '인간은 태어날 때부터 정해진 본질을 지닌 존재가 아니라, 세상에 던져진 후 스스로 삶의 의미를 만들어가는 존재'라고 말했습니다. 이러한 문제의식은 많은 예술가에게 깊은 영향을 주었고, 그 흔적은 에드워드 호퍼와 알베르토 자코메티의 작품 속에서도 뚜렷하게 드러납니다.

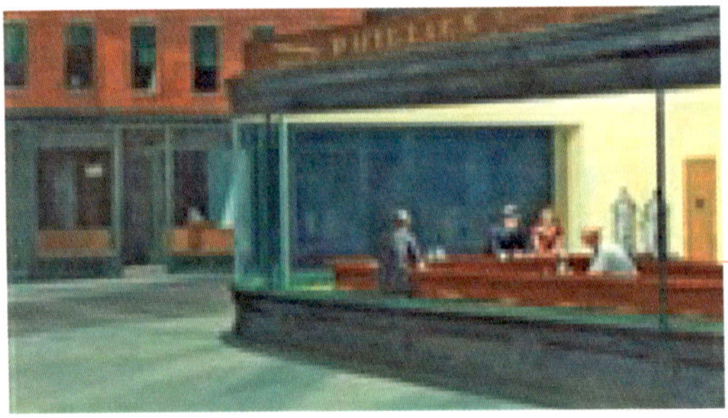

에드워드 호퍼,
〈밤을 지새우는 사람들〉,
1942년, 캔버스에 유채

에드워드 호퍼의 〈밤을 지새우는 사람들〉은 도시의 한 모퉁이에서 불빛이 새어 나오는 식당 풍경을 포착한 작품입니다. 몇 명의 인물이 자리에 앉아 있지만 서로 대화를 나누지 않고, 투명한 유리창은 안과 밖을 이어주는 듯하면서도 이들을 철저히 분리합니다.

이 장면은 현대 사회에서 타인과 함께 있으면서도 깊은 고립감을 느끼는 인간의 현실을 상징적으로 보여줍니다. 호퍼는 20세기 미국 사실주의를 대표하는 화가로 도시 생활 속 개인의 고독과 고립을 주된 주제로 삼아왔습니다.

뚜렷한 빛과 그림자의 대비, 절제된 색채, 움직임이 멈춘 듯한 정적의 구도는 이 작품의 특징입니다. 그는 도시와 개인의 관계, 그리고 '함께 있지만 외로운' 인간의 실존적 상황을 누구도 흉내 내기 어려운 방식으로 시각화했습니다.

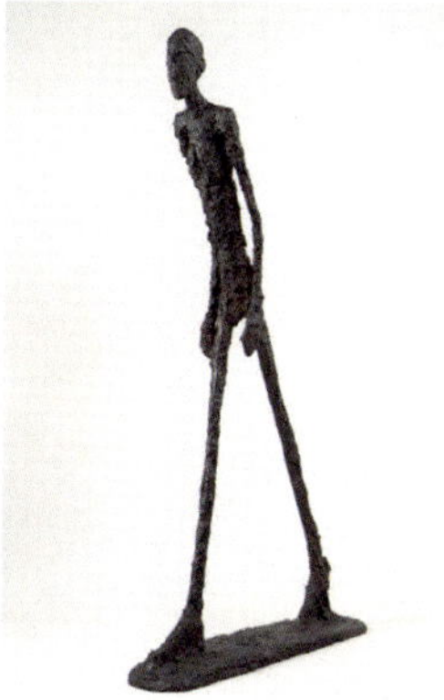

자코메티의 조각 〈걸어가는 사람〉은 실존 철학을 더욱 직접적으로 시각화한 작품이다. 그는 20세기 스위스 출신의 조각가이자 화가로, 인간 존재의 고독과 연약함을 주제로 한 작품으로 잘 알려져 있다. 그의 작품은 전후 시대의 불안한 분위기 속에서, 인간을 가늘고 길게 늘려 만든 독특한 조각상으로 유명하다. 인체는 마치 바람에 흔들릴 듯 가늘고 위태롭지만, 여전히 앞으로 발걸음을 내딛고 있다.

알베르토 자코메티, 〈걷는 남자 I〉, 1960년. 브론즈

그의 작품은 인간의 연약함은 그대로 드러나지만, 동시에 그 연약함 속에서도 세계를 향해 나아가는 결단이 느껴집니다. 이는 사르트르가 말한 것처럼 인간이 끊임없이 선택하고, 자기 존재를 스스로 만들어나간다는 실존적 의지를 보여줍니다. 자코메티의 인물은 고독한 공간에 홀로 서 있지만, 그 고독은 곧 '존재의 본질은 스스로 창조된다'는 실존주의 철학의 메시지와 닿아 있습니다.

호퍼와 자코메티는 서로 다른 방식으로 현대인의 실존을 표현했

습니다. 호퍼는 도시의 창과 빛 속에서 인간의 내면적 고독을 보여주었고, 자코메티는 가느다란 인체를 통해 인간의 나약함과 동시에 나아가려는 결단을 드러냈습니다. 결국 이들은 우리에게 철학적 질문을 던집니다.

"나는 현실 속에서 어떤 모습으로 살아가고 존재하고 있는가?"

삶의 나침반으로서의 예술

미술 작품을 감상한다는 일은 결코 단순하지 않습니다. 작가의 작품 속 이야기를 통해 우리 자신의 삶을 다시 들여다보는 일이기 때문입니다. 예술은 종종 우리에게 철학적인 질문을 던집니다.

'나는 누구인가?', '어떻게 살아갈 것인가?'

'무엇이 진실인가?', '아름다움이란 무엇인가?'

'진정한 삶이란?'

이 질문들에는 정답이 없습니다. 하지만 답을 찾으려는 그 과정 자체가 우리를 더 깊고 단단한 인간으로 만들어줍니다. 미술과 철학이 만나는 지점에서 우리는 그림 너머의 지혜와 통찰을 발견합니다. 그리고 미술 속에 숨겨진 철학은 어느 순간, 우리 삶의 방향을 잡아주는 나침반이 되어줍니다.

예술 뒤에 숨겨진 권력과 부의 얼굴

권력의 거울이 된 예술

역사 속에서 부는 곧 권력의 토대였고 권력을 손에 쥔 사람들은 예술을 가장 강력한 메시지 전달 도구로 활용해 왔습니다. 예술은 그들의 힘을 과시하고, 사회를 통제하며, 새로운 질서를 구축하는 방식으로 쓰였지요.

고대의 절대왕권부터 중세의 종교 권력, 19세기 부르주아와 20세기 자본가에 이르기까지 부와 권력의 중심이 이동하는 자리마다 예술은 늘 새로운 주인을 섬겼습니다. 특히 19세기 이전까지 권력자들이 미술가에게 요구한 핵심 역할은 '프레젠테이션 기능', 즉 자신의 권위와 메시지를 시각적으로 드러내는 일이었습니다. 예술은 그들에게 권력을 아름답게 포장하는 무대이자 사회에 영향력을 행사하는 가장 효과적인 언어였던 셈입니다.

예술을 사랑한 권력자들, 메디치 가문의 비밀

'미술 후원'이라고 하면 가장 먼저 떠오르는 이름이 바로 르네상스 시대의 '메디치 가문'입니다. 피렌체에서 르네상스 미술이 황금기를 맞이할 수 있었던 데에는 이들의 후원이 결정적인 역할을 했다는 사실은 잘 알려져 있지요.

그런데 메디치 가문은 왜 그토록 거액을 들여 예술가들을 후원했을까요? 놀랍게도 그들은 '예술을 후원한 것'이 아니라, 예술에 의해 보호받고자 했던 것에 가깝습니다.

메디치 가문을 유럽 최고의 대은행으로 성장시킨 경영자 코시모 데 메디치는 기독교 교리가 금지한 이자 징수, 즉 금융업을 통해 막대한 부를 축적했습니다. 하지만 당시 사회에서 금융업자가 받는 평판은 처참했지요. 탐욕스럽다는 비난, 교리에 어긋나는 직업이라는 낙인, 시민들의 불신까지 뒤따랐습니다.

이런 상황에서 코시모는 자신의 부와 권력을 정당화해 줄 새로운 방패가 필요했습니다. 그 방패가 바로 예술이었습니다. "토마스 아퀴나스•는 『신학대전』에서 고리대금업은 죄악으로 규정되었고, 당시 가톨릭교회는 이자를 취하는 이들을 사회적 범죄자처럼 대했습니다. 고리대금업자는 장례나 미사에서 배제되었고, 사망 후에도 공동묘지에 묻히지 못하는 경우가 있을 만큼 극단적으로 멸시받았지요.

기독교가 금지한 금융업으로 큰 부를 쌓은 코시모 데 메디치는 비난을 받자 교황 에우제니우스 4세에게 조언을 구했고, 교황은 '예술과 교회를 위해 후원하라'고 권했습니다. 이를 계기로 코시모는 도나텔로의 〈다비드〉, 브루넬레스키의 산 로렌초 성당, 미켈로초의 메디치궁전 등을 후원하며 르네상스 황금기를 여는 데 기여했습니다. 특히 산 로렌초 성당은 메디치 가문의 '영혼 구원 프로젝트'라 불릴 만

• 토마스 아퀴나스, 『신학대전(Summa Theologiae)』 II-II, q.78, a.1-4: 돈은 그 자체로 '열매를 맺지 않는 것'이므로 이자를 받는 것은 부당하다.

큼 중요한 공간이었고, 코시모는 제단 아래 가족의 무덤을 두어 미사 때마다 그들을 위한 기도가 올려지도록 했습니다.

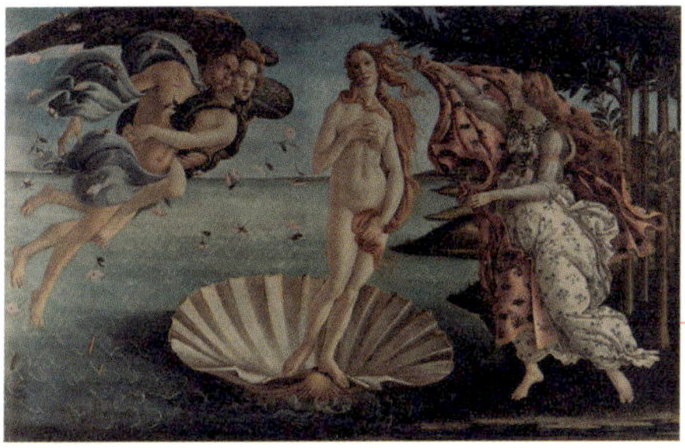

산드로 보티첼리, 〈비너스의 탄생〉, 1485년. 캔버스에 템페라

그의 손자 로렌초 일 마니피코는 예술을 사랑한 인문주의자였지만, 그 열정이 지나쳐 가문의 경영이 흔들릴 만큼 예술에 깊이 몰두했던 인물이었습니다. 그럼에도 로렌초의 아낌없는 후원 덕분에 보티첼리의 〈비너스의 탄생〉, 레오나르도의 〈수태고지〉 같은 걸작들이 세상에 나올 수 있었지요. 결국 코시모와 로렌초, 두 세대에 걸친 메디치 가문의 후원은 예술을 통해 인간의 영혼을 일으켜 세우고, 세상을 바꾸는 르네상스의 불씨를 지핀 셈입니다.

17~18세기 프랑스 왕실 미술, 왕의 얼굴을 그리는 화가들

30년 전쟁과 종교개혁 이후, 권력의 중심은 다시 왕과 귀족들에게로 이동했습니다. 특히 프랑스의 루이 14세는 '위대한 왕의 영광'을 드러내기 위해 미술을 적극적으로 활용한 인물이었지요. 이 시기 궁정 화가들은 말 그대로 '왕의 이미지를 설계하는 전문가'가 됩니다. 그중에서도 이아생트 리고•는 루이 14세의 공식 초상화가로 활약하며, 대표작「루이 14세의 초상」(1701년)에서 화려한 대관식 망토, 황금지팡이, 그리고 당당한 자세를 통해 '태양왕'의 위엄을 완벽하게 시각화했습니다.

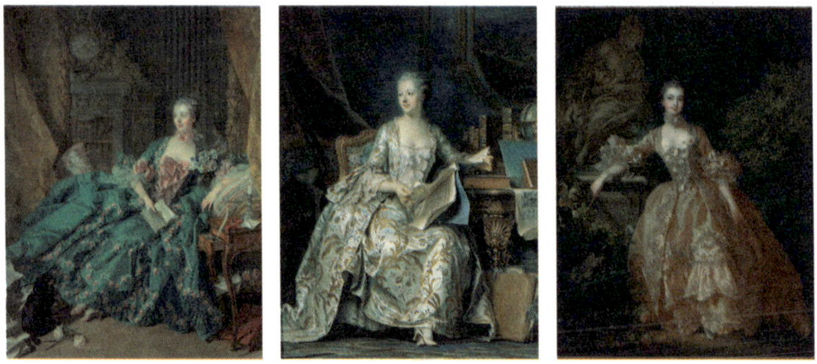

프랑수아 부셰, 〈퐁파두르 후작부인〉, 1756년. 캔버스에 유채

루이 15세 시대에는 로코코 양식이 절정에 이르며 궁정 미술도 한층 더 달콤하고 우아한 분위기로 바뀝니다. 프랑수아 부셰는 퐁파두르 후작부인의 든든한 후원을 받으며 이런 궁정 문화를 그림에 담아냈지요.

흥미로운 점은 퐁파두르 후작부인이 단순한 왕의 애첩이 아니라는 사실입니다. 볼테르와 디드로와도 교류하며 『백과전서』를 후원했고, 세브르 도자기와 고블랭 공방까지 지원하며 로코코 미술을 더욱 화려하게 꽃피운 문화 후원자였습니다.

프랑수아 부쉐의 〈퐁파두르 후작부인〉에서는 책과 예술품 속에 자리한 그녀의 모습이 그 시대의 교양과 취향을 상징처럼 드러냅니다. 이러한 궁정 문화의 흐름은 마리 앙투아네트에게 이어졌고, 엘리

• 이아생트 리고(1659~1743)는 프랑스 바로크 시대를 대표하는 궁정 초상화가로, 특히 루이 14세의 공식 초상화를 그린 화가로 널리 알려져 있다.

자베트 비제 르브룅의 〈마리 앙투아네트와 그녀의 아이들〉은 왕비를 자애로운 어머니로 묘사해 이미지를 회복하려 했지만 이미 민심은 멀어진 뒤였습니다.

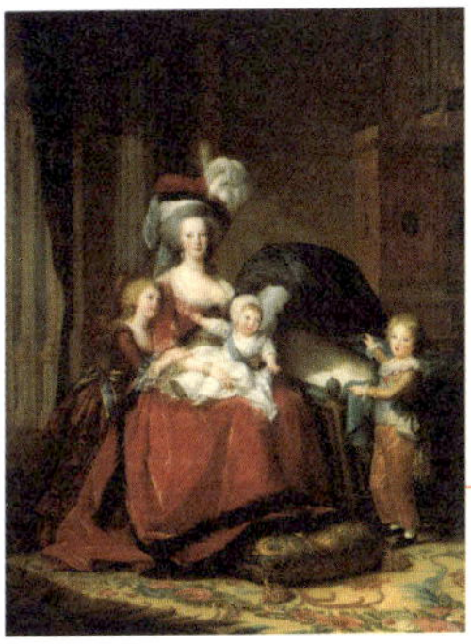

프랑스 궁정 화가 엘리자베트 비제 르브룅이 마리 앙투아네트의 이미지 회복을 위해 그린 공식 초상화이다. 모성적이고 온화한 모습, 세 자녀와의 장면을 통해 여왕의 인간적 면모를 강조했으며, 중앙의 빈 의자는 일찍 세상을 떠난 아이를 암시한다. 혁명 직전 여왕의 위상을 시각적으로 강화하려는 의도가 담긴 작품으로 평가된다.

엘리자베트 비제 르브룅, 〈마리 앙투아네트와 아이들〉, 1787년. 캔버스에 유채

혁명의 칼날, 예술의 대전환

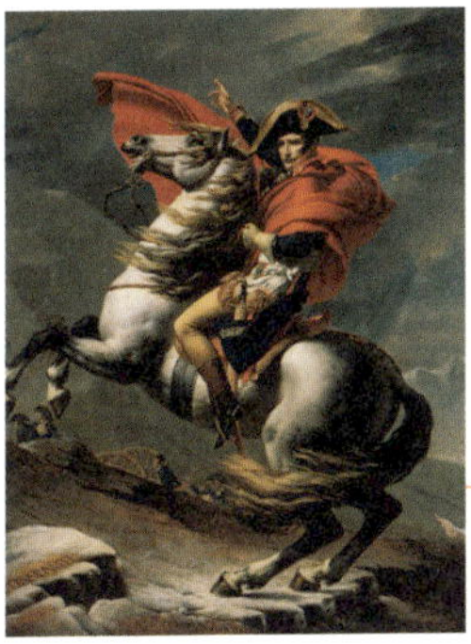

1789년 프랑스 혁명이 터지면서 수백 년간 이어져 온 궁정 미술 시스템은 하루아침에 무너졌다. 왕과 귀족들이 단두대에서 목숨을 잃거나 망명길에 오르면서 그들을 섬기던 화가들도 갑작스럽게 후원자를 잃게 되었다.

자크 루이 다비드, 〈알프스를 넘는 나폴레옹〉, 1801년. 캔버스에 유채

아이러니하게도 혁명 정부는 왕을 찬양하던 화가들을 다시 불러 이번에는 '자유, 평등, 박애'를 선전하게 했습니다. 자크 루이 다비드는 루이 16세의 궁정화가에서 혁명가로, 다시 나폴레옹의 공식 화가로 변모한 인물입니다. 그의 대표작 〈알프스를 넘는 나폴레옹〉에서

는 나폴레옹을 영웅적 정복자의 계보에 당당히 올려놓으며, 새로운 시대의 얼굴로 그려냈습니다. 당시 예술은 권력의 위엄을 시각화하는 도구였고, 화가들은 그 후원 덕분에 생계와 명성을 유지했습니다.

혁명과 나폴레옹의 몰락 이후에는 신흥 부르주아가 새 후원자로 떠오르며 거창한 역사화보다 일상·풍경화와 개인의 품격을 드러내는 초상화를 선호했습니다. 더 큰 변화는 예술가들이 특정 후원자에 얽매이지 않고 시장에서 작품을 판매할 수 있게 된 점이었습니다. 살롱전과 공개 전시가 확산하면서 예술은 권력의 메시지를 전하던 도구에서 개인의 감성과 창의성을 드러내는 영역으로 옮겨갔고, 산업 혁명과 함께 하나의 시장 상품으로까지 변모했습니다.

근대 미술 시장의 형성: 시민이 고객이 되다

19세기 산업 혁명으로 부를 축적한 중산층이 등장하면서 이들이 미술의 새로운 고객이 되었습니다. 시민들이 화가들의 주요 후원자가 되자, 예전처럼 권력자가 직접 작품을 주문하던 시대에는 드러나지 않던 새로운 고민들이 하나둘 생겨나기 시작했지요. 갑작스러운 혁명으로 '시민'이라는 신분을 갖게 되긴 했지만, 당시 대중은 아직 미술을 충분히 이해할 만한 지식과 경험을 갖추지 못한 상태였습니다.

1793년, 최초의 공공미술관인 루브르가 문을 열면서 시민들도 미술 작품을 가까이에서 감상할 수 있게 되었습니다. 그럼에도 많은 사람에게 미술은 여전히 낯설고, 쉽게 다가가기 어려운 세계였습니다. 그래서 작품을 설명해 주고 취향을 잡아줄 사람이 필요했는데, 그때 등장한 존재가 화상畫商(미술상)과 미술 비평가였습니다.

화상과 비평가의 등장: 인상주의를 명품으로 만든 마법

19세기 중반, 파리 미술 시장의 판도를 완전히 뒤흔들 인물이 등장합니다. 바로 화상 폴 뒤랑뤼엘이었습니다. 지금은 전 세계적으로 사랑받는 인상주의 그림이지만 당시만 해도 그 취급은 실로 처참했지요. 1863년 낙선자전Salon des Refusés에서 마네의 〈풀밭 위의 점심식사〉는 대중의 거센 비난을 받았고, 1874년 제1회 인상주의 전시회에서 모네의 〈인상, 해돋이〉를 본 비평가는 '벽지 초안이 이 바다 풍경보다 더 완성도가 높다'며 조롱하기도 했습니다.

클로드 모네, 오귀스트 르누아르, 에드가 드가, 카미유 피사로… 오늘날 우리가 '거장'이라 부르는 이들의 작품은 당시에는 거의 팔리지 않는 존재였습니다. 모네는 1877년 친구 에르네스트 오쉐데에게 보낸 편지에서 이렇게 절망을 토로했지요.

"나는 절망적이다. 더 이상 그림을 팔 수 없다. 심지어 아주 싼 가격에도… 나는 모든 것을 포기하고 싶다."

하지만 미술상 뒤랑뤼엘은 이 '팔리지 않는 그림' 속에서 숨겨진 가치를 누구보다 먼저 알아본 사람이었습니다. 그는 두 가지 마법 같은 도구를 사용해 이 작품들을 결국 '명품'으로 탈바꿈시켰습니다.

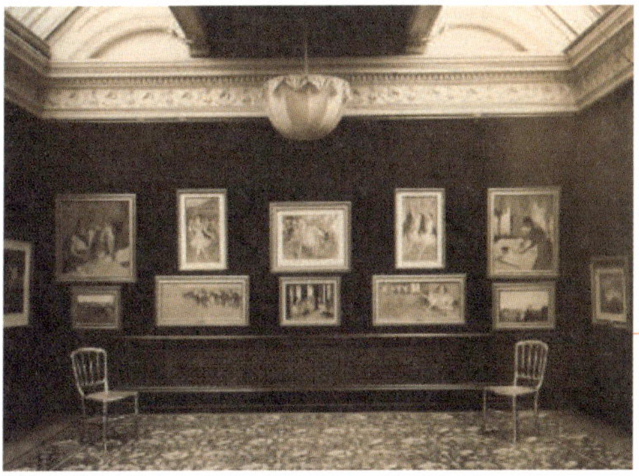

뒤랑뤼엘 화랑 〈인상주의 전시회 전경〉, 1905년.

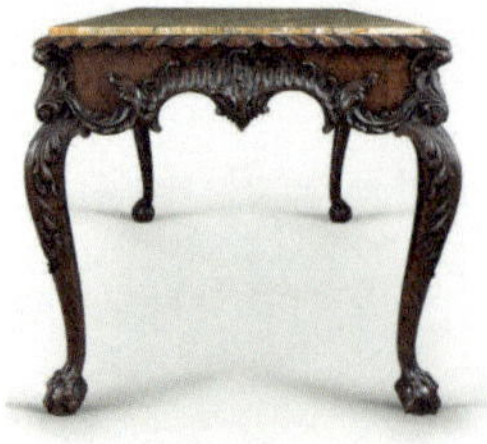

첫 번째는 '카브리올 레그'이다. 이는 S자 모양의 다리가 달린 화려한 앤틱가구로 프랑스 루이 15세 시대의 마지막 궁정 양식이다.

카브리올 레그

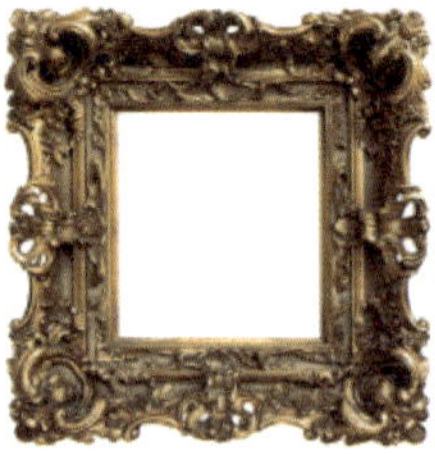

두 번째는 '금테 액자'이다. 그는 모네의 「수련」 연작을 루이 16세 양식의 금테 액자에 넣음으로써 평범한 시민들에게 왕족과 같은 대리만족을 느끼게 해 주는 심리적 전략을 사용했고, 그 전략은 기가 막히게 먹혀들었다. 그 주변에 화려한 카브리올 레그 가구들과 동양의 도자기, 태피스트리까지 배치했다.

금테 액자

뒤랑뤼엘의 갤러리는 마치 베르사유 궁전을 축소해 놓은 듯한 공간이었고, 그는 이 화려한 전시장을 시민들에게 무료로 개방했습니다. 결과는 놀라웠습니다. 1892년 뒤랑뤼엘이 기획한 모네 개인전에서는 15점의 작품이 모두 판매되었고, 1900년에는 모네의 작품 한 점이 15,000프랑(현재 가치로 약 2억 원)에 팔렸습니다. 불과 20년 전에는 200프랑에도 팔리지 않던 작품이었는데 말이지요.

뒤랑뤼엘은 여기서 멈추지 않았습니다. 그는 시선을 미국으로 돌렸고, 1886년 뉴욕에서 개최한 인상주의 전시회는 대성공을 거두었습니다. 이때를 계기로 미국의 부유한 수집가들이 인상주의 작품을 본격적으로 사들이기 시작했습니다.

비평가의 힘: 펜으로 예술가의 운명을 좌우하다

화상과 함께 등장한 또 다른 중요한 인물이 바로 '미술 비평가'였습니다. 19세기 프랑스의 대표적인 비평가였던 샤를 보들레르는 단순히 작품을 평가하는 데서 그치지 않고, 새로운 미학 이론을 제시한 인물이었죠. 보들레르는 『현대 생활의 화가』에서 '현대성modernité'이라는 개념을 처음으로 소개했습니다. 그는 이렇게 말합니다.

"현대성이란 순간적인 것, 도피하는 것, 우연적인 것이며, 이는 예술의 절반을 이룬다. 나머지 절반은 영원하고 불변하는 것이다."

이는 인상주의 화가들이 추구하던 '순간의 포착'을 이론적으로 뒷받침해 준 셈이었습니다. 보들레르의 글은 난해하게 느껴지던 현대 미술을 이해할 수 있는 하나의 틀을 제공해 주었지요.

에밀 졸라 역시 소설가이면서 동시에 영향력 있는 미술 비평가였습니다. 그는 친구였던 폴 세잔을 옹호하며 이렇게 썼습니다.

"세잔은 위대한 화가가 될 것이다… 그는 자연을 자신만의 방식으로, 자신만의 눈으로 본다."

또한 기욤 아폴리네르는 피카소와 브라크의 초기 큐비즘을 적극적으로 옹호한 비평가였습니다. 그는 1913년 『큐비즘의 화가들』을 출간하며 새로운 미술 운동을 이론화했고, 이처럼 비평가들의 영향력은 때로 작품의 운명을 결정짓는 데 중요한 역할을 하곤 했습니다.

미술 시장의 제도화: 경매회사와 미술관의 등장

19세기 후반부터 미술 시장은 점차 체계적인 모습을 갖추기 시작했습니다. 국제 미술품 경매회사인 소더비Sotheby's와 크리스티Christie's가 미술품 경매의 양대 축으로 자리 잡으면서 작품 가격 형성에도 큰 영향력을 행사하게 되었지요. 20세기에 들어서는 세계대전으로 많은 예술가와 수집가들이 미국으로 이동하면서 미술 시장의 중심 역시 유럽에서 미국으로 옮겨갔습니다.

이 과정에서 록펠러, 페기 구겐하임, 휘트니 같은 미국의 부호들은 작품을 개인적으로 소장하는 데서 그치지 않고, 미술관을 설립해 대중에게 공개하는 새로운 형태의 후원을 펼쳤습니다. 특히 세 명의 여성 컬렉터가 1929년에 세운 뉴욕 현대미술관MoMA은 피카소, 마티스, 고흐 등을 미국에 본격적으로 소개하며 중요한 기관으로 성장했습니다. 고흐의 〈별이 빛나는 밤〉(1889)은 MoMA를 대표하는 작품이 되었고, MoMA 소장은 작가에게 일종의 공식 인증이자 작품 가치에 큰 영향을 미치는 기준으로 자리 잡았습니다.

이후 솔로몬 R. 구겐하임은 1937년에 재단을 세우고, 1959년에는 프랭크 로이드 라이트가 설계한 구겐하임 미술관을 개관했습니다. 휘트니 미술관 역시 미국 현대 미술을 전문적으로 수집하며 에드워드 호퍼, 조지아 오키프, 알렉산더 칼더 같은 작가들을 적극적으로 후원했지요. 미국 미술 시장은 초기부터 상업적 성격이 강했으며, 1960년대 이후에는 소더비와 크리스티가 경매 시장을 주도하면서 미술품은 본격적으로 금융 상품의 성격을 갖추게 되었습니다.

미술과 경제의 상생

미술과 권력, 그리고 부의 관계는 역사 속에서 끊임없이 형태를 바꿔왔습니다. 처음에는 권력자의 메시지를 전달하는 도구였던 예술이 산업 혁명을 거치며 시장에서 거래되는 상품이 되었고, 20세기에는 투자 대상으로, 21세기에는 글로벌 자본의 흐름 속에서 또 다른 의미를 갖게 되었지요.

그러나 한 가지 사실만은 변하지 않습니다. 예술은 언제나 그 시대의 권력과 부의 구조를 비추는 거울이라는 점입니다. 메디치 가문의 종교적 고민에서 비롯된 후원은 르네상스를 열었고, 퐁파두르 후작부인의 취향은 로코코의 흐름을 이끌었습니다. 또한 화상 폴 뒤랑뤼엘의 예리한 상업적 감각은 인상주의를 위기에서 건져내며 새로운 예술의 시대를 열어주었습니다.

오늘날 미술관에서 마주하는 작품들 뒤에는 수많은 정치적·경제적 이야기가 숨어 있습니다. 이 이야기를 이해한다는 것은 단순히 미술 시장을 아는 수준을 넘어 인간 문명이 어떻게 발전해 왔는지를 읽어내는 또 하나의 열쇠가 되지요. 예술가는 창작의 순수함을 추구하지만, 작품이 세상에 나오는 순간 필연적으로 경제적 관계 속으로 들어갑니다. 이는 예술의 타락이 아니라 예술이 인간 사회의 일부로 살아 숨 쉬고 있음을 보여주는 증거입니다.

그렇다면 미래의 미술과 경제는 어떤 모습으로 이어질까요? AI와 메타버스, 블록체인 기술이 만들어낼 새로운 예술 형태들은 또 어떤 경제적 구조를 낳게 될까요? 분명한 것은 하나입니다. 예술과 경제의 춤은 앞으로도 계속될 것이라는 사실입니다.

예술로 세상을 바꾸는 사람들

예술이 없는 세상을 상상해 보신 적이 있나요? 노래도 음악도, 아름다운 색채도, 상상력 가득한 이야기조차 없다면 우리의 세상은 아마 삭막한 흑백 사진처럼 보일지도 모릅니다. 예술은 우리를 더 인간다운 존재로 만들어줄 뿐 아니라, 인간으로 존재할 수 있는 이유 자체이기도 하지요.

사실 미술은 우리 삶 곳곳에 스며 있습니다. 우리가 사는 집에서부터 책상 위의 볼펜 한 자루까지, 우리의 일상은 미술이 만든 형태와 색, 감각 속에서 움직이고 있습니다. 미술은 주변을 아름답게 꾸미는 기능을 넘어, 글을 모르는 사람에게도 한눈에 정보를 전달하고, 말로 표현하기 어려운 깊은 감정을 고스란히 드러내도록 도와줍니다.

더 나아가 미술은 시간을 건너는 다리 역할도 합니다. 각 시대의 문화와 정신을 담아내며 과거로 들어가는 열쇠가 되어 그 시대의 진실을 우리에게 조용히 속삭여주지요. 또한 이런 긍정적인 역할에 그치지 않고, 미술은 때로 사회를 비판하거나 역사적 사건에 메시지를 던지기도 합니다. 미술이 세상을 직접 바꾸지는 못하지만, 미술이기 때문에 사람들의 마음을 움직이고 변화의 문을 여는 힘을 지니고 있습니다.

이제 미술이 삶과 사회에 어떤 파장을 일으켜 왔는지, 그리고 어떻게 세상을 움직여 왔는지 그 흐름을 만든 화가들의 작품 속으로 함께 들어가 볼까요?

현대의 로빈 후드, 정체불명의 예술가 뱅크시

미술계의 '테러리스트'라 불리는 뱅크시는 전 세계 도시의 벽에 기습적으로 그림을 남기며, 정부와 전쟁, 폭력, 자본주의, 소비사회, 환경오염 등 현대 사회에 근본적인 질문을 던지는 거리 예술가입니다. 정체를 숨긴 채 '뱅크시'라는 이름으로 활동하는 그는 마치 권력자를 놀라게 하는 로빈후드처럼 예상치 못한 장소에 벽화를 남기며 미술적 저항을 이어왔습니다. 벽에 그림을 그리는 행위 자체가 불법이기 때문에 정체가 드러나는 순간 그의 활동도 끝나버릴 수 있는 존재이기도 하지요.

아이러니하게도 그는 유명해지기 위해 활동한 것이 아니었지만, 그의 작품은 곧 예술계에서 큰 화제를 불러일으켰고, 결국 높은 가격에 거래되는 작품으로까지 자리 잡게 되었습니다.

뱅크시가 '착한 로빈후드'가 된 일도 있었습니다. 12년 동안 문이 닫혀 있던 브로드 플레인 소년 클럽의 출입문에 어느 날 그의 작품 〈휴대폰의 연인〉이 등장한 것입니다. 소유권을 두고 시의회와 경찰 등이 다투자 뱅크시는 클럽 주인에게 "그 그림은 당신 것입니다."라는 편지를 보냈고, 작품은 경매에서 약 40만 파운드(약 6억 8천만 원)에 팔렸습니다. 이 수익으로 클럽은 다시 문을 열 수 있었습니다.

또한 뱅크시는 꾸준히 전쟁에 반대하고 평화를 주장해 왔습니다.

미국과 영국의 이라크 전쟁을 비판하며 그린 〈꽃을 던지는 남자〉에서는 시위하는 인물이 폭력이 아닌 '꽃'을 던지는 모습으로 평화의 메시지를 전합니다.

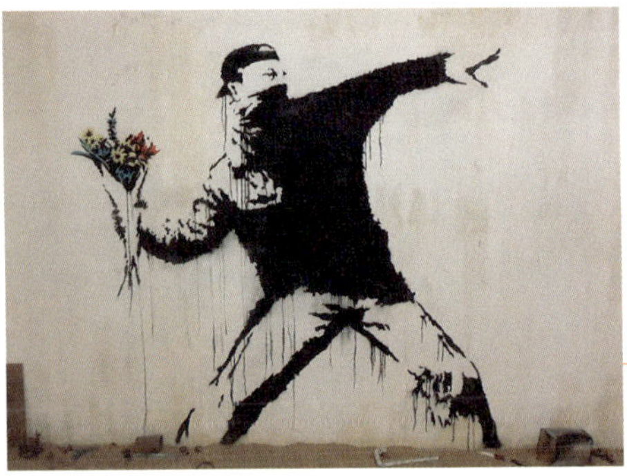

뱅크시, <꽃을 던지는 남자>, 2003년. 스텐실 기법, 그래피티

팔레스타인 지역의 벽에 등장한 뱅크시의 〈꽃을 던지는 남자〉는 멀리서 보면 돌이나 폭탄을 던지는 시위대처럼 보이지만, 가까이에서 보면 그의 손에는 알록달록한 꽃다발이 들려 있습니다. 힘과 폭력이 아니라 평화와 희망을 선택하자는 메시지를 담은 것이지요. 특히 이 작품이 그려진 곳은 팔레스타인과 이스라엘을 가르는 거대한 서안 장벽으로 뱅크시는 이 벽을 '세상에서 가장 큰 감옥'이라 부르며 그 위에 평화의 상징을 남겼습니다.

뱅크시는 전쟁뿐 아니라 자본주의와 소비사회, 권위적인 예술 제도까지 날카롭게 풍자합니다. 익숙한 이미지를 패러디해 그 의미를 뒤집는 방식으로 우리가 너무 당연하게 받아들였던 현실을 다시 바라보게 만드는 것이죠. 그는 한 인터뷰에서 "현대 미술은 소수가 만들고 사고 소비하는 기업 연합체와 같다. 나는 그 체계를 벗어나 대중과 직접 소통하고 싶다."라고 말했습니다. 어릴 적 '로빈후드가 되고 싶었다'고 밝힌 그는 오늘날에도 미술을 무기로 삼아 사회에 질문을 던지는 현대의 의적으로 활동을 이어가고 있습니다.

전쟁의 진짜 모습을 드러내다, 고야

현대의 로빈후드라 불리는 뱅크시 이전에도 전쟁에 반대하며 그림으로 전쟁의 참상과 고통을 기록하려 했던 화가들이 있었습니다. 전쟁과 미술은 인류 역사에서 떼려야 뗄 수 없는 관계였지요. 고대부터 오늘날까지 예술가들은 때로 전쟁의 영광을 찬양하기도 했지만, 동시에 그 참혹함을 고발하는 증언자 역할을 하며 역사의 어두운 순간을 기록해 왔습니다.

전쟁의 참상을 직접 마주한 화가들도 있습니다. 특히 고국에서 벌어진 비극이라면 그 분노는 더욱 클 수밖에 없지요. 스페인의 화가 프란시스코 고야 역시 조국에서 일어난 전쟁에 분노하며 붓을 들었습니다. 그의 대표작 〈1808년 5월 3일〉은 스페인 독립전쟁을 배경으로 합니다.

1808년 5월 2일, 나폴레옹 군이 스페인 왕실을 강제로 프랑스로 이송하자 마드리드 시민들이 봉기했고, 변변한 무기도 없이 프랑스군에 맞서 싸웠습니다. 다음 날 새벽, 프랑스군은 봉기에 가담했거나 그 혐의가 있는 시민들을 몬클로아 언덕으로 끌고 가 집단 처형했고, 수백 명의 시민이 목숨을 잃었습니다. 이 사건은 스페인 독립전쟁의 도화선이 되었습니다.

고야는 이 비극을 대형 캔버스에 강렬하게 담아냈습니다. 그림의 중심에 있는 흰 셔츠의 남성은 두 팔을 벌린 채 순교자처럼 서 있으며, 그의 흰 셔츠는 어둠 속에서 무대 조명처럼 빛나 희생자들의 숭

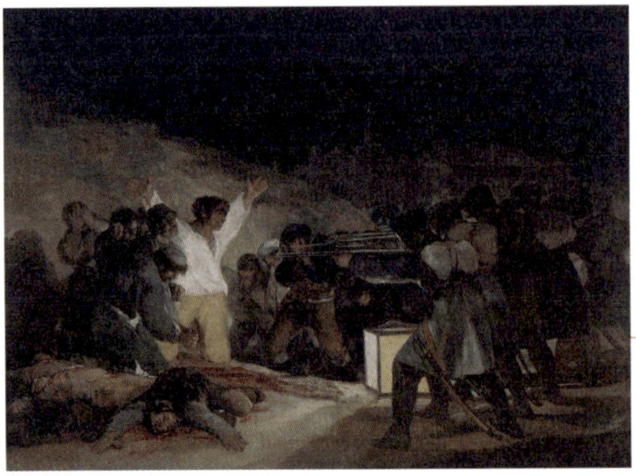

프란시스코 고야,
〈1808년 5월 3일, 마드리드〉,
1814년. 캔버스에 유채

고함을 상징합니다. 그를 비추는 사각 등불은 은밀한 학살을 드러내는 '진실의 빛'이자 절망 속에서도 꺾이지 않는 인간의 존엄을 나타냅니다. 고야 이전의 전쟁화가 승리와 영웅을 찬양했다면, 고야는 그 관습을 완전히 뒤집어 패자와 희생자, 비극을 그렸습니다. 그는 예술가가 권력의 도구가 아니라 사회의 부조리를 고발하는 증언자임을 보여주었습니다.

'역사를 잊은 민족에게 미래는 없다'는 말처럼, 잊고 싶은 비극일수록 더 자주 불러내어 기억해야 합니다. 한국의 '냄비 근성'처럼 쉽게 식어버리는 관심과 달리 예술 작품은 고야의 그림처럼 비극을 기록하고 보존하는 기억 장치가 됩니다.

예술가가 남긴 작품은 시간이 지나도 사건을 생생하게 소환해 주며, 우리가 다시는 같은 실수를 반복하지 않도록 경고하는 파수꾼의 역할을 합니다.

여성의 시각으로 재해석하는 세상, 게릴라 걸스

미술은 역사적 사건을 기록하는 데 그치지 않고, 우리에게 사회를 바라보는 전혀 다른 시각을 열어주기도 합니다. 누구도 주목하지 않았거나 생각해 보지 못한 사회의 어두운 면, 그리고 제도의 모순을 비추는 거울이 되기도 하지요.

"왜 위대한 여성 예술가는 없었는가?"

1971년, 미술사학자 린다 노클린이 던진 이 질문은 미술계를 뒤흔든 문제 제기였습니다. 그녀가 묻고자 했던 것은 단순히 '여성 예술가가 왜 적은가?'가 아니라, 여성들이 예술가로 성장하지 못하도록 가로막아 온 사회적·제도적 장벽이 무엇인가 하는 근본적인 문제였지요.

오랫동안 미술사는 서구 남성 중심으로 쓰여왔습니다. 여성들은 주로 영감을 주는 뮤즈나 모델로만 등장했고, 실제로 작품을 남겼던 여성 예술가들조차 역사 속에서 지워지거나 축소된 채 기록되곤 했습니다.

1960년대부터 시작된 페미니스트 미술 운동은 이런 불평등한 상황에 정면으로 맞서기 시작했습니다. 여성 작가들은 전통적으로 규정된 '여성성'의 개념에 도전하고, 여성의 몸과 경험을 이전과는 다른 시각으로 탐구하기 시작했지요. 이 흐름을 이어 1985년에 결성된 게릴라 걸스Guerrilla Girls는 고릴라 마스크를 쓰고 등장해 미술계에 만연한 성차별과 인종차별을 통렬하게 고발해 온 페미니스트 예술가 집단입니다.

게릴라 걸스의 유명한 포스터 "여성이 메트로폴리탄 미술관에 들어가려면 벌거벗어야 하나요?"라며 충격적인 통계를 내놓았습니다. 근현대관 작품의 85%는 남성 작가의 것이지만, 누드화의 83%는 여성이라는 사실을 통해 미술계에서 여성의 위치가 얼마나 왜곡되어 있는지를 드러낸 것이죠.

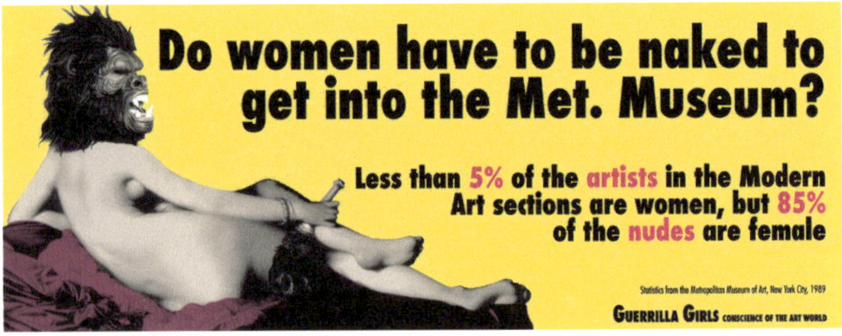

게릴라 걸스, 〈메트로폴리탄 미술관에 들어가려면 여자가 누드여야 하는가?〉, 1989년.

게릴라 걸스의 가장 큰 특징은 고릴라 마스크를 쓰고 활동한다는 점입니다. 이는 '게릴라Guerrilla'와 '고릴라Gorilla'의 발음에서 온 언어유희이자, 익명성을 통해 메시지에 집중하게 하려는 전략이었지요. 그들은 미술관 안에서 싸우기보다 뉴욕 거리와 지하철역에 포스터를 붙이며 문제를 알리는 방식을 택했고, 강렬한 색과 도발적인 문구로 사람들의 시선을 사로잡았습니다.

이들의 활동은 실제 변화를 끌어냈습니다. 주요 미술관의 여성 작가 비율은 과거보다 크게 높아졌고, 미술관 측에서도 성비를 점검하며 개선하려는 노력을 기울이게 되었습니다. "여성 미술가는 왜 이렇게 적은가?"라는 게릴라 걸스의 질문은 이제 미술계가 스스로 되묻는 상식이 되었습니다.

미술이 세상을 바꿀 수 있을까?

미술이 세상을 단번에 바꿀 힘을 가진 것은 아닙니다. 그렇지만 미술이기 때문에 가능한 일들이 분명히 있습니다. 우리가 미처 보지 못한 문제를 직관적으로 드러내고, 감정적 공감을 불러일으키며, 우리가 익숙하다고 생각했던 고정관념에 균열을 내는 힘, 그것이 바로 미술의 역할입니다.

뱅크시는 도시의 벽에 전쟁의 부조리를 새겨넣었고, 고야는 〈1808년 5월 3일〉로 전쟁의 참혹함을 고발했으며, 게릴라 걸스는 고릴라 가면을 쓰고 미술계의 성차별에 맞섰습니다.

미술이 없는 세상은 상상하기 어렵습니다. 미술이 있기에 우리는 더 인간적일 수 있고, 더 나은 세상을 꿈꿀 수 있습니다. 앞으로도 예술가들은 사회의 부조리를 고발하고 새로운 가치를 제시하며, 변화의 메시지를 던질 것입니다. 그리고 우리는 그 메시지에 귀 기울이고, 함께 더 나은 세상을 만드는 데 동참해야 합니다.

기술이 예술을 만날 때, 혁신의 미학

세상이 변하는 속도는 실로 놀라울 만큼 빠릅니다. 기술의 발전과 함께 우리의 삶의 방식도 급격히 달라졌지요. 기술이라는 것은 단순한 도구가 아니라 우리의 경험과 기억, 추억이 뒤섞여 살아 움직이는 하나의 생명체처럼 느껴지기도 합니다. 예전에는 상상조차 할 수 없던 일들이 이제는 숨 쉬듯 자연스럽게 일상의 일부가 되었으니까요.

오늘도 우리는 휴대전화로 쇼핑을 하고, 배달앱으로 저녁을 주문하며, 지인의 인스타그램을 둘러보고 '좋아요'를 누릅니다. 챗GPT로 수업 주제와 계획을 묻고, 잠깐의 틈에 웹툰으로 머리를 식히기도 합니다. 자기 전에는 짧은 영상을 보며 잠들곤 하지요.

이런 하루는 디지털 시대를 살아가는 우리의 매우 평범한 일상일 뿐입니다. 기술은 어느새 삶 속에 자연스럽게 스며들어, 우리와 함께 호흡하며 일상의 질감을 바꾸어 놓았습니다.

미술, 시대를 반영하는 거울

미술은 시대를 비추는 거울입니다. 그리스 조각상이 인간의 모습을 하고 있는 것은 인간 중심의 세계관을 반영한 것이고, 유럽 곳곳에 아름다운 교회가 많은 이유는 중세 기독교 시대가 천 년 동안 지속되었기 때문입니다. 한국에 절이 많은 것은 불교가 국가의 종교였던 시기가 있었기 때문이며, 이집트의 피라미드는 파라오의 절대적 권력이 만들어낸 산물이지요.

이처럼 미술은 언제나 그 시대의 세계관을 품고 있습니다. 그리고 현대의 세계관을 가장 강하게 규정하는 요소는 기술의 발전입니다. 흥미롭게도 '예술art'이라는 말은 그리스어 '테크네tekhno', 즉 '기술'을 뜻하는 단어에서 유래했는데, 이는 아주 오래전부터 예술의 속성 안에 기술이 이미 깊이 내재되어 있었음을 보여줍니다.

르네상스 시대 - 예술과 기술이 하나가 된 시대

미술과 기술의 만남은 생각보다 훨씬 오래된 역사를 지니고 있습니다. 15세기 르네상스 시대는 과학적 사고와 예술적 표현이 자연스럽게 결합된 대표적인 시기였지요. 이 시기에는 예술가와 과학자의 경계가 지금처럼 뚜렷하지 않았고, 많은 예술가는 사실상 고급 기술자에 가까운 존재였습니다. 레오나르도 다 빈치조차도 1482년 밀라노 공작에게 보낸 자기소개서를 보면, 자신을 화가가 아닌 기술자로 소개하며 미술은 부가적 역량 정도로 언급하고 있습니다. 그만큼 당시의 예술은 기술적 지식과 과학적 탐구심 위에 세워져 있었던 것입니다.

"저는 다음을 할 수 있습니다."
1. 극히 가벼우면서도 튼튼한 다리 건설
2. 포위전 시 해자의 물을 제거하는 방법
3. 무한히 다양한 공성기계 제작
4. 지하 비밀통로 굴착
5. 적의 요새를 파괴하는 대포 제작
6. 장갑 차량 설계
7. 카타펄트, 발리스타 등 투사무기
8. 화염방사기와 기타 공격무기
9. 마지막에 잠깐: "평화 시에는 건축, 조각, 회화도 합니다."

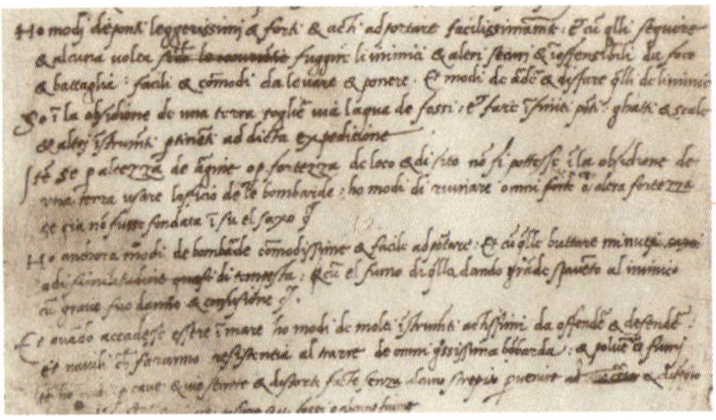

레오나르도 다 빈치, 1482년. 밀라노 공작 루도비코 스포르차에게 보낸 자기소개서, 『코덱스 아틀란티쿠스』 수록

르네상스 시대 화가들이 개발한 여러 기술, 특히 원근법은 당시 미술의 수준을 한 단계 끌어올린 핵심 혁신이었습니다. 그중 가장 중요한 발전이 선형 원근법Linear Perspective의 체계화로 필리포 브루넬레스키가 1415년경 수학적 원리를 바탕으로 만들었습니다. 이를 통해 3차원 공간을 2차원 화면에 사실적으로 재현할 수 있게 되었고, 레오나르도 다 빈치의 〈최후의 만찬〉이나 마사초의 〈성 삼위일체〉에서 그 완성도를 확인할 수 있습니다.

더 놀라운 기술도 있습니다. 르네상스 화가들은 카메라 옵스큐라Camera Obscura라는 장치를 사용했는데, 작은 구멍을 통해 들어온 빛이 상자 내부 벽면에 바깥 풍경을 거꾸로 투사하는 방식으로 후대 카메라의 원형이 된 발명품입니다.

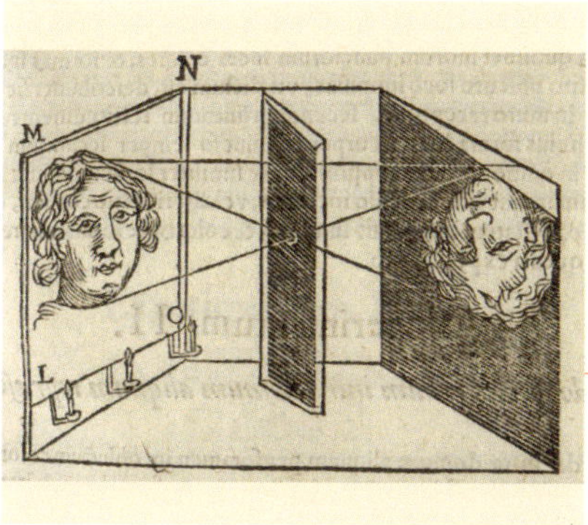

르네상스 시대의 화가들이 사용했던 카메라 옵스큐라 상자이다. '어두운 방'을 뜻하는 작은 구멍을 통과한 빛이 어두운 상자 안의 반대편 벽에 바깥 풍경을 거꾸로 투사하는 원리로 이는 후대 카메라의 원형이 되었다.

아타나시우스 키르허,
<빛과 그림자의 위대한 예술>, 1646년.
출처: 인터넷 아카이브

르네상스 화가들은 카메라 옵스큐라를 활용해 실제 풍경과 인물의 윤곽을 더 정확히 관찰하거나, 투사된 이미지를 따라 선을 그리며 사실적 표현을 시도했습니다. 이 도구는 원근과 빛의 정확성을 구현하는 데 큰 도움을 주었고, 회화를 상징적 표현에서 벗어나 자연을 있는 그대로 재현하는 예술로 발전시키는 데 중요한 역할을 했습니다.

19세기, 사진의 발명과 색채 안료의 발전

1839년 루이 자크 망데 다게르가 다게레오타입daguerreotype(금속판 위에 이미지를 고정시키는 세계 최초의 실용 사진 기법)을 발표하면서 사진이 공식적으로 탄생했습니다. 이는 미술사에 엄청난 충격을 가져왔습니다. 수백 년 동안 현실을 모방하고 재현하는 것이 회화의 중심 역할이었는데, 사진이 등장하자 이를 훨씬 더 정확하고 빠르게 수행할 수 있게 되었기 때문입니다.

당시 화가 폴 들라로슈는 사진을 처음 본 뒤 "오늘부터 회화는 죽었다."라고 말했다는 유명한 일화도 전해집니다. 실제로 초상화를 주로 그리던 많은 화가는 생계에 어려움을 겪었지요.

그러나 이 위기는 오히려 미술의 새로운 방향을 열었습니다. '인상주의'의 등장이 바로 그것입니다. 클로드 모네, 르누아르, 드가 같은 화가들은 사진이 담아낼 수 없는 순간의 인상, 빛의 변화, 감정의 진동을 포착하는 데 집중했습니다.

이처럼 빛의 순간을 아름답게 표현하는 인상주의 회화가 탄생할 수 있었던 배경에는 합성 안료 기술의 발전도 있었습니다. 물론 그 이전에도 빨강·파랑·녹색 같은 색채는 존재했습니다. 그러나 대부분 천연 광물이나 식물에서 얻은 안료로, 값이 비싸고 색이 불안정해 밝고 순수한 색을 자유롭게 사용하기에는 한계가 있었습니다.

1856년, 당시 18세였던 영국 화학자 윌리엄 퍼킨은 말라리아 치료제 퀴닌을 만들기 위한 실험 중 우연히 보라색 잉크 같은 물질을 발견합니다. 이것이 바로 아니린aniline 염료였고, 그는 이를 안정적인 형태로 가공해 '모브mauve'라는 최초의 인공 합성염료를 세상에 내놓았습니다.

퍼킨의 발명은 보라색 하나에 그치지 않았습니다. 이후 화학자들은 빨강, 파랑, 녹색 등 다양한 합성염료를 개발하며 화가들의 색채 팔레트를 크게 넓혔습니다. 인상주의 화가들은 기존 아카데미 미술처럼 어두운 바탕 위에서 명암을 쌓아가는 방식 대신, 밝고 순수한 색채를 나란히 두어 눈에서 혼합되도록 만드는 기법을 즐겨 사용했습니다.

만약 이런 합성염료와 안료 기술의 발전이 없었다면, 인상주의 특유의 강렬하고 다채로운 색채 실험은 불가능했을지도 모릅니다. 특히 모네 작품 특유의 미묘한 보라·파랑·분홍빛의 빛 변화는 이 색채 혁신 덕분에 가능해졌고, 우리는 그 덕에 오늘날 아름다운 인상주의 미술을 만날 수 있게 되었습니다.

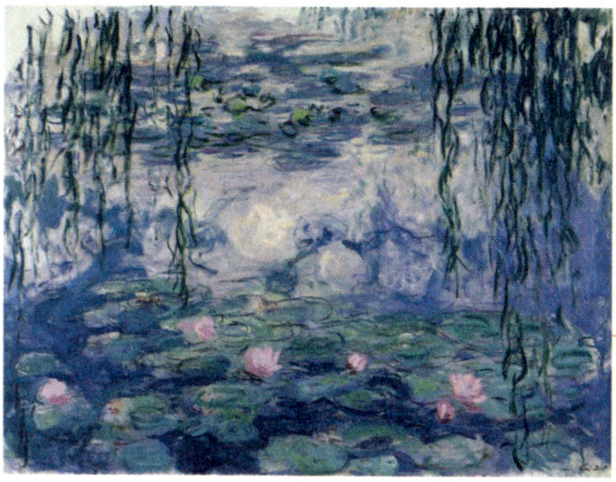

클로드 모네, 〈수련〉, 1916~1919년. 캔버스에 유채

움직임이 만든 새로운 예술, 키네틱 아트

본격적으로 기술이 미술에 활용되기 시작한 시점은 키네틱 아트의 등장부터라고 할 수 있습니다. 키네틱 아트Kinetic Art는 '움직임'을 뜻하는 키네틱Kinetic과 '예술Art'이 결합된 말로 '움직이는 예술'을 의미합니다. 기술과 예술이 만나 작품에 실제 물리적 움직임을 부여함으로써 이전에는 경험할 수 없었던 새로운 미학적 감각을 제시한 예술 형태입니다.

최초의 키네틱 아트로는 흔히 1913년 마르셀 뒤샹의 〈자전거 바퀴〉가 꼽힙니다. 뒤샹은 자전거 바퀴를 의자 위에 올려두고, 관람객이 직접 손으로 돌려볼 수 있도록 했습니다. 지금 우리의 시선으로 보면 다소 단순하고 유치하게 느껴질 수도 있지만, 당시에는 미술에 '움직임'이라는 요소를 도입한 매우 파격적이고 실험적인 시도였습니다.

현대의 레오나르도 다 빈치, 테오 얀센

현대에도 키네틱 아트는 또 다른 공학 기술과 결합하여 더욱 발전해 왔습니다.

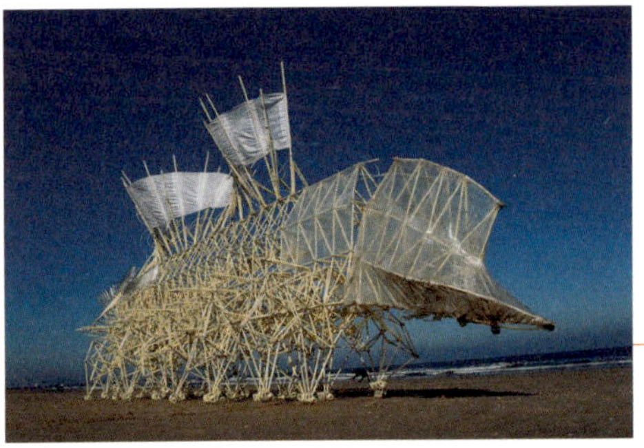

테오 얀센.
〈스트란트비스트〉 시리즈

"예술과 공학의 장벽은 우리의 마음속에만 존재한다."

현대의 레오나르도 다 빈치라 불리는 키네틱 아티스트 테오 얀센의 말입니다. 그는 1990년대부터 바람이나 물 같은 자연의 힘으로 스스로 움직이는 플라스틱 구조물 〈해변 동물〉을 제작해 왔으며, 이를 하나의 생명체로 보고 '아니마리스animaris'라는 이름을 붙였습니다.

이 해변의 동물은 애니메이션 〈포켓몬스터〉처럼 세대를 거듭하며 진화해 왔습니다. 그의 저서 『위대한 몽상가』에 따르면, 총 8세대에 걸쳐 보행 능력과 근육 운동, 관절 구조가 점점 더 정교하게 발전했고, 최근에는 '뇌'까지 탑재되었다고 합니다. 해변에서 이 생명체를 만나면 먹이를 주는 것도 가능하다고 하니 정말 살아 있는 존재처럼 느껴지기도 하지요.

미래주의

20세기 초 산업 혁명으로 기계 문명이 급격히 발전하자 미술에도 새로운 흐름이 등장했습니다. 이탈리아의 미래주의 화가들은 기계가 가진 속도와 힘, 역동성을 새로운 예술 언어로 삼았습니다.

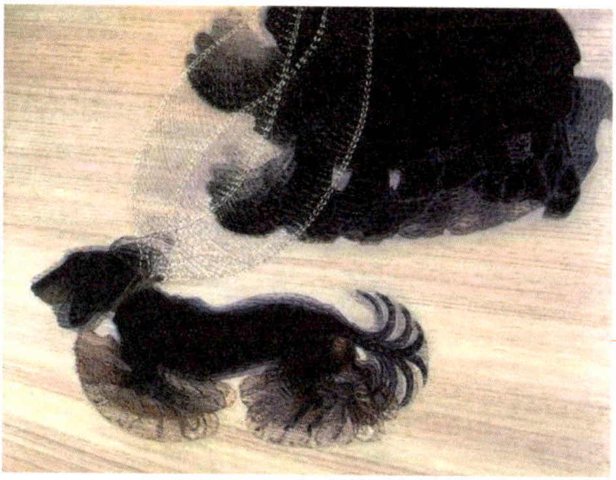

〈줄에 묶인 개의 역동성〉은 산책하는 강아지의 다리와 꼬리가 여러 번 겹쳐 보이도록 표현해 마치 강아지가 빠르게 움직이는 듯한 귀여운 장면을 연속적으로 보여주는 작품이다.

자코모 발라,
〈줄에 묶인 개의 역동성〉,
1912년. 캔버스에 유채

자코모 발라의 〈줄에 묶인 개의 역동성〉은 19세기 말 사진술과 연속 촬영(크로노포토그래피)에서 아이디어를 얻어 움직임을 눈으로 보이게 한 대표적 사례입니다. 애니메이션이 여러 프레임을 이어 움직임을 만들듯이 발라의 그림은 애니메이션 기법이 등장하기 이전에 움직임을 시각적으로 표현하려 한 초기 시도라 할 수 있습니다.

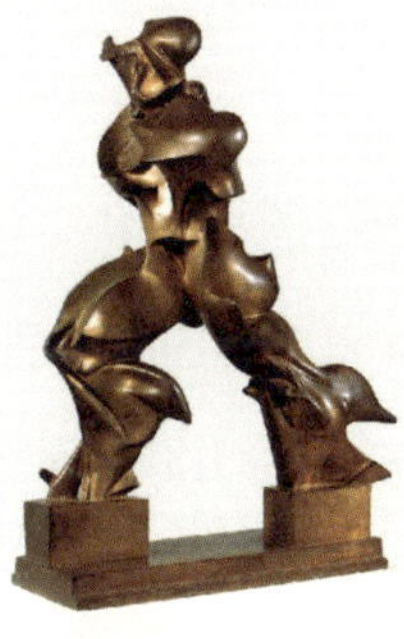

'미래주의의 비너스'라고 불리는 이 작품은 사람이 힘차게 걸어가는 순간을 조각으로 표현했다. 얼굴이나 세부적인 모습은 보이지 않고, 대신 근육, 옷자락, 바람의 흐름이 한 덩어리처럼 이어져 있다.

움브르토 보치오니, 〈공간 속의 연속성의 독특한 형태〉,
1913년. 청동

움브르토 보치오니의 〈공간 속의 연속성의 독특한 형태〉는 사람이라기보다 '운동과 속도의 덩어리'에 더 가까워 보입니다. 보치오니는 단순히 인물을 묘사하는 데 그치지 않고, 움직임 그 자체를 예술로 만들고자 했습니다.

비디오 아트의 탄생

기술은 단순한 제작 도구를 넘어서 예술 작품의 형태와 감상 방식을 바꾸어 놓았습니다. 새로운 기술이 미술 속으로 들어오자 화가들은 붓과 캔버스 대신 전혀 다른 재료와 언어를 사용하기 시작했습니다. 그 대표적인 예가 비디오 아트와 컴퓨터 아트입니다. 카메라·모니터·영상 기술이 예술의 재료가 되면서 작품은 더 이상 정지된 그림이 아니라 움직이고 소리를 내는 새로운 형식으로 확장되었습니다.

이 흐름에서 가장 중요한 인물은 비디오 아트의 창시자 백남준입니다. 그는 텔레비전을 방송을 보는 기계가 아니라 예술의 재료로 사용했으며, 여러 대의 TV와 금속 부품을 조합해 사람이나 동물 형태의 로봇을 만들었습니다. 관람자는 TV 화면의 움직임과 설치물의 형태를 동시에 경험하며 전혀 새로운 감각을 느끼게 되었지요.

그의 작품은 기술과 예술이 만날 때 예술의 언어가 어떻게 새롭게 태어나는지를 보여주는 대표적 사례입니다. 비디오 아트는 정지된 이미지를 넘어 시간과 움직임을 담아낸 예술로 발전했고, 관람자는 영상과 소리, 빛이 어우러진 공간 속으로 몰입하는 새로운 감상 방식을 경험하게 되었습니다. 이러한 변화는 오늘날의 미디어 아트와 디지털 아트로 이어지며, 예술이 시대의 기술과 함께 끊임없이 확장될 수 있음을 보여주는 중요한 전환점이 되었습니다.

인공지능 시대의 미술

최근에는 인공지능이 미술 창작에 직접 참여하고 있습니다. 2018년 크리스티 경매에서 AI가 그린 초상화 〈에드몽 드 벨라미〉가 약 43만 2,500달러(당시 약 5억 원)에 낙찰되며 큰 화제가 되었는데, 이는 인공지능 작품이 처음으로 경매에 등장한 상징적 사례였습니다.

또 다른 예로 〈넥스트 렘브란트〉 프로젝트가 있습니다. 2016년 네덜란드 2016년 네덜란드 ING 은행과 마이크로소프트, 델프트 공과대학교 등이 참여해 AI가 렘브란트의 약 300점에 이르는 작품을 학습하도록 한 것이죠. 그 결과 AI는 그의 붓 터치와 색감, 구도, 인물 비율까지 분석해 새로운 초상화를 만들어냈습니다. 완성된 작품은 3D 프린팅 기술로 실제 유화의 질감까지 재현했습니다. 이 프로젝트는 인공지능이 예술가의 스타일을 계승해 새로운 창작을 시도할 수 있음을 보여준 대표적 사례로 평가됩니다. 그렇다면 이런 작품을 과연 예술이라 할 수 있을까요?

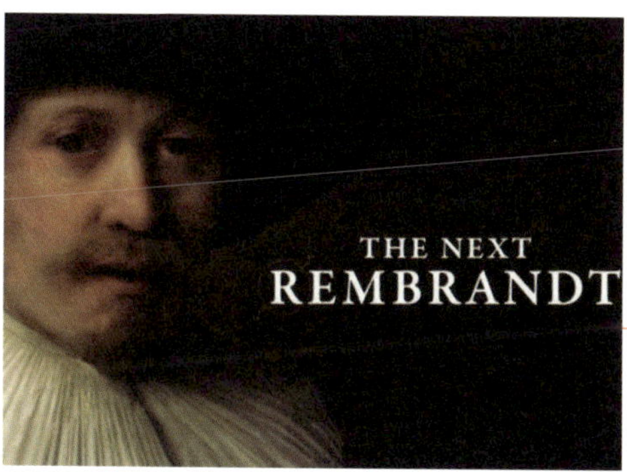

인공지능 프로젝트.
〈넥스트 렘브란트〉, 2016년
3D 프린팅 캔버스에 유채 잉크

다음 그림을 살펴볼까요?

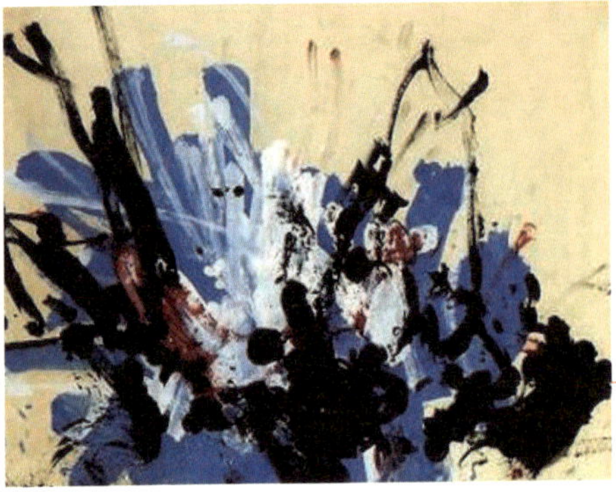

침팬지 콩고, 〈무제〉, 1957년.
종이에 과슈·연필, 개인 소장

이 그림은 얼핏 추상화처럼 보이지만, 사실 침팬지 '콩고'가 그린 작품입니다. 콩고는 약 3년 동안 추상 표현주의 스타일의 그림 400점을 남겼다고 하지요. 그렇다면 이 그림도 예술일까요?

AI가 만든 렘브란트풍 그림과 침팬지가 그린 추상화에는 공통점이 있습니다. 두 작품 모두 우리가 익숙하게 생각하는 '예술의 모습'을 그럴듯하게 따라 했기 때문에 놀라움을 준다는 점입니다. 렘브란트의 명작이 위대한 이유는 단순한 기법이 아니라 빛과 명암을 통해 인물의 내면과 삶의 무게까지 담아낸 깊은 창조성에 있습니다. 반면 침팬지의 그림은 창조 의지에서 나온 예술이라기보다는 흥미로운 실험작에 가깝습니다.

그렇다면 인공지능의 작품도 예술이 될 수 있을까요? 아직 답은 명확하지 않습니다. 인간의 감정과 경험이 있어야 예술이라는 의견도 있지만, 시대가 변하며 예술의 정의 역시 계속 확장되었습니다. 사진도 처음엔 예술이 아니라는 비판을 받았지만 지금은 하나의 장르가 되었듯이 AI가 새로운 방식으로 창작에 참여한다면 언젠가 예술로 인정받을 가능성도 있습니다.

결국 중요한 것은 도구가 아니라 작품이 창조성을 갖고 사람들에게 새로운 감동과 생각을 불러일으킬 수 있는가 하는 점일 것입니다.

기술과 예술의 관계는 단순한 도구 활용을 넘어서 서로 영향을 주고받는 과정입니다. 기술이 새로운 표현 매체를 열어주면, 예술가들은 그 기술을 예술적 상상력으로 재해석해 새로운 의미를 부여합니다. 앞으로 등장할 퀀텀 컴퓨팅, 뇌-컴퓨터 인터페이스, 홀로그램 같은 기술 역시 미술에 또 다른 변화를 불러올 것입니다. 중요한 것은 기술 자체가 아니라, 그 기술로 인간의 감정과 사상을 어떻게 표현하고 소통하느냐입니다.

우리는 지금 기술 발전의 급행열차에 올라탄 상태이며, 이 여정에서 미술은 단순한 승객이 아니라 방향을 제시하는 나침반에 가깝습니다. 기술이 만든 새로운 가능성을 예술적 상상력으로 탐험하며, 인간다운 미래를 만들어가는 것, 이것이 현대 미술의 역할입니다.

감상의 방

보는 법을 넘어 느끼는 법

5층

"진정한 여행은 새로운 풍경을 보는 것이 아니라
새로운 눈을 갖는 것이다."

– 마르셀 프루스트

드디어 마지막 층에 도착하셨군요.
지금까지의 미술 여정은 즐거우셨나요?
여기까지 오셨다면,
미술은 더 이상 낯선 지식이 아니라
어쩌면 이미 당신의 일상 속 친구가 되어 있을지도 모릅니다.

이제 책 속이 아닌 진짜 미술을 만나는 방법을
5층에서 안내해 드리겠습니다.
그리고 이 순간부터,
당신의 일상 속에서 '호기심 미술 책방'은 계속 이어집니다.

음악 취향은 확고한데 미술 취향은 왜 모를까?

아침 출근길에 듣는 음악처럼 미술에도 '나만의 플레이리스트'가 있을까요? 왕복 140km의 긴 출근길을 달리던 시절이 떠오릅니다. 운전대 옆 조수석엔 늘 음악이 있었죠. 하루의 피로가 도로 위로 녹아내릴 때, 좋아하는 노래는 세상에서 가장 든든한 친구가 되어주곤 했습니다. 음악은 귀로 듣는 예술이기에 다른 일을 하면서도 즐길 수 있지만, 미술은 우리의 시선을 온전히 요구합니다. 그림 한 점을 보기 위해서는 시간과 공간, 그리고 작은 마음의 여유가 필요하지요. 그래서일까요, 미술은 어딘가 '준비된 감상'을 요구합니다. 음악과 달리 조금 번거롭게 느껴질 수도 있습니다.

그런데도 신기한 점이 있습니다. 미술을 잘 모르고 자주 접하지 않더라도, 사람마다 좋아하는 그림의 취향이 분명히 다르다는 사실입니다. 혹시 당신도 모르는 사이, 이미 자신만의 미술 취향을 갖고 있는 건 아닐까요?

취향에는 공통점이 있다

그래서 정말 궁금해졌습니다. 사람들은 어떤 음악을 좋아하고, 어떤 그림에 끌릴까? 그리고 음악 취향과 미술 취향 사이에는 어떤 연결고리가 있을까? 이 궁금증을 풀기 위해 작은 실험을 해 보았습니다. 10대부터 40대까지 남녀 100명에게 물었습니다.

"어떤 음악을 좋아하시나요?", "어떤 그림이 마음에 드시나요?"

결과는 꽤 흥미로웠습니다. 대답은 제각각이었지만 하나의 공통점이 있었습니다. 사람들은 음악에서는 K-팝이나 발라드처럼 익숙하고 편안한 멜로디, 그림에서는 모네와 반 고흐, 인상주의 풍경화처럼 누구나 좋아할 만한 작품을 꼽은 것이죠.

18세기 철학자 임마누엘 칸트는 『판단력 비판』에서 "아름다움은 주관적이지만, 동시에 보편적일 수 있다."라고 말했습니다. 감정과 취향은 사람마다 다르지만, 우리를 끌어당기는 미의 기준 속에는 어딘가 공통된 무언가가 존재한다는 뜻이지요. 실제로 설문 결과도 칸트의 말처럼 사람들은 조화로운 색채, 친숙한 형태, 편안한 구성을 가진 작품에 공통적으로 끌리는 경향을 보였습니다. 처음에는 음악 취향과 미술 취향 사이의 특별한 연관성을 찾고자 했지만, 의외로 대부분은 모네의 〈수련〉이나 반 고흐의 〈해바라기〉처럼 '누구나 아는 그림들'을 선택했습니다.

그런데 흥미로운 발견도 있었습니다. 소수이긴 했지만, 추상화나 현대 미술을 선택한 사람들은 모두 힙합을 좋아했고, 차가운 기하학적 추상화를 고른 사람들은 예외 없이 클래식을 선택했습니다. 물론 작은 규모의 비공식 조사이긴 했지만 이런 작은 발견들은 예술 취향의 다양성과 그 미묘한 연결고리를 엿보게 해 줍니다.

그렇다면, 사람마다 이렇게 다른 예술 취향은 어디에서 비롯될까요? 왜 어떤 사람은 모네의 부드러운 붓질에서 편안함을 느끼고, 또 어떤 사람은 잭슨 폴록의 격렬한 추상화에서 에너지를 느낄까요? 우리의 예술 취향은 무엇이 결정할까요?

철학자 알랭 드 보통은 『영혼의 미술관』에서 예술의 7가지 기능을 이야기합니다. 그중에서도 '균형 회복' 기능은 서로 다른 예술 취향이 생겨나는 이유를 가장 잘 설명해 주는 개념입니다.

예술이 마음의 균형을 되찾게 하는 이유

인생을 살다 보면 감정은 쉽게 한쪽으로 기울어집니다. 기분 좋게 하루를 시작했다가도 누군가의 말 한마디에 금세 상처받고, 우울감이나 자책감에 빠지기도 하죠. 알랭 드 보통은 현대인들이 과도한 긴장과 자극, 산만한 삶의 방식 속에서 지속적으로 소모되고 있다고 말합니다. 누군가는 지나치게 이성적이라 감정 표현이 어렵고, 또 누군가는 감정이 너무 격해 차분함이 필요하기도 합니다. 외로움에 지친 사람이 있는가 하면, 너무 많은 사람 속에서 혼자만의 시간을 갈망하는 이들도 있지요.

바로 여기서 예술의 마법이 시작됩니다. 그는 '예술은 마음속에서 심하게 기운 부분을 다시 균형 잡힌 상태로 되돌려준다'고 설명합니다. 예를 들어, 하루 종일 업무와 인간관계에 지친 사람이 모네의 고요한 수련 연작에서 평화를 찾고, 반대로 단조로운 일상에 권태를 느끼던 사람이 피카소의 역동적인 작품에서 에너지를 얻는다든지, 이 모든 과정이 바로 '균형 회복'입니다. 결국 예술은 우리 내면의 결핍을 채워주는 힘을 갖고 있기에 본능적으로 특정 작품에 이끌릴 수밖에 없습니다.

차가운 기하학적 추상화를 좋아하는 사람은 감정이 뒤섞인 일상 속에서 조금은 단단한 질서와 이성을 찾고 싶은 마음이 숨어 있을지도 모릅니다. 반대로 부드럽고 감성적인 인상주의에 끌리는 사람은 지나치게 이성에 치우친 하루 속에서 따뜻한 감정의 숨결을 되찾고 싶은 건지도 모르죠.

취향은 어떻게 만들어질까?

여기서 흥미로운 질문이 생깁니다. 우리가 좋아하는 것은 정말 '나의 선택'일까요, 아니면 사회가 정해 준 기준일까요?

'예술 취향은 사회 계층, 직업, 학력에 의해 결정된다'는 말에 얼마나 동의하시나요? 드라마 속 재벌 2세가 "이런 음식은 처음이야!"라고 말하며 서민 음식을 먹고, 고급스러운 문화 예술을 즐기는 모습은 과연 단순한 클리셰일까요? 반대로 여주인공이 대중가요를 들으며 삼겹살집과 노래방으로 이어지는 일상을 보냅니다. 이런 대비는 현실에서도 종종 발견되는 장면입니다.

프랑스 사회학자 피에르 부르디외는 이런 차이가 우연이 아니라고 분석합니다. 그는 한 사람이 가진 문화적·사회적 배경이 '상징 자본'을 만들고, 그 자본이 개인의 취향을 결정한다고 말했습니다. 그리고 이렇게 형성된 취향의 패턴을 '아비투스habitus'라고 불렀죠. 아비투스란, 우리가 자란 환경 속에서 자연스럽게 스며든 취향과 습관, 사고방식입니다. 마치 DNA처럼 조용히 우리 안에 자리 잡은 문화적 코드라고 할 수 있습니다.

취향은 어떻게 계급을 만드는가

부르디외의 대표작 『구별짓기』에서 그는 꽤 놀라운 주장을 내놓습니다. 바로 문화 자본이 사람들을 상류층·중산층·하류층으로 나누는 기준이 된다는 것입니다. 더 흥미로운 지점도 있습니다. 상류층은 비슷한 문화적 취향을 공유하면서 자신들의 계급을 은근히, 그러나 단단하게 재생산한다는 점입니다. 상류층 자녀들이 어릴 때부터 피아노를 배우고, 미술관을 자연스럽게 드나들고, 클래식 콘서트에 앉아 있는 이유가 여기에 있습니다. 이들이 자라서 만나는 사람들 역시 대부분 비슷한 문화적 배경을 지니지요. 결혼 상대도, 사업 파트너도, 가까운 친구들도 결국 '같은 문화 코드'를 공유하는 사람들입니다. 결국 취향은 계급을 유지하는 보이지 않는 장치가 됩니다.

앞에서 살펴본 설문 결과를 피에르 부르디외의 시선으로 다시 보면, 70%가 선택한 인상주의와 정물화가 과연 정말 '순수한 개인 취향'이었을까요? 어쩌면 학교에서, 미디어에서, 사회에서 자연스럽게 학습해 온 '이런 그림이 교양 있고 고급스러운 취향이다'라는 기준을 우리가 자신도 모르게 내면화한 결과일지도 모릅니다.

그렇다면 진정한 '나만의 취향'은 존재할 수 있을까요? 알랭 드 보통의 『영혼의 미술관』에 나오는 '균형 회복' 이론과 부르디외의 '취향의 계급화' 이론 사이에서 우리는 어느 순간 묘한 딜레마에 놓입니다. 우리의 예술 취향이 정말 나만의 감정에서 온 것인지, 아니면 사회가 은근히 심어준 것인지 말입니다.

아마도 정답은 그 중간 어디쯤일 것입니다. 우리는 사회적 배경의 영향을 분명히 받지만, 그 안에서 개인의 경험과 감정으로 취향을 조금씩 다듬어가는 존재이니까요. 중요한 것은 단 한 가지입니다. 내가 좋아한다고 생각하는 것이 정말 '내 마음의 목소리'인지, 아니면 사회가 조용히 심어놓은 기준인지 가끔은 멈춰 서서 되돌아보는 일이지요.

"당신의 취향은 어떠신가요?"

취향에는 정답이 없다

내가 좋아하는 것들이 꼭 순수하게 내 마음에서만 나온 것은 아닐지 모릅니다. 그렇다고 해서 그 취향이 가짜이거나 의미가 사라지는 것은 아닙니다. 진정한 예술 취향은 남의 시선이나 사회적 지위를 의식해서 만들어지는 것이 아니라, 결국 당신의 마음이 진짜로 울리는 곳에서 시작되기 때문이지요.

어쩌면 우리에게 필요한 것은 더 많은 '취향'이 아니라, 더 많은 호기심과 열린 마음일지도 모릅니다. 새로운 것을 시도해 보고, 다른 사람의 취향을 존중하며, 무엇보다도 "왜 나는 이것을 좋아할까?"라는 질문을 자기 자신에게 던져보는 일 말이지요.

앞으로 미술관을 찾게 되면, 작품 앞에서 조용히 이렇게 물어보세요.

"왜 나는 이 그림에 끌릴까?"

그 질문이야말로 당신만의 예술 취향을 향해 천천히 걸어가는 첫 걸음이 될 것입니다.

그림 감상법, 딱 알려드립니다

미국 뉴욕 메트로폴리탄 미술관에서는 아주 흥미로운 실험이 진행된 적이 있습니다. 연구진은 하나의 전시실에 여러 장르의 그림을 함께 걸어두고, 관람객 150명이 어떻게 작품을 감상하는지 살펴보았습니다.

그 결과는 조금 놀라웠습니다. 대부분의 관람객이 한 작품 앞에 머문 시간은 평균 27.2초에 불과했고, 심지어 그 그림을 더 볼지 말지는 10초 안에 결정한다고 합니다. 생각보다 사람들이 작품 앞에서 보내는 시간이 훨씬 짧다는 사실, 저도 꽤 놀랐습니다. 어쩌면 우리는 그림을 '감상'한다기보다, 스쳐 지나가듯 '훑고' 있는 건 아닐까요?

그림 감상, 10초의 벽을 넘어 진짜 재미를 찾으세요!

이렇게 짧은 시간 안에 그림의 진가를 알아보기란 쉽지 않습니다. 10초 이내에 느끼는 감상은 대개 "오, 예쁘다!" 혹은 "음… 내 취향은 아니네." 같은 직관적 반응에 머물기 때문이죠. 우리는 그 순간 그림의 색, 형태, 구도처럼 표면적인 요소만 빠르게 스캔할 뿐입니다.

하지만 진짜 미술 감상은 바로 그 10초 이후에 비로소 시작됩니다. 조금 더 오래, 조금 더 깊이 들여다보는 순간 우리는 지각적 감상의 단계로 넘어가게 됩니다. 이때부터는 나의 경험과 기억, 지식, 생각이 모두 모여 능동적으로 그림을 해석하기 시작하죠. 그래서 미술 감상을 시작하려 한다면, 반드시 10초 이상 보세요! 이 작은 습관이 미술의 문을 여는 첫걸음이 됩니다. 직관적 감상에 머물지 않고 지각적 감상의 영역으로 들어갈 때, 비로소 그림이 속삭이기 시작합니다.

자, 이제 그 10초의 벽을 가볍게 넘어 그림 속에 숨겨진 작은 보물들을 함께 찾아 떠나볼까요?

미술 감상 첫 번째 단계

뭐가 보이나요? 그림 속 숨은그림찾기!

"10초 넘게 보라는데… 그럼 도대체 무엇을 봐야 하죠?"

이런 궁금증이 드셨다면, 어린 시절 신문 속 숨은그림찾기를 떠올려 보세요. 그림 속에는 작가가 살짝 숨겨둔 이야기들이 있습니다.

인물들은 어떤 표정을 짓고 있을까요? 손끝은 어디를 향하고 있을까요? 배경의 사물들은 어떤 의미를 품고 있을까요? 그림을 하나의 미스터리 사건이라고 생각하고 탐정의 시선으로 천천히 들여다보면, 조금 전까지 보이지 않던 장면들이 차츰 모습을 드러냅니다. 시선이 머무는 시간이 길어질수록 작품은 조금 더 많은 속삭임을 들려줍니다.

자, 이제 첫 번째 명화 속 '숨은그림찾기' 미션, 함께 시작해 볼까요?

15개 모두 찾으셨나요? 짝짝짝!

숨은그림찾기

다음 그림은 북유럽 르네상스 화가 피터르 브뤼헐의 〈농부의 결혼식〉입니다.
그림 속의 숨겨진 이야기들을 찾아볼까요?

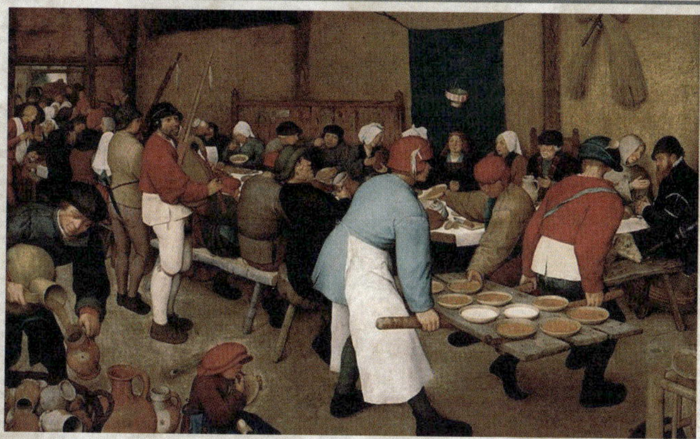

1. 외로워 보이는 오늘의 주인공 신부 2. 신랑 3. 신부의 아버지 4. 신부의 어머님 5. 흥을 돋구는 연주가 6. 더 먹고 싶어 손가락 빨고 있는 아이 7. 성직자 8. 칼을 차고 있는 기사 9. 식탁 밑에서 음식 떨어지기를 기다리고 있는 개 10. 병나발 불고 있는 아저씨 11. 포대기에서 잠시 아기를 내려놓은 엄마 12. 음식 건네 주는 착한 친구 13. 음식 나르는 직원들 14. 나중에 먹으려고 모자에 꽂아 놓은 숟가락 15. 식탁 위 빵 칼

피터르 브뤼헐, 〈농부의 결혼식〉, 1567년. 목판에 유채

당신은 정말 놀라운 시각을 갖고 계시네요. 이제 미술 감상에 자신감을 가져도 좋습니다. 평범한 장면 속에서도 보석을 발견하는 사람에게만 주어지는 특별한 눈을 이미 가지고 있으니까요.

혹시 아직 모두 찾지 못했더라도 전혀 실망하지 마세요. 운동선수가 훈련을 통해 기록을 늘려가듯이 우리의 시각 역시 충분히 훈련될 수 있답니다. 그림을 오래, 천천히 보는 연습만으로도 감상력은 눈에 띄게 자랍니다.

이렇게 화면 속을 꼼꼼히 들여다보면, 그냥 스쳐 지나가듯 볼 때와는 비교도 안 될 만큼 많은 것들을 느끼고 발견하게 됩니다. 오랜 시선 머무름이 작품의 깊이를 완전히 달라지게 만드는 거죠.

미술 감상 두 번째 단계

그림의 '프로필'을 확인하세요!

이제 조금 더 가까이 다가가 볼까요? 작품 옆에 놓인 작은 안내문에는 그림의 이력이 담겨 있습니다. 작가, 제목, 연도, 재료, 크기 단지 몇 줄의 정보인데도 작품의 표정이 달라지기 시작하죠.

"아, 이건 19세기 그림이구나."

"유화였네. 그래서 붓의 결이 이렇게 살아 있구나."

이런 작은 발견이 감상의 문을 넓혀줍니다. 그림을 그린 사람이 누구인지, 그 시대엔 어떤 세상이 펼쳐졌는지 떠올리는 순간, 그림은 더 이상 낯선 대상이 아니라 하나의 '이야기가 있는 친구'처럼 느껴집니다.

미술 감상 세 번째 단계

그림과 '깊은 대화'를 나누세요

자, 이제 진짜 재미있는 단계입니다. 첫인상을 확인하고, 무엇이 그려져 있는지 찾아본 뒤, 그림의 기본 프로필까지 알았다면 이제는 작품과 깊은 대화를 나눌 차례입니다. 이 순간이 바로 자신의 경험과 지식을 총동원해 그림을 해석하는 '진짜 지각적 감상' 단계죠.

작가가 왜 이런 구도를 선택했을지, 어떤 이야기를 숨겨 놓았을지 상상해 보세요. 그리고 다음과 같은 질문을 자신에게 던져보는 겁니다.

'이 그림의 색은 어떤 기분을 불러일으키나요?'

'밝고 화사해서 마음이 열리는 느낌인가요, 아니면 어둡고 차분해서 생각이 깊어지는 분위기인가요?'

'붓 터치는 부드럽게 흐르나요, 아니면 거칠게 튀어나와 있어 감정을 강하게 밀어붙이나요?'

'그림 속 인물들의 표정에서는 어떤 감정이 읽히나요?'

'지금 이 사람들은 무엇을 하고 있을까요?'

'마치 셔터가 눌린 순간처럼, 저마다의 이야기가 멈춰 서 있는 것 같지 않나요?'

모든 작가는 단순히 그림 솜씨를 뽐내기 위해 작품을 만드는 것이 아닙니다. 그 안에는 작가만의 이야기, 가치관, 그리고 그 시대가 품고 있던 고민이 고스란히 스며 있죠. 작가가 전하고 싶었던 메시지를 발견하는 순간, 그림은 더 이상 가만히 걸려 있는 이미지가 아니라 숨을 쉬고 말을 건네는 '하나의 이야기'가 됩니다. 마치 오래 알던 사람과 어느 날 깊은 대화를 나눈 뒤, 그 사람이 완전히 다르게 보이는 순간처럼 말이죠.

미술 감상 네 번째 단계

나만의 '리뷰'를 남겨보세요

온라인 쇼핑을 할 때나 맛집을 고를 때, 우리는 자연스럽게 다른 사람들의 리뷰를 참고하죠. 미술 감상의 마지막 단계도 바로 그와 같습니다. 그림을 본 뒤, 나만의 리뷰를 남겨보는 것이죠. 너무 어렵게 '비평'이라고 생각할 필요 없습니다. 그저 '평가', 혹은 '느낌 정리'라고 가볍게 받아들이면 충분합니다.

'나는 이 그림이 왜 마음에 들거나 들지 않을까?'

'그림의 어떤 부분이 나에게 특별한 느낌을 주었을까?'

'이 그림은 왜 많은 사람에게 명작으로 인정받았을까?'

'이 작품이 미술 역사에서 어떤 중요한 의미를 가질까?'

꼭 거창할 필요는 없습니다. "난 이 그림의 푸른색이 너무 좋았어."라고 솔직하게 말하는 것도 훌륭한 리뷰입니다. 중요한 건 나의 감정을 표현하고, 그림에 대한 나만의 생각을 정리해 보는 것이죠.

이 4단계 감상법은 사실 미술교육학자 에드먼드 펠드먼이 제안한 방식입니다. 가장 보편적이면서도 효과적인 방법이라 여러분도 한 번 따라 해 보시면 좋겠어요. 처음에는 조금 어색할 수 있지만, 어느 순간부터는 자연스럽게 자신만의 리듬으로 그림을 감상하고 있는 자신을 발견하게 될 겁니다.

자, 이제 미술관에 가면 10초 만에 지나치지 말고 이 네 가지 단계를 떠올려 보세요. 작은 용기만 낸다면 눈앞의 그림은 낯선 대상이 아니라 여러분에게 말을 걸어오는 특별한 친구가 되어 있을 거예요.

미술관 가는 길, 생각보다 가까운 예술의 집

그림을 좋아하게 되면 자연스레 이런 생각이 들지요.

"그럼, 어디 가면 이런 작품들을 볼 수 있을까?"

사실 미술관은 생각보다 훨씬 가까이에 있습니다. 멀리 서울까지 가지 않아도, 여러분이 사는 지역의 문화예술회관이나 시민회관에서도 전시가 열리고 있거든요. '오늘은 영화 대신 전시를 보러 가볼까?' 하고 마음만 한 번 움직이면 누구나 쉽게 그림을 만날 수 있습니다.

그런데 의외로 전시장 앞에서 '관계자 외 출입 금지' 같은 막연한 마음을 느끼는 분들이 많습니다. 하지만 미술 전시장은 누구에게나 활짝 열려 있는 공간이에요. 당당히 문을 열고 들어가셔서, 마음껏 그림을 감상하셔도 되는 곳이지요.

그래서 미술에 한 걸음 더 가까이 가고 싶은 여러분을 위해 이번에는 여러분이 살고 있는 동네에서부터 만날 수 있는 전시장을 하나씩 소개해 보려고 합니다.

레벨 1 - 우리 동네 미술관 찾기

우리 동네에서 접근성이 가장 좋은 곳은 지자체가 운영하는 문화 예술회관입니다. 우리나라에는 2020년을 기준으로 약 256개의 문화예술회관이 운영 중입니다. 이곳은 연주회·무용·연극 같은 공연부터 전시·학술행사까지 다양하게 열리는, 말 그대로 지역의 복합문화공간이지요.

여기서는 지역 화가들의 작품 전시가 2주에서 한 달 단위로 일 년 내내 이어집니다. 유명 화가는 아니지만 우리 지역 예술가들의 작품을 무료로 감상할 수 있고, 가끔은 이름 있는 작가의 전시가 열리기도 합니다. 또 다양한 예술 교육 프로그램에도 참여할 수 있어 예술에 대한 목마름을 가까운 곳에서 해소할 수 있는 아주 든든한 문화 공간이 되어줍니다.

♥ 관람 팁
홈페이지에서 전시 일정을 미리 확인하고, 오픈 시간은 보통 오전 10시~오후 6시입니다. 월요일 휴관인 곳이 많으니 확인해 보세요.

레벨 2 - 쇼핑하러 가면서 미술관 구경 어때?

미술을 만나는 곳은 미술관만이 아닙니다. 우리 주변에는 기업이 후원하거나 직접 운영하는 미술관·갤러리, 그리고 백화점 안 전시 공간이 점점 늘어나고 있습니다. 기업·재단이 만든 공간은 자체 컬렉션과 기획력을 바탕으로 동시대 미술을 빠르게 소개하고, 신진 작가를 지원하는 전시도 자주 열립니다.

리움미술관, 아모레퍼시픽미술관, 송은미술재단, 금호미술관, OCI 미술관, 대림미술관·D MUSEUM, 아라리오뮤지엄, 포스코미술관, 아틀리에 에르메스, 두산갤러리, KT&G 상상마당 같은 곳이 대표적입니다.

이곳에서는 동시대 작가들의 작품을 가까이서 볼 수 있고, 전시 뒤에는 워크숍이나 아트토크가 이어지기도 합니다. 쇼핑 중에 잠깐 들러 그림 한 점을 마주하는 경험, 그것만으로도 하루가 새롭게 보이기도 하죠.

♥ 관람 팁
홈페이지에서 전시 기간·관람료·촬영 가능 여부를 먼저 확인하고, 인기 전시는 사전 예매를 권합니다. 갤러리에서는 작품 옆 안내문과 도록을 천천히 읽어보고, 궁금한 점이 생기면 전시 담당자에게 예의를 갖춰 질문해 보세요. 그런 작은 대화만으로도 감상이 훨씬 깊어집니다.

레벨 3 - 갤러리를 찾아서 - 소소한 미술 탐험기

16세기에서 17세기 유럽에서는 전시를 위한 공간이 마련되었고, 이를 '갤러리'라고 불렀습니다. 17세기 네덜란드에서는 시민 경제가 발달하면서 풍경화, 정물화 같은 시장 판매용 그림이 활발히 제작되었고, 이런 작품을 사고파는 미술상과 작은 전시 공간인 갤러리가 등장했습니다.

19세기 파리로 오면 이야기는 더 흥미로워집니다. 나라에서 여는 대규모 공식 전시, 즉 살롱전만으로는 새롭게 등장하는 미술 흐름을 다 보여주기 어려웠습니다. 그래서 작가들은 사설 전시 공간인 갤러리로 눈을 돌렸고, 미술상은 작가에게 전시 기회와 선금을 제공하며 함께 성장했습니다. 이때부터 갤러리는 새로운 미술을 발굴하고 관객과 연결하는 중요한 다리가 되었습니다.

20세기에 들어서면서 갤러리는 하얀 벽과 중립 조명을 갖춘 '화이트 큐브' 전시 방식을 널리 사용하기 시작했습니다. 장식은 최소화하고 작품에만 집중하도록 만든 이 방식은 오늘날까지도 전시의 표준처럼 자리 잡았지요.

오늘의 갤러리는 작품을 보여주고 그 가치와 맥락을 설명하며, 작품이 원하는 사람에게 안전하게 소유될 수 있도록 돕는 공간입니다. 그래서 우리는 갤러리에서 새로운 미술을 가장 먼저 만나고, 작가와 관객이 가까워지는 특별한 순간을 경험하게 됩니다.

서울에는 인사동, 삼청동 등 갤러리가 집중된 지역이 있어 그곳만 천천히 걸어도 다양한 전시를 만나볼 수 있습니다. 서울 외 지역에도 '문화 거리'라는 이름으로 문화 예술 공간이 모여 있는 곳이 많으니 다른 지역을 여행할 기회가 생긴다면 그곳의 갤러리를 슬쩍 들러보는 것도 추천하고 싶습니다.

♥ 관람 팁
갤러리는 누구나 편하게 들어가 구경할 수 있는 공간입니다. 입구에서 괜히 망설이지 마시고, 당당히 들어가 그림 한 점씩 천천히 둘러보세요. 운이 좋다면 작품을 만든 작가를 직접 만나 이야기를 들을 수 있는 기회도 찾아온답니다.

레벨 4 - 시립미술관

시립미술관은 광역시 단위에서 설립·운영하는 공공미술관입니다. 시립미술관은 작품을 모아 보존하고 연구한 뒤, 다시 전시로 시민에게 돌려주는 곳이지요. 보이지 않는 곳에는 수장고가 있고, 그 안에서는 소장품을 관리하고 연구하는 큐레이터(학예사)가 묵묵히 일을 이어갑니다.

입장료가 무료이거나 매우 저렴한 경우가 많고, '문화가 있는 날'(매월 마지막 수요일) 같은 할인·특별 프로그램도 자주 연계됩니다. 규모나 예산은 국립 미술관보다 작을 수 있어 블록버스터급 전시는 드물지만, 분기마다 수준 높은 전시가 꾸준히 열립니다.

요즘에는 세계적으로 유명한 화가들의 전시도 기획전 형태로 유치되곤 합니다. 가까운 곳에서 수준 높은 미술을 만날 수 있는 가장 쉬운 방법 중 하나인 셈이지요. 게다가 최근 새로 건립되는 시립미술관은 건축학적으로도 훌륭한 경우가 많습니다. 2024년 대구에 개관한 간송미술관이 그 좋은 예입니다. 공간 자체가 하나의 작품처럼 느껴지는 곳도 점점 늘고 있답니다.

> **♥ 관람 팁**
> 전시 해설 프로그램이 있는지도 미리 한번 확인해 보세요. 도슨트의 설명을 들으면 작품 이해가 훨씬 깊어집니다. 관람 시간은 보통 1~2시간 정도면 충분하니 여유 있게 천천히 둘러보시면 좋습니다.

레벨 5 - 우리나라를 대표하는 국립현대미술관

국립현대미술관(MMCA)은 우리나라를 대표하는 현대·동시대 미술관입니다. 시립미술관과는 역할도, 스케일도 다릅니다.

시립미술관은 각 도시가 세운 공공미술관으로 생활권 가까이에서 시민들에게 전시와 교육을 꾸준히 제공하고, 소장품 관리와 연구 기능도 갖추고 있습니다. 다만 규모와 인력, 예산은 도시의 여건에 따라 조금씩 편차가 있지요.

반면, 국립현대미술관은 국가가 운영하는 미술관으로 한국 현대미술의 표본을 수집·보존·연구하고 국내외 교류를 주도하는 곳입니다. 국가 컬렉션을 체계적으로 확장하며 보존과 아카이브, 학술 연구, 국제 공동 기획전 같은 '큰 그릇'의 일을 담당합니다. 그래서 전시의 스케일이 크고, 한국 미술을 세계의 흐름 속에서 조망하는 장기 프로젝트가 자주 열리지요. 한마디로 우리 미술을 세계 무대 위에서 바라보게 해 주는 미술관이라고 할 수 있습니다.

4개 관별 특징

♥국립현대미술관은 과천·덕수궁·서울·청주에 하나씩 있고, 각 관의 역할이 조금씩 다르다.

♥과천관: 넓은 공간과 야외조각공원이 있어 전시와 체험을 함께 즐기기 좋다.

♥덕수궁관: 근대 미술을 중심으로 한국 미술이 현대에 이르기까지 어떻게 변했는지 보여준다.

♥서울관: 최신 동시대 미술과 국제 교류전이 활발해서 '지금의 미술'을 빠르게 만날 수 있다.

♥청주관: 공개 수장고가 있어 작품이 어떻게 보관되고 관리되는지 직접 볼 수 있다.

♥ 관람 팁

각 관마다 색깔이 조금씩 다르니 먼저 홈페이지에서 현재 전시를 확인하고 관심사에 맞는 관을 선택해 보세요. 과천관은 자연과 함께 반나절 정도 여유 있게 즐기기 좋고, 다른 관들은 2~3시간 정도면 충분합니다.

MMCA 전용 앱을 미리 다운로드해 두시면 오디오 가이드를 무료로 이용할 수 있어 작품 이해가 훨씬 깊어집니다. 자주 방문하실 계획이라면 연간 회원에 가입하는 것도 좋습니다. 네 개 관을 자유롭게 관람할 수 있고, 도록도 할인된 가격으로 구매할 수 있습니다. 또 매월 마지막 수요일 '문화가 있는 날'에는 야간개장과 함께 특별 프로그램이 열려 평소보다 더 풍성한 관람 경험을 즐길 수 있습니다.

아트페어

요즘 아트페어의 인기는 그야말로 뜨겁습니다. 여러 갤러리가 한 자리에 모여 작가와 작품을 소개하고, 현장에서 바로 판매까지 이루어지는 미술의 장터이자 축제이기 때문입니다. 대형 전시장에서 열리는 아트페어에서는 갤러리마다 부스를 꾸미고 대표 작가의 작품을 선보이죠. 작품을 꼭 사지 않더라도 수많은 갤러리의 주요 작품을 한 번에 볼 수 있어 많은 사람이 찾습니다. 개막 초기에는 초청 고객이 먼저 관람하는 프리뷰(VIP 데이)가 열리고 이후 일반 관객에게 문을 엽니다.

미술관 전시가 연구와 해석 중심이라면, 아트페어는 그보다 훨씬 거래와 만남이 중심입니다. 가격표가 공개되어 있거나 전시 담당자에게 바로 물어볼 수 있고, 판매가 완료된 작품에는 레드닷(빨간 스티커)이 붙지요. 특히 신진 작가의 작품은 몇십만 원대부터 만나볼 수 있어 '내 집에 그림 걸기'라는 특별한 경험을 해 볼 수도 있습니다.

아트페어는 동시대 미술의 흐름을 한눈에 보고, 미술 시장이 어떻게 움직이는지 배울 수 있는 생생한 현장 교실이 되어줍니다.

♥ 관람 팁

- 주말보다는 평일이 오후보다는 오전이 상대적으로 훨씬 여유롭습니다.
- 편한 신발은 필수입니다. 하루 종일 걸어 다니게 되거든요.
- 관심 있는 작품이나 작가를 미리 조금만 조사해 가도 관람이 훨씬 알차집니다.
- 전시 담당자와의 대화를 두려워하지 마세요. 작품이 궁금하다면 예의를 갖춰 질문해 보세요. 생각보다 훨씬 친절하게 설명해 줄 겁니다.

나만의 미술 여행 체크리스트

- 관람 전 준비사항
- 전시 기간 및 시간 확인
- 입장료 및 할인 혜택 확인
- 교통편 및 주차 정보 확인
- 촬영 가능 여부 확인
- 편한 신발 착용

현장에서 활용하기

- 안내문과 도록 꼼꼼히 읽기
- 궁금한 점은 직원에게 정중히 질문
- 천천히, 여유롭게 감상하기
- 마음에 드는 작품 앞에서 잠시 멈춰 서기
- 관람 소감 간단히 메모하기

미술 감상은 정답이 없습니다. 편안한 마음으로 나만의 속도로 즐기시면 됩니다!

마음을 치유하는 미술 처방전

최근 '감정 노동'이라는 말이 일상어가 되었습니다. 서비스직의 미소, 교사의 인내, 간호사의 다정함처럼 우리는 몸보다 마음이 더 지치는 시대를 살고 있지요. 과학기술은 우리의 생활을 눈에 띄게 편리하게 만들었지만 정작 마음은 더 복잡해진 듯합니다. 심리학자 다니엘 골먼은 '감정이 없다면 인간은 결정을 내릴 수 없다'고 말했습니다. 우리는 감정으로 움직이고 상처받고 다시 감정으로 살아갑니다.

감정은 눈에 보이지도, 손에 잡히지도 않지만, 인간을 인간답게 만드는 중요한 힘입니다. 때로는 감정 때문에 후회도 하지만, 그 덕분에 우리는 사랑하고 공감하며 무언가를 창조할 수 있습니다. 스탠퍼드대 제임스 그로스 교수의 연구에 따르면, 감정 조절 능력이 낮으면 우울이나 불안 같은 문제로 이어질 수 있다고 합니다. 상담이나 약물 치료처럼 도움을 받을 방법은 있지만, 감정이라는 것이 눈에 보이지 않는 영역인 만큼 여전히 많은 사람이 이 문제 앞에서 어려움을 겪고 있습니다.

예술, 마음에 닿는 신비로운 다리

그런데 우리의 마음에 직접 닿는 특별한 방법이 있습니다. 바로 예술입니다. 클래식을 듣다 눈물이 핑 돌거나, 영화 한 장면에 가슴이 먹먹해지고, 미술관에서 설명할 수 없는 감동이 밀려온 적이 있다면 이미 예술의 치유력을 경험한 것입니다.

이탈리아 신경과학자 리촐라티가 발견한 '거울 뉴런'은 우리가 그림 속 표정을 볼 때 뇌가 마치 그 감정을 직접 느끼듯 반응한다는 사실을 보여줍니다. 최근 연구들은 예술이 단순한 감상이 아니라 실제로 마음을 치유하는 힘을 가진다는 것을 증명합니다. 아름다운 그림을 보면 도파민과 세로토닌 같은 행복 호르몬이 분비되고, 미술 감상 후에는 스트레스 호르몬인 코르티솔 수치가 낮아진다고 합니다. 아리스토텔레스가 말한 카타르시스가 현대인의 삶에서도 여전히 작동하고 있는 것이죠.

마음이 힘들 때 사람들은 오래전부터 예술을 통해 위로를 받아왔습니다. 음악을 들으며 눈물을 흘리고, 노래로 마음속 짐을 내려놓고, 그림 앞에서 평안을 얻곤 했죠. 음악·미술·춤 같은 예술이 없다면 인간의 영혼은 회복이 어려울 만큼 쉽게 지쳐버릴지도 모릅니다. 역사는 이를 잘 보여줍니다. 그렇다면 이제 진심을 담아 미술 처방전 세 가지를 소개해 드리려 합니다.

중요한 무언가를 잊고 사는 당신을 위한 미술 처방전

그림은 우리에게 잊고 있던 온기를 되살려주는 약입니다.

영국 빅토리아 시대 화가 브리턴 리비에르의 〈공감〉은 예술의 힘을 가장 따뜻하게 보여주는 그림입니다. 빠르게 성장하는 아이들, 짧은 시간을 함께하는 반려동물처럼 우리의 소중한 기억은 시간이 지나며 흐려지곤 합니다.

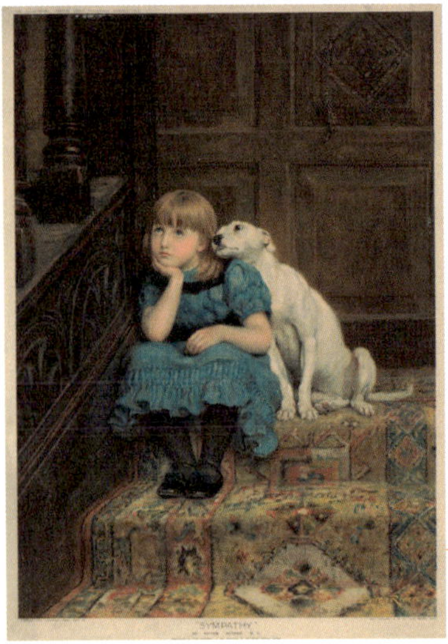

브리턴 리비에르, <공감>, 1877년.
캔버스에 유채

이 작품 속 파란 드레스를 입은 소녀는 계단에 살짝 웅크린 채 앉아 있고, 얼굴에는 어딘가 슬픔이 스쳐 지나갑니다. 그 옆에서 작은 개가 소녀의 어깨에 조용히 머리를 기대고 있지요. 마치 "괜찮아, 나는 네 옆에 있어."라고 말해 주는 것 같은 모습입니다.

말 한마디 오가지 않아도 서로를 알아보고 위로하는 이 장면을 통해 화가는 소녀와 반려견 사이에 흐르는 따뜻한 마음의 온도를 아주 섬세하게 포착했습니다. 이 짧은 순간 속에서 우리는 '공감'이라는 감정이 무엇인지 자연스럽게 느끼게 되지요.

희망이 필요한 당신을 위한 미술 처방전

인생을 살다 보면 뜻대로 되는 일보다 그렇지 않은 날이 더 많습니

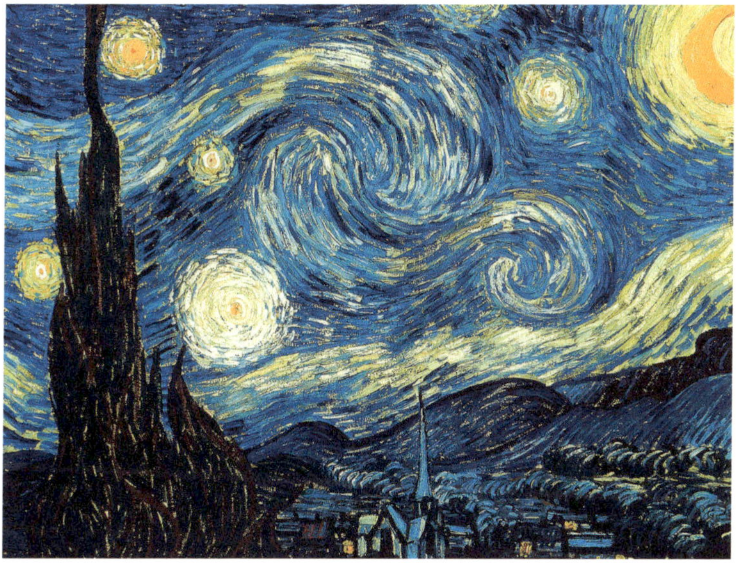

빈센트 반 고흐, <별이 빛나는 밤>, 1889년. 캔버스에 유채

다. 스트레스는 금세 우리 마음을 끌어내리고, 부정적인 생각은 작은 틈만 있어도 스며들죠. 사실 오늘 우리가 마주하는 많은 문제는 희망을 잃어버리는 순간부터 시작됩니다. 그래서 삶에는 마음을 다시 일으켜 세워줄 작은 희망의 도구가 필요합니다.

고흐의 〈별이 빛나는 밤〉은 세계에서 가장 사랑받는 그림 중 하나입니다. 그런데 그 배경을 알면 더 깊은 울림이 생깁니다. 고흐가 정신적 고통으로 생레미의 병원에 머물던 시절, 절망 속에서도 아름다움을 만들어낸 인간 정신의 힘이 이 한 장에 담겨 있기 때문이죠.

하늘을 뒤흔드는 소용돌이는 고흐의 마음을 닮았지만, 그 안에서도 별들은 또렷이 빛나고, 달은 태양처럼 환합니다. 마을은 조용히 잠들어 있고, 사이프러스 나무는 마치 땅과 하늘, 절망과 희망을 잇는 다리처럼 서 있습니다. 고흐는 말합니다.

"나는 종종 밤이 낮보다 더 생생한 색을 가지고 있다고 생각한다."

어둠이 깊을수록 별이 더 밝아지듯이 이 그림은 가장 어려운 순간에도 희망의 빛은 사라지지 않는다는 사실을 조용하지만 강하게 보여줍니다.

슬픔을 극복하고 싶은 당신을 위한 미술 처방전

"슬픔은 애당초 인생의 계약서에 적혀 있다."_알랭드 보통

인생은 기쁨보다 슬픔을 견디는 시간이 훨씬 많습니다. 슬픔은 특별한 고통이라기보다 언제 어디서나 조용히 우리 곁에 머무는 존재죠. 픽사의 애니메이션 〈인사이드 아웃〉에서 '슬픔이'라는 캐릭터가 결국 더 깊고 풍부한 감정의 이해를 가능하게 하듯이 예술은 인간에게 주어진 고난을 웅대하고 진지한 시선으로 바라보도록 끌어

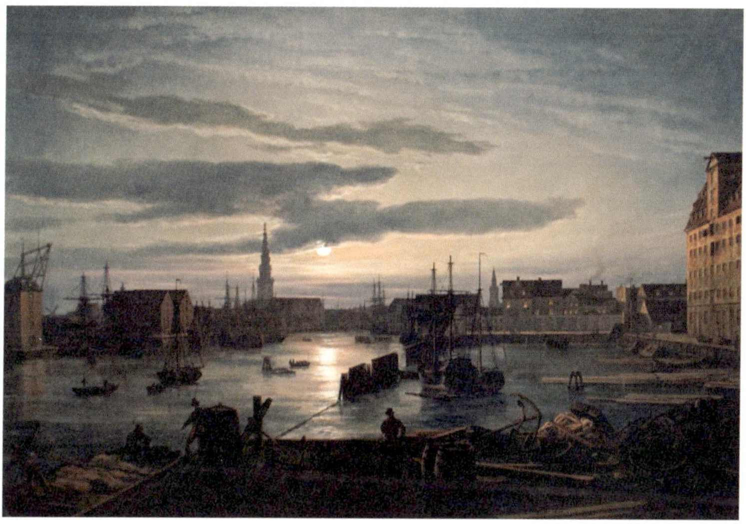

요한 크리스티안 달, 〈드레스덴의 전망〉, 1838년. 캔버스에 유채

줍니다.

예술은 슬픔이 삶에서 차지하는 정당한 위치를 깨닫게 하고, 우리가 슬픔을 마주했을 때 덜 당황하고 더 담담해지도록 도와줍니다. 거대한 자연 앞에서 인간이 얼마나 작은 존재인지, 우리의 불행과 슬픔이 얼마나 보잘것없는지 깨닫게 해 주며, 이해할 수 없는 슬픔 앞에서도 조금 더 기꺼이 고개를 숙이게 만드는 힘이 있지요.

요한 크리스티안 달의 〈드레스덴의 전망〉은 단순한 도시 풍경이 아니라 인간과 자연, 그리고 삶과 죽음에 대한 깊은 성찰을 담은 숭고한 풍경화입니다. 드레스덴의 전경은 강을 따라 부드럽게 펼쳐지고, 그 위로는 흐린 하늘과 은은한 빛이 자리하며 화면 전체를 고요하게 감싸고 있습니다.

이 풍경 속에서 인간이 만든 건축물은 웅장해 보이지만, 결국 광활한 자연의 한 부분으로 놓여 있을 뿐입니다. 도시의 아름다움은 순간적이고 덧없지만, 하늘과 자연은 더 큰 시간의 흐름 속에서 영원성을 품고 있으며 인간 존재를 넘어서는 차원을 은근히 드러냅니다.

이 작품을 바라보고 있으면, 슬픔이 인생의 계약서에 적힌 본질적 요소라는 사실이 자연스레 떠오릅니다. 우리가 사는 세계는 기쁨만으로 이루어져 있지 않고, 슬픔과 상실은 삶에 내재된 조건이자 누구나 언젠가 반드시 마주하게 되는 보편적 경험이기 때문입니다.

〈드레스덴의 전망〉의 장엄한 스케일 앞에서 우리는 깨닫게 됩니다. 슬픔은 피해야 할 감정이 아니라 조용히 받아들이고 존엄하게 마주해야 할 삶의 한 부분이라는 것을….

그림으로 마음을 돌보는 방법

하루에 단 몇 분이라도 그림 앞에 서 있는 시간을 자신에게 선물해 보세요. 한 작품을 3분만 바라보아도 처음과는 전혀 다른 감정이 서서히 피어오릅니다. 작품을 보며 지금 내 안에서 어떤 감정이 일어나는지 조용히 들여다보세요.

기쁨인지, 슬픔인지, 평온함인지, 혹은 설렘인지, 그 감정들에게 작은 이름을 붙여주는 것부터 시작해 보면 좋습니다. 그림이 개인적인 기억이나 오래된 경험을 떠올리게 한다면 억지로 밀어내려 하지 말고, 그 기억들이 자연스럽게 흘러나오도록 마음의 문을 열어두세요.

그리고 무엇보다 한 번의 방문으로 끝내기보다 정기적으로 미술관을 찾는 습관을 만들어보세요. 규칙적인 운동이 몸을 건강하게 하듯, 꾸준한 미술 감상은 마음을 천천히, 하지만 분명하게 단단하고 따뜻한 방향으로 이끌어줄 것입니다.

생명 앞에서는 누구에게나 공평하게 주어진 '노화의 시간' 속에서 마지막 삶의 시기를 심리적으로 더욱 풍요롭게 만들어주는 방법 중 하나가 바로 미술관 산책입니다. 이 즐거운 취미는 큰 비용이 들지도 않고, 과도한 체력을 요구하지도 않지요. 게다가 오늘날의 예술계는 끊임없이 새로운 작품과 전시가 쏟아지기 때문에 지루할 틈도 없습니다. 미술관은 나이를 넘어 언제든 마음을 열면 새로운 세계가 펼쳐지는, 가장 친절한 동반자 같은 공간입니다.

그림이 건네는 삶의 위로

미술 감상은 단순한 취미를 넘어 삶 여러 곳에서 우리를 따뜻하게 품어주는 힘을 지니고 있습니다. 그림을 보며 우리는 잊고 있던 순간을 다시 떠올리고, 작품 속 이야기를 상상하는 과정에서 사고의 굳은 틀을 풀어 창의성을 확장하게 됩니다.

정서적으로도 미술은 위로가 됩니다. 반 고흐의 〈해바라기〉나 모네의 〈수련〉처럼 밝은 작품은 마음의 먹구름을 걷어내고 새 기운을 불어넣어 줍니다. 작품을 통해 취향을 발견하거나 감상을 나누는 과정에서는 자존감이 오르고, 쉽게 말하지 못한 감정들을 그림 앞에서 조심스럽게 마주할 수도 있습니다.

또 미술은 관계를 연결하는 역할도 합니다. 가족과 함께 미술관을 찾으면 세대 간 대화와 이해의 폭이 넓어지고, 대형 미술관이 부담스럽다면 동네 문화센터, 카페 갤러리, 온라인 전시 등 가까운 곳에서 가볍게 시작할 수도 있습니다.

미술은 기억을 깨우고, 집중력과 상상력을 열어주며, 마음을 돌보고, 사회와 이어주는 다리가 되어줍니다. 중요한 것은 정답을 찾으려 애쓰기보다 자신만의 속도로 편안하게 즐기는 태도입니다.

어린 시절엔 호기심으로, 청년기엔 영감으로, 중년엔 성찰로, 노년엔 위로로, 미술은 여러분에게 인생의 모든 시기에 곁을 지켜주는 동반자가 되어 드릴 것입니다.

숨은그림찾기(정답)

다음 그림은 북유럽 르네상스 화가 피터 브뤼헐의 〈농부의 결혼식〉입니다.
그림 속의 숨겨진 이야기들을 찾아볼까요?

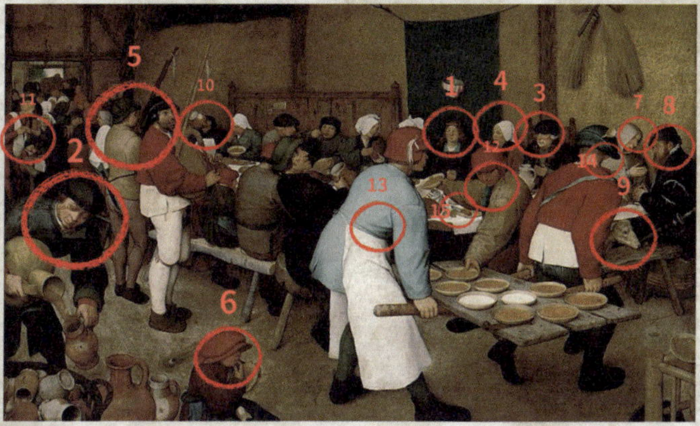

1. 외로워 보이는 오늘의 주인공 신부 2. 신랑 3. 신부의 아버지 4. 신부의 어머님
5. 흥을 돋구는 연주가 6. 더 먹고 싶어 손가락 빨고 있는 아이 7. 성직자
8. 칼을 차고 있는 기사 9. 식탁 밑에서 음식 떨어지기를 기다리고 있는 개
10. 병나발 불고 있는 아저씨 11. 포대기에서 잠시 아기를 내려놓은 엄마
12. 음식 건네 주는 착한 친구 13. 음식 나르는 직원들
14. 나중에 먹으려고 모자에 꽂아 놓은 숟가락 15. 식탁 위 빵 칼

참고문헌(도서)

가와우치 아리오. 『눈이 보이지 않는 친구와 예술을 보러 가다』. 다다서재, 2023.

김경서. 『똑같은 빨강은 없다』. 창비, 2018.

김도형. 『미술을 모르는 사람은 없다』. 마로니에북스, 2025.

김슬기. 『탐나는 현대 미술』. 알에이치코리아, 2025.

김영숙. 『미술관에 가고 싶어지는 미술책』. 휴머니스트, 2021.

김진혁. 『미술관을 좋아하게 될 당신에게』. 초록비공방, 2023.

김찬용. 『한 번쯤은 서양미술사』. 땡스B, 2025.

김태진. 『아트 인문학: 틀 밖에서 생각하는 법』. 카시오페아, 2021.

노성두. 『그리스 미술 이야기』. 살림, 2006.

노성두. 『단숨에 보는 르네상스 미술』. 스푼북, 2022.

노아 차니. 『도슨트처럼 미술관 걷기』. 현대지성, 2025.

메리 앤 스타니스제프스. 『이것은 미술이 아니다』. 현실문화연구, 2022.

박영택. 『신에게서 인간으로: 중세와 르네상스 미술』. 스푼북, 2023.

샘 필립스. 『현대 미술, 어떻게 이해하면 되나요?』. 북커스, 2022.

수지 호지. 『어쩌다 현대 미술』. 북커스, 2020.

안휘경·제시카 체라시. 『현대 미술은 처음인데요』. 행성B, 2017.

오성주. 『감상의 심리학』. 북하우스, 2025.

오종우. 『예술수업』. 에크로스, 2015.

윤광준. 『심미안 수업』. 지와인, 2018.

이소영. 『미술에게 말을 걸다』. 카시오페아, 2019.

이주영. 『현대미학 특강』. 미술문화, 2022.

이제석. 『광고 천재 이제석』. 학고재, 2014.

장병탁 외. 『AI, 예술의 미래를 묻다』. 시공아트, 2024.

전영백. 『현대 미술의 결정적 순간들』. 한길사, 2019.

정서연. 『요즘 미술은 진짜 모르겠더라』. 21세기북스, 2023.

정연심. 『세상을 바꾼 미술』. 다른, 2016.

조주연. 『현대 미술 강의: 순수 미술의 탄생과 죽음』. 글항아리, 2017.

존 M. 헨쇼. 『감각의 여행』. 글항아리, 2015.

칼 구스타프 융. 『인간과 상징』. 동서문화사, 2016.

캐럴 스트릭랜드. 『클릭 서양미술사』. 예경, 2013.

크리스토퍼 퀄 원트. 『미학 아는 척하기』. 팬덤북스, 2021.

테슬라북스 편집부. 『문화산업의 이해』. 테슬라북스, 2025.

태지원. 『그림이 보이고 경제가 읽히는 순간』. 자음과모음, 2019.

최재운. 『AI, 인문학에 길을 묻다』. 데이원, 2025.

마이클 윌스. 『한 권으로 읽는 현대 미술』. 마로니에북스, 2017.

유발 하라리. 『사피엔스』. 김영사, 2015.

알랭 드 보통. 『알랭 드 보통의 영혼의 미술관』. 문학동네, 2019.
엄미정. 『필요했어, 이런 미술 수업』. 다른, 2022.

학술 논문(Alphabetical)

Voss, Patrice. “시각 장애인의 뛰어난 촉각 능력: 실명이 필요한가?” Journal of Neuroscience 31(33), 2011, 11745-11747.
DOI: https://doi.org/10.1523/JNEUROSCI.2624-11.2011

웹사이트

John Bramblitt - Artist Bio.
https://bramblitt.com/pages/about-us
데이비드 워즈노위치 작품 관련 자료.
https://blog.naver.com/bomnal0407/220955632889
바스키아 일생 소개.
https://www.artart.today/artletter0118

<수록 작품 목록>

- 존 브램블릿(John Bramblitt), Under the City Trees, https://bramblitt.com/collections/originals(공식 사이트)
- Museo Nacional del Prado, '프라도를 만지다' 시각장애인 프로그램 사진, 프라도 미술관 공식 사이트 이미지
- 사라토리 겐지 다큐멘터리 포스터, © ALPS PICTURES INC
- 빈첸초 페루자(Vincenzo Peruggia)가 1911년 루브르 박물관에서 〈모나리자〉를 훔쳐내는 장면을 묘사한 삽화(출처: Wikimedia Commons, Public Domain)
- 엔트워프 마리아 성당 앞 〈플란다스의 개〉 동상, 사진 출처: Wikimedia Commons, Public Domain
- JJoan Miró, 〈5 mai 1947〉, 1947, huile sur toile, 73 × 92 cm, Calder Foundation, New York, © Successio Miró / ADAGP, Paris 2018, Photo © Calder Foundation, New York / Art Resource
- 장 미쉘 바스키아 일러스트 본인 제작
- 만화 〈갤러리 페이크〉 8권 표지, © 2026 Fujihiko HOSONO / SHOGAKUKAN.
- 영화 〈팩토리 걸〉(Factory Girl) 포스터
- 사진: Edwige Fanny가 촬영한 이미지, (출처: https://www.flickr.com/photos/nukebitch/4188488966/in/pool-ediesedgwick/
- Andy Warhol Campbell Soup Captions are provided by our contributors.Photo © Alex Timaios USA Photography), New York, USA, 2007
- TV 프로그램 〈아트 스타 코리아〉 메인 화면 이미지, CJ EM
- 파블로 피카소(Pablo Picasso), 〈우는 여인〉 (Weeping Woman), 1937, 캔버스에 유채, 60 × 49 cm, 테이트(런던). © Picasso Administration
- 마르셀 뒤샹(Marcel Duchamp), 〈샘〉 (Fountain), 1917, 도자기 변기에 검은색 페인트, 63 × 48 × 36cm, 필라델피아 미술관(필라델피아), © ADAGP
- 잭슨 폴록(Jackson Pollock), 〈One: Number 31, 1950〉, 1950, 캔버스에 유채, 뉴욕 현대미술관(MoMA), © 2025 The Museum of Modern Art.
- 로이 리히텐슈타인(Roy Lichtenstein), 〈차 안에서〉 (In the Car), 1963, 캔버스에 유채, 172 × 202cm, 스코틀랜드 국립미술관(에든버러). © Estate of Roy Lichtenstein
- 마리나 아브라모비치 & 울라이, 〈Rest Energy〉, 1980, 퍼포먼스 비디오(4분), 아브라모비치 인스티튜트 및 울라이 재단 소장, © VG Bild-Kunst
- Olafur Eliasson -The weather project, 2003, Monofrequency lights, projection foil, haze machines, mirror foil, aluminium, scaffolding, 26.7 × 22.3 × 155.44m, Installation view: Tate Modern, London, 2003, Photo: Ari Magg, Courtesy of the artist; neugerriemschneider, Berlin; Tanya Bonakdar Gallery, New York, © 2003 Olafur Eliasson
- Duct-Taped banana artwork concept, New York City, USA - 2024 November 21, © Rokas Tenys / Alamy
- 이우환, 〈대화〉 (Dialogue), 2010, 캔버스에 유채, 227.3 × 181.8 cm, 국제갤러리(서울) 및 개인 소장, © ADAGP

- 루치오 폰타나(Lucio Fontana),(Concetto Spaziale, Attese (Spatial Concept, Waiting), 1967, Water-based paint on canvas, 61.5 × 50cm (24 1/4 × 19 3/4 in.), © SIAE
- Andres Serrano, 오줌 예수(Piss Christ), © Andres Serrano, Courtesy of the artist and Galerie Nathalie Obadia, Paris/Brussels.
- 피에로 만초니, 〈예술가의 똥〉 (Merda d'artista), 1961, 통조림 캔 속 배설물(90개 한정 제작), 각 4.8 × 6.5cm, 여러 기관 및 개인 소장, © SIAE
- 데미언 허스트, 〈신의 사랑을 위하여〉 (For the Love of God), 2007, 백금 해골·다이아몬드 8,601개·인조 치아, 17.1 × 12.7 × 19.1cm, 개인 소장, © DACS
- 살바도르 달리(Salvador Dalí), 〈기억의 지속〉 (The Persistence of Memory), 1931, 캔버스에 유채, 24.1 × 33cm, 뉴욕 현대미술관(MoMA), © VEGAP
- 르네 마그리트(René Magritte), 〈정지된 시간〉 (La Durée poignardée), 1938, 캔버스에 유채, 146 × 114cm, 시카고 아트 인스티튜트, © ADAGP
- 막스 에른스트(Max Ernst), 〈박물지 - 빛의 바퀴〉 (Histoire Naturelle - La roue de la lumière), 1926, 프로타주 기법(종이에 연필 및 판화), 24 × 16cm, 여러 기관 및 개인소장, © ADAGP
- 파블로 피카소, 〈등나무 의자가 있는 정물〉 (Still Life with Chair Caning), 1912, 유채·유화천·로프를 붙인 캔버스, 타원형 29 × 37cm, 퐁피두 센터(파리), © Picasso Administration
- 조셉 코수스(Joseph Kosuth), 〈하나, 그리고 세 개의 의자〉 (One and Three Chairs), 1965, 실제 의자·의자 사진·'의자' 사전 정의 텍스트 설치, 가변 크기, 뉴욕 현대미술관(MoMA), © ARS
- 마르크 샤갈(Marc Chagall), 〈내 생일〉 (Birthday), 1915, 캔버스에 유채, 80.65 × 99.06cm, 뉴욕 현대미술관(MoMA).© ADAGP
- 에드워드 호퍼(Edward Hopper), 〈밤을 지새우는 사람들〉 (Nighthawks), 1942, 캔버스에 유채, 84.1 × 152.4cm, 시카고 아트 인스티튜트, Image source: Wikimedia Commons. Licensed as Public Domain (PD-US-not renewed).
- 알베르토 자코메티, 〈걷는 남자 I〉 (L'Homme qui marche I / Walking Man I), 1960, 청동 조각, 183 × 63 × 97cm, © ADAGP
- 뒤랑뤼엘 화랑, 〈인상주의 전시회 전경〉 사진, 1905, 흑백 사진, 뒤랑뤼엘 아카이브(파리)
- Internet Archive, Athanasius Kircher, 〈Ars Magna Lucis et Umbrae〉 (1646) 내 도판 이미지
- 테오 얀센(Theo Jansen), 〈스트란트비스트〉 (Strandbeest) 시리즈, 2016년경 설치 작업, 3D 구조물, 네덜란드 해변 전시, ©Pictoright
- 인공지능 프로젝트, 〈넥스트 렘브란트〉 (The Next Rembrandt), 2016, 3D 프린팅 캔버스에 유채 잉크, 148 × 120cm, 암스테르담 전시 발표.
- 침팬지 콩고(Congo, 1954~1964), 〈무제〉 (Untitled), 1957, 종이에 과슈·연필, 개인 소장
- 뱅크시(Banksy), 〈꽃을 던지는 남자〉 (Rage, the Flower Thrower), Photo © Ryan Rodrick Beiler / [Alamy].Bethlehem, West Bank, Palestine, 2014. Licensed via Alamy (Editorial Use Only)
- Guerrilla Girls, 〈Do Women Have to Be Naked to Get Into the Met. Museum?〉, 1989, 포스터, Copyright © Guerrilla Girls, courtesy guerrillagirls.com